电子商务

秦勇　主编

南开大学出版社

天　津

图书在版编目(CIP)数据

电子商务 / 秦勇主编. －天津:南开大学出版社,
2022.1

ISBN 978-7-310-06233-1

Ⅰ.①电… Ⅱ.①秦… Ⅲ.①电子商务－教材 Ⅳ.
①F713.36

中国版本图书馆 CIP 数据核字(2021)第 260349 号

版权所有　侵权必究

电子商务

DIANZI SHANGWU

南开大学出版社出版发行

出版人:陈　敬

地址:天津市南开区卫津路 94 号　　邮政编码:300071

营销部电话:(022)23508339　营销部传真:(022)23508542

https://nkup.nankai.edu.cn

河北文曲印刷有限公司印刷　全国各地新华书店经销

2022 年 1 月第 1 版　　2022 年 1 月第 1 次印刷

260×185 毫米　16 开本　19.5 印张　2 插页　415 千字

定价:59.00 元

如遇图书印装质量问题,请与本社营销部联系调换,电话:(022)23508339

前　言

近年来我国电子商务保持良好发展势头的同时，又呈现出一些新的变化，正在从高速发展迈向高质量发展的新阶段。据国家统计局数据显示，2016—2020 年，我国电子商务交易额从 26.1 万亿元增长到 37.2 万亿元，年均增长率为 9.3%。截至 2021 年 6 月，我国网民规模达 10.11 亿，网购用户规模为 8.12 亿，网购用户已占到全网民整体的 80.3%。多年来，我国一直是全球规模最大、最具活力的网络零售市场。

电子商务在促进我国发展经济、助推乡村振兴、抗击新冠肺炎等方面发挥了重要的作用。商务部电子商务和信息化司发布的《中国电子商务报告 2020》指出，电子商务已成为我国数字经济中发展规模最大、增长速度最快、覆盖范围最广、创业创新最为活跃的重要组成部分，是推动实体经济与数字经济融合发展的重要力量。

电子商务的蓬勃发展，促进了企业对新型电商人才的需求，也对高校电商人才的培养提出了新的挑战。为适应新形式下高等院校电子商务课程的教学要求，在南开大学出版社的大力支持下，我们编写了本书。

本书主线清晰、重点突出、完整阐述了电子商务课程所包含的知识。全书共计 13 章，分别为电子商务概述、电子商务技术、电子商务模式、电子商务法律、电子支付、电子商务物流、网络采购、网络营销、移动电子商务、农村电子商务、跨境电子商务、电子商务在服务业的具体应用和网店经营实务。在内容编排上，本书大量采用电子商务发展的最新资料，强调电子商务的基本理论与方法在不同环境、不同条件下的具体应用。本书注重引发学生对电子商务实践问题的思考，激发学生的学习兴趣，具有较强的实用性。此外，为方便教学，本书将提供丰富的教辅资源，有需要的老师请与南开大学出版社联系。

本书由秦勇任主编，负责全书的框架设计、提纲拟定、内容设计和统稿工作，同时承担了部分初稿的编写工作。闫键、于洁、梁馨月、梁丽军、刘爽、崔丽霞和张雪也参加了本书的编写工作。在编写过程中，我们借鉴和参考了众多专家学者的研究成果，在此深表感谢。

鉴于编者学识有限，加之时间仓促，书中不足之处在所难免，敬请各位读者批评指正。

编　者

2021 年 12 月

目　录

第1章　电子商务概述 ··· 1

1.1 电子商务的定义与基本要素 ·· 4

1.2 电子商务的起源与发展 ··· 7

1.3 电子商务的分类 ··· 12

1.4 电子商务的特征及其与传统商务的区别 ··························· 18

1.5 电子商务的框架模型 ·· 20

第2章　电子商务技术 ·· 24

2.1 计算机网络技术 ··· 26

2.2 互联网技术 ·· 32

2.3 电子数据交换技术 ··· 37

2.4 电子商务的安全技术 ·· 39

2.5 电子商务新兴技术 ··· 43

第3章　电子商务模式 ·· 51

3.1 B2B 电子商务 ··· 52

3.2 B2C 电子商务 ··· 58

3.3 C2C 电子商务 ··· 65

3.4 电子政务 ··· 68

第4章　电子商务法律 ·· 74

4.1 电子商务法概述 ··· 76

4.2 电子商务合同法 ··· 80

4.3 电子商务保护法 ··· 83

4.4 电子商务税收法 ··· 86

第5章　电子支付 ··· 90

5.1 电子支付概述 ·· 91

5.2 电子支付工具 ·· 95

5.3 电子支付方式 ··· 100

第 6 章 电子商务物流 ··· 108
  6.1 电子商务物流概述 ··· 109
  6.2 电子商务物流模式 ··· 112
  6.3 电子商务物流配送 ··· 116
  6.4 电子商务物流信息技术 ··· 125

第 7 章 网络采购 ··· 133
  7.1 网络采购概述 ·· 135
  7.2 网络采购流程 ·· 140
  7.3 供应商的选择 ·· 145
  7.4 网络采购应注意的问题 ··· 149

第 8 章 网络营销 ··· 156
  8.1 网络营销的含义与内容 ··· 158
  8.2 网络营销的策略 ··· 159
  8.3 网络广告 ··· 163
  8.4 网络消费者行为 ··· 167
  8.5 网络营销方法 ·· 170

第 9 章 移动电子商务 ··· 185
  9.1 移动电子商务概述 ··· 188
  9.2 移动电子商务技术及应用 ··· 190
  9.3 移动营销 ··· 194

第 10 章 农村电商概述 ··· 213
  10.1 农村电子商务概述 ··· 214
  10.2 农村电商的主要形态与特征 ·· 217
  10.3 农村电商的基本模式与平台 ·· 221
  10.4 农村电商的发展历程、现状与对策 ································ 227

第 11 章 跨境电子商务 ··· 237
  11.1 跨境电子商务概述 ··· 239
  11.2 跨境电子商务的主要平台 ··· 243
  11.3 跨境电子商务营销 ··· 247
  11.4 跨境电子商务物流与支付 ··· 249

第 12 章 电子商务在服务业的应用 ······································· 260
  12.1 互联网金融 ··· 262
  12.2 网络教育 ·· 275
  12.3 网络旅游 ·· 280
  12.4 网络医疗 ·· 283

第 13 章　网店经营实务 ……………………………………………………………287

　　13.1 网上开店的选择与开店流程 ………………………………………………289

　　13.2 网店的经营 ………………………………………………………………292

　　13.3 网店的售后服务 …………………………………………………………298

第1章 电子商务概述

本章导读

作为一种全新的商业模式，电子商务与传统商务相比，具有高效率、低成本和跨时空的巨大优势。本章为全书的开篇章节，主要介绍电子商务的基本概念、电子商务的起源与发展、电子商务的分类与功能、电子商务与传统商务的区别以及电子商务的框架模型等知识。通过对本章的学习，可以使我们对电子商务的整体概念有一个较为清晰的理解和认识，从而为后续的学习奠定基础。

问题导引

电子商务是什么？

电子商务有哪些基本要素？

电子商务的发展经历了哪些阶段？

电子商务可分为哪些类别？

怎样才能写好商品的标题和商品描述？

电子商务有哪些特征？

电子商务与传统商务有何区别？

知识结构图

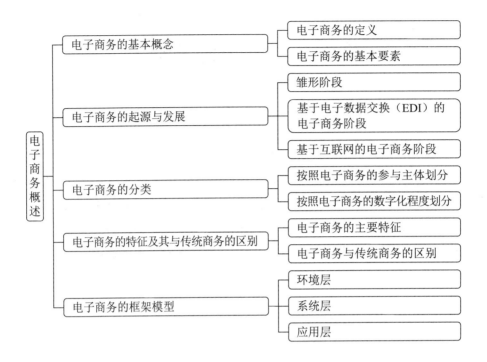

开篇引例

拼多多借电影带动农产品热销

2020 年国庆期间最大的电影票房黑马非《我和我的家乡》莫属。10 月 9 日，国庆档电影榜单出炉，《我和我的家乡》以 18.7 亿元的票房成绩、4732 万的观影人次独占鳌头。消费者在感受家乡巨变的同时，也纷纷以在线下单、实地旅游等形式支持家乡的好货与美景。

作为这部电影的官方合作伙伴，新电商平台拼多多特别上线了"家乡好货"专区，并对应影片故事分别设置了京津冀、云贵川、江浙沪、西北和东三省销售专场，通过特色产品的集中展示、大规模的补贴让利，进一步带领消费者体验家乡风貌的深刻变化。消费者可在拼多多 APP 内"家乡好货"专区页面选购各地的特色产品，如图 1-1 所示。

图1-1 拼多多"家乡好货"专区页面

受电影感召，不少消费者对影片涉及的陕西省、贵州省、浙江省、辽宁省等地产生了浓厚的兴趣。相关地区特色农产品和农副产品的销量随着电影票房一路上涨，国庆期间拼多多"家乡好货"专区的产品订单量已突破1亿单。

从各地热销产品上看，拼多多数据显示，10月1日至8日期间，北京的糕点、河北的山楂等在京津冀专场中销量靠前。在假期消费的带动下，拼多多北京糕点类产品的订单量同比上涨近70%。

云贵川专场的产品种类最多，从四川省的丑橘、石榴，到云南省的鲜花饼、土豆，再到贵州省的辣椒、牛肉粉，热门产品不一而足。值得一提的是，电影中《天上掉下个 UFO》章节描述的黔货运输难题近年来已随着道路交通和物流基础设施的不断完善而逐步得到解决。

在拼多多"家乡好货"江浙沪专场中，江苏省的螃蟹、糯米藕，以及浙江省的梅干菜、水磨年糕等产品较受欢迎。此前，在长三角区域合作办公室和沪苏浙皖一市三省农业主管部门的共同指导下，包括太湖、固城湖、洪泽湖、长荡湖等在内的长三角大闸蟹优质产区联合拼多多共同成立了"长三角大闸蟹云拼优品联盟"，为消费者带来了众多优质产区的源头好蟹。

电影里陕西苹果在《回乡之路》章节中频繁曝光，现实中陕西苹果、冬枣、猕猴桃等牢牢地占据着西北专场产品销量前三的位置；东三省专场则几乎是黑龙江大米、红肠，辽宁小米、果梨和吉林人参的天下。

随着平台商品补贴力度的不断加大、优惠举措的不断丰富，"家乡好货"专区的产品订单量仍在快速上涨。在拼多多5周年庆之际，平台希望与消费者分享生日的喜悦，助力家乡好货一起拼。

资料来源：经济日报-中国经济网。

1.1 电子商务的定义与基本要素

1.1.1 电子商务的定义

电子商务（Electronic Business）属于新生事物，1997 年首次由美国国际商用机器公司（IBM）所提出，此后，大量与电子商务相关的词汇（如电子市场、电子政务、电商商务物流等）开始不断涌现。

由于电子商务诞生时间较短并仍在高速发展，所以至今尚未形成公认的、权威的定义，人们对其的看法可谓众说纷纭。本书摘选出一些具有代表性的观点，以帮助读者从不同角度来理解电子商务的含义。

1. 政府组织对电子商务的定义

（1）美国政府在其发布的《全球电子商务纲要》中提出："电子商务师指通过互联网进行的各项商务活动，包括广告、交易、支付、服务等活动，全球电子商务将会涉及全球各国。"

（2）欧洲议会关于电子商务的定义是：电子商务是通过电子方式进行的商务活动。它通过电子方式处理和传递数据，包括文本、声音和图像。它涉及许多方面的活动，包括货物电子贸易和服务、在线数据传递、电子资金划拨、电子证券交易、电子货运单证、商业拍卖、合作设计、在线资料和公共产品获得。它包括了产品（如消费品、专门设备）和服务（如信息服务、金融和法律服务）、传统活动（如建设、体育）和新型活动（如虚拟购物、虚拟训练）。

（3）联合国经济合作与发展组织（OECD）在有关电子商务的报告中提道："电子商务是发生在开放网络上的，包含企业之间、企业与消费者之间的商业交易。"

（4）世界贸易组织（WTO）在其《电子商务》专题报告中指出：电子商务就是通过电信网络进行的生产、营销、销售和流通活动。电子商务不仅指基于互联网上的交易，而且指所有利用电子信息技术来解决问题、降低成本、增加价值和创造商机的商务活动，包括通过网络实现从原材料查询、采购、产品展示、订购到出品、储运以及电子支付等一系列的贸易活动。

2. 企业对电子商务的定义

（1）IBM 公司是第一个使用电子商务一词的企业，也是电子商务的积极倡导者，它用一个公式定义了电子商务，即电子商务=全球广域网（Web）+信息技术+企业业务。从这一定义可以看出，电子商务是在网络计算环境下的商业化应用，是买方、卖

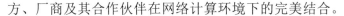

方、厂商及其合作伙伴在网络计算环境下的完美结合。

（2）惠普（HP）公司则认为，电子商务以电子手段完成产品和服务的等价交换，在互联网上开展电子商务内容包含真实世界中销售者和购买者所采取的所有服务行动，而不仅仅是订货和付款。值得一提的是，HP公司对电子商务的定义突破了简单的"买—卖"范畴，将视野放在了整个经营过程。

（3）联想公司指出，电子商务不仅仅是一种管理手段，它还是一场触及企业组织架构、工作流程的重组乃至社会管理思想的变革。联想公司还提到，企业的电子商务的发展道路是一个循序渐进、从基础到高端的过程：构建企业的信息基础设施，实现办公自动化；建设企业核心的业务管理和应用系统；针对企业经营的三个直接增值环节设计，即实施客户关系管理、供应链管理和生命周期管理。

3. 国内外学者对电子商务的定义

（1）美国学者瑞维·卡拉科塔和安德鲁·B.惠斯顿在他们的专著《电子商务的前沿》中提出："广义地讲，电子商务是一种现代商业方法。这种方法通过改善产品和服务质量，提高服务传递速度，满足政府组织、厂商和消费者的降低成本的需求。这一概念用于通过计算机网络寻找信息以支持决策。一般地讲，今天的电子商务是通过计算机网络将买方和卖方的信息、产品和服务联系起来，而未来的电子商务则是通过构成信息高速公路的无数计算机网络中的一个网络将买方和卖方联系起来的通路。"

（2）埃弗雷姆·特办、戴维·金、朱迪·麦凯和彼得·马歇尔通过总结和发展前人的研究成果，在《电子商务：管理视角》一书中从业务过程、服务、学习、合作和社区五个角度对电子商务进行定义，他们指出：从业务过程的角度看，电子商务是指利用电子网络实施的业务过程，进而代替实体业务活动的信息的电子化业务活动；从服务的角度看，电子商务是政府、企业和消费者表达各自意愿的一种工具，同时也是在改善客户服务水平和提高交付速度的同时削减服务成本的一种手段；从学习的角度看，电子商务为中学、大学和其他组织（包括商务组织）提供了在线培训和教育的功能和机会；从合作的角度看，电子商务为组织内部和组织间进行合作提供了平台；从社区的角度看，电子商务为社区成员提供了一个学习、交易和合作的集会场所，例如社交网络的兴起。这个观点，不仅将电子商务的概念更加具体化了，也与时俱进地归纳了电子商务的功能。

（3）国内有学者参考国内外专家学者的观点，从广义和狭义两个角度总结了电子商务的定义：广义的电子商务是指使用各种电子工具从事商务或活动，其中，这些工具包括从初级的电报、电话、广播、电视、传真到计算机、计算机网络，再到国家信息基础结构——信息高速公路、全球信息基础结构和互联网等现代系统；狭义的电子商务是指个人和企业之间，企业和企业之间，政府与企业之间及企业与金融业之间仅仅通过互联网进行的钱和物的交易活动。

4. 对电子商务定义的理解

从以上定义中我们可以看出：政府组织主要侧重于从宏观角度来界定电子商务，

主要讨论了电子商务的行业意义，以及电子商务对世界宏观经济以及整个社会所带来的影响；企业主要是站在微观角度来界定电子商务，主要讨论了电子商务给企业经营管理，以及商品交易过程带来的具体改变；而专家学者们则是从电子商务所依赖的信息技术，电子商务对政府、企业、消费者的影响来界定电子商务这一概念的。

虽然政府组织、企业和学者对电子商务的定义有所不同，但是从特定的角度来看，这些定义都有一定的合理性。综合各方观点，可以认为电子商务是指运用电子工具通过网络进行的产品或服务的生产、交易及相关行政作业的一种新型的商业模式。这种商业模式侧重于探索和利用新的商务机会，通过通信网络提升商业交易的执行效果，从而实现更大的商业价值。需要强调的是，电子商务不仅仅只对商品交易产生影响，它是一个贯穿生产、销售、售后服务全过程的活动体系。

1.1.2 电子商务的基本要素

电子商务有四个基本要素，分别是现代信息技术、电子工具、掌握现代信息技术和商务理论及实践的复合型人才和以商品贸易为中心的各种商务活动。这四个基本要素的关系是：现代信息技术特别是计算机网络技术的产生和发展是电子商务开展的前提条件；系列化、系统化的电子工具是电子商务活动的基础；掌握现代信息技术和商务理论与实务的人是电子商务活动的核心；以商品贸易为中心的各种商务活动是电子商务的对象。

1. 电子商务的前提

电子商务的前提是现代信息技术的产生和发展。这里的现代信息技术，主要包括计算机技术、数据库技术、互联网技术等。现代信息技术的产生与发展，使得商业信息更容易被采集、储存、加工处理、分发和传输，这是电子商务得以产生和发展的前提。

2. 电子商务的基础

电子商务的基础是系列化、系统化的电子工具。系列化是指电子工具需要伴随从商品需求咨询、商品配送、商品订货、商品买卖、货款结算、商品售后服务、商品再生产的整个过程，如电话、电报、电子数据交换（Electronic Data interchange，EDI）、管理信息系统（Management Information system，MIS）、电子货币等。而系统化是指电子工具需要将商品的需求、生产、交换构成一个有机整体，另外还需要引入政府对商品生产、交换的调控，从而形成一个维持电子商务运营的系统。

3. 电子商务的核心

电子商务的核心是掌握现代信息技术和现代商务理论与实践的复合型人才。这主要基于以下三点原因：第一，电子商务是一个社会系统，它的核心必然是人。第二，电子商务是紧紧围绕商务活动，而商务活动的各个方面其实决定于由人组成的不同利益方。第三，在电子商务活动中，任何工具的制造发明、工具的应用、效果的实现都是由人来完成的。

4. 电子商务的对象

电子商务的对象是"商务",即以商品贸易为中心的各种商务活动,即从商品需求咨询、商品配送、商品订货、商品买卖、货款结算、商品售后服务、商品再生产的整个过程。通过电子商务,可以极大地减少不必要的商品流通、物资流通、人员流通和货币流动,减少商品经济的盲目性,减少有限物质资源、能源资源的消耗和浪费。

1.2 电子商务的起源与发展

电子商务的发展历程可以分为三个阶段,第一个阶段是雏形阶段,这个阶段主要的电子工具并非网络,而是以电话、电报、传真和电视为主;第二个阶段是基于电子数据交换(Electronic Data Interchange,EDI)的电子商务阶段;第三个阶段则是基于互联网的电子商务阶段。

1.2.1 雏形阶段

根据电子商务的广义含义,一切利用电子通信技术和使用电子工具进行的商务活动都可以称为电子商务。虽然人们常常提及的电子商务多指在网络上开展的商务活动,但是通过电报、电话、传真和电视进行的商务活动也是电子商务,而且,它的历史更加久远。

1. 电报

电报是最早的电子商务工具,是用电信号传递文字、照片、图表等的一种通信方式。随着社会的进步,传统的用户电报在速率和效率上不能满足日益增长的文件往来的需要,特别是办公自动化发展的需要,在这样的基础上,20 世纪 20 年代智能用户电报(Telex,也称作电传打字机)出现了。智能用户电报将拍发电报自动化,智能用户电报之间可以像电话一样以拨号接通,之后把信息以打字的方式传出。在传真及长途电话普及之前,智能用户电报曾一度遍及各地的办公室,专门用作长途通信。不过随着科技的进步,智能用户电报也逐渐退出了历史舞台。

2. 电话

电话是一种广泛使用的电子商务工具。电话用途广泛,设备较便宜,所需的带宽很窄。但是在许多情况下,电话仅为书面的交易合同或产品实际交送做准备。长期以来,电话的通信一直局限于两人之间的声音交流,但从 20 世纪 80 年代开始,利用可视电话进行可视商务活动成了现实,不过由于可视电话对设备要求很高,需要大量的投资,所以可视电话在电子商务领域的发展相对迟缓。

3. 传真

现代传真技术始于 20 世纪 70 年代,它提供了一种快速进行商务通信和文件传输的方式。其工作原理是，通过一端传真机的扫瞄仪把文件的内容转化成数码影像，调制解调器则把影像资料通过电话线传送，在另一端的传真机则把影像变成原文件的复印本。但是，由于传真无法传送声音和复杂的图形，同时也无法实现相互通信，而且在传送文件时还需要另一端必须也要是传真机，这使得传真机的使用范围受到了一定的限制。但不可否认的是，在 20 世纪末，传真凭借其快速传输文件的能力，在电子商务活动中发挥了极为重要的作用。

4. 电视

随着电视的普及，电视广告和电视直销在商务活动中变得越来越重要。电视与电报、电话和传真相比，受众范围更广，影响力更大。但是，电视在商务活动中的缺点也较为突出。如，电视是一种"单通道"的通信方式，使得消费者无法直接与商家进行互动。另外，在电视节目中投放广告以及进行电视直销的成本较高，限制了中小企业通过电视开展商务活动。

电报、电话、传真和电视这四种电子工具有着各自的优缺点，所以人们在电子商务活动中经常互为补充地使用。虽然随着时代的发展，它们在电子商务活动中的主角地位已经不再，但是这些传统的电子工具依然发挥着重要的作用。

1.2.2 基于 EDI 的电子商务阶段

EDI 的概念起源于 20 世纪 60 年代，联合国标准化组织将其定义为"将商业或行政事务处理中的报文数据按照一个公认的标准，形成结构化的事务处理的报文数据格式，从计算机到计算机的电子传输方法"。

相对于传统的订货和付款方式，传统贸易所使用的各种单证、凭据全部都被计算机网络的数据取代，因此，EDI 也被形象地称为"无纸化贸易"。EDI 的系统模型如图1-2 所示。

图1-2 EDI 系统模型图

欧美发达国家的大型企业在 20 世纪 80 年代后基本上实现了 EDI 的普及，但我国应用 EDI 时间则要晚得多，最初的应用是从 20 世纪 90 年代开始的。

EDI 系统在企业里的普及，不仅减少了数据处理费用和数据重复录入费用，并且大大缩短了交易时间，降低了库存和成本，提高了工作效率。从技术层面来说，EDI 包括硬件实施和软件设施两大部分。硬件设施主要是指计算机网络（注：在 20 世纪 90 年代之前的大多数 EDI 所依赖的计算机网络都是通过租用的通信线路构建专用的增值网（Value-Added Network，VAN）），软件设施主要是指计算机软件和 EDI 的标准。EDI 的软件需要将用户数据库系统中的信息翻译成 EDI 的标准格式，以供传输交换，由于不同行业的企业业务特点不同，因而数据库的信息格式也不相同，但是当需要发送 EDI 文件时，这些不同的信息格式都必须转换成 EDI 的标准格式，否则信息无法发送。

由于 EDI 对技术和资金都有较高的要求，所以在早期只有大型企业有能力引进 EDI 系统，而众多中小企业是无能为力的。因此，这些小企业迫切需要一个价格更低、更容易操作和更容易接入的 EDI 平台。

为了让更多的中小企业能够顺利地使用 EDI，当互联网（Internet）出现之后，专家们开发了基于 Internet 的 EDI 系统。与专用的 VAN 相比，Internet 具有更多的优势。比如，Internet 可以实现全球范围的连接，花费更少；Internet 对数据交换提供了许多简单而且易于实现的方法，用户可以使用 Web 完成交易，等等。我们完全可以将基于 Internet 的 EDI 系统看成一种遵守特定标准的企业对企业的电子商务系统。

基于网络的 EDI 单证处理过程如图 1-3 所示。

图 1-3　EDI 单证处理过程

将 Internet 与 EDI 技术相结合，为企业提供了一个更加廉价、便捷的商务通信环境，从而吸引了越来越多的企业开始使用 EDI。

1.2.3 基于 Internet 的电子商务阶段

20 世纪 90 年代，一场轰轰烈烈的科技革命席卷全球。这场媲美于 20 世纪初工业革命的现代革命为全世界的各种组织机构提供了全新的交流媒介。研究人员将已有的计算机和通信技术集成，形成以计算机为基础的网络通信，使得各种信息能够在全世界范围内广泛并快速地传播，作为这种革命的结果，Internet 应运而生。

Internet 始于美国国防部的一个"ARPAnet"项目，20 世纪 80 年代后期，这个项目被移交到美国国家科学基金会，进而成为众所周知的国际互联网（Internet）。最初，Internet 仅提供给高校和科研机构使用，直到 1991 年美国才将 Internet 对大众开放，在 Internet 上开发商业应用系统的商务行为也由此开始。1993 年万维网（World Wide Web，WWW）出现，这是一种具有包括文字、声音、图像在内的超媒体信息的网络系统，并使用超级链接来实现网络上不同信息之间的跳转。万维网是人类历史上最深远、最广泛的传播媒介，它可以使用户与分散于全球各地的其他人群相互联系并且更快速地获得信息。

IBM 公司将基于 Internet 的电子商务阶段分为三个阶段，分别是新奇阶段（Cool Phase）、机会阶段（Chance Phase）和正规的电子商务时代（Serious-Business Phase）

1. 新奇阶段

在新奇阶段，也就是万维网发展的初期，它主要被一些机构用于发布以静态页面为主的产品、服务和新闻等重要信息。后来，几乎各种类型的企业机构，无论大小，都开始在万维网上建立自己的网站来发布各种各样的信息。但是在这个阶段，由于计算机和网络基础设施还比较薄弱，无法实现商务领域的实时大数据处理，信息的更新速度也比较慢，所以企业还不能通过萌芽状态的电子商务来获取利润。

2. 机会阶段

20 世纪 90 年代中后期，随着 Web 技术的高速发展，互联网已经能够动态、实时地处理各种商务活动，于是，传统企业开始了向电子商务的大规模转移，企业开始尝试通过互联网这一平台来销售产品。大量的基础设施投入创造了良好的互联网环境，促进了上网人口数量飞速增长。随后的几年，电子商务迅速迎来了发展的高潮期，无论是企业对电子商务还是企业对企业的电子商务都创造了巨大的营业收入。据统计，网上图书销售商亚马逊（www.Amazon.com，见图 1-4）的营业收入从 1996 年的 1580 万美元猛增到 1998 年的 4 亿美元；同期，超过 50%的美国企业都采取了企业对企业的电子商务模式来进行商务处理，除此之外；以互联网相关的股票成了当时美国股市上最热门的股票，以高新技术类上市公司为主的美国纳斯达克的股票市场，1996 年初的指数点位还只有 1000 点，而 2000 年初该点位已经超过了 4000 点。

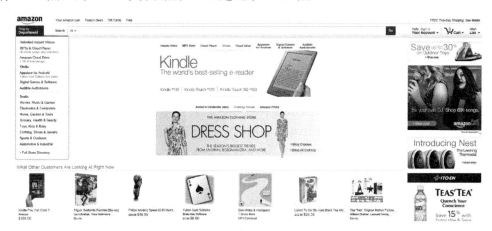

图 1-4 亚马逊网站主页

部分企业进军电子商务领域取得的巨大成功，吸引了越来越多的企业、个人狂热地投入到电子商务的大潮中，但是，由于缺少相应的调研，投资者们只是盲目地被市场需求爆炸的预期激励，而实际需求远远没有达到他们预期，从这个时候开始，互联网经济已经开始暗藏杀机。

2000 年到 2001 年，由于互联网泡沫的破灭，电子商务开始跌入低潮期。很多互联

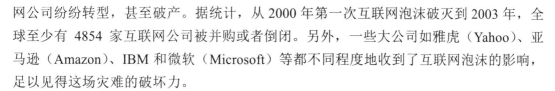

网公司纷纷转型，甚至破产。据统计，从 2000 年第一次互联网泡沫破灭到 2003 年，全球至少有 4854 家互联网公司被并购或者倒闭。另外，一些大公司如雅虎（Yahoo）、亚马逊（Amazon）、IBM 和微软（Microsoft）等都不同程度地收到了互联网泡沫的影响，足以见得这场灾难的破坏力。

不过，凡事都具有两面性，正是因为电子商务的这场低潮，许多公司开始反思自己的经营行为，并着力完善自己的经营管理，于是，电子商务迎来了一个新的时代。

3. 正规的电子商务时代

在这个阶段，电子商务在全球范围内进一步迅速发展，并逐渐成为经济全球化的助推器。电子商务的广泛应用降低了企业经营、管理和商务活动的成本，促进了资金、技术、产品、服务和人员在全球范围的流动，推动了经济全球化的发展。电子商务的应用已经成为企业国际竞争力的重要因素。在这个阶段，除了涌现出一大批全新的电子商务企业外，一些传统的企业也通过电子商务完成了商务模式的新转型。像苏宁电器、国美电器的转型就是非常典型的案例。

阅读资料 1-1 苏宁的线上线下布局

苏宁成立于 1990 年，成立时名为苏宁家电有限公司。2005 年率先与新浪合作组建企业对消费者（B2C）部门，同年苏宁网上商城一期面世；2009 年在网上商城推出了三期之后进行升级改版，品牌名也更名为苏宁易购，次年正式对外发布上线。

2018 年 7 月，苏宁易购继 2017 年之后以 278.06 亿美元（约合人民币 1883 亿元）的年营业收入再次入围《财富》杂志 2018 年度世界 500 强榜单，排名 427 位，公司线下连锁门店数量稳居国内连锁零售前列，线上 B2C 平台跻身前三，仅次于阿里巴巴、京东之后。

苏宁易购线上线下相结合的起始于 2013 年，为了推进线上线下相结合，打造"店商+电商+零售服务商"的新零售模式，苏宁易购从"苏宁电器股份有限公司"更名为"苏宁云商集团股份有限公司"，进一步发展线上业务，并在同年收购了红孩子。苏宁易购依托线上平台苏宁易购与传统实体店较早探索线上到线下（O2O）的优势，积极整合线上线下资源，进入线上线下相结合的发展新阶段。

2015 年起苏宁线下门店统一更名为"苏宁易购"，完成了线上线下品牌统一。2015 年 1 月，首批 2 家苏宁易购直营店在江苏省宿迁市洋河镇和盐城市龙冈镇正式开业。同年 9 月，苏宁与万达达成合作协议将与万达深度合作，云店等品牌入驻各个城市的万达广场，借助万达的线下资源进一步发展。

2018 年 1 月 14 日，苏宁云商将"苏宁易购"这一苏宁智慧零售的渠道品牌名称升级为公司名称，同年 7 月，首家无人苏宁小店在南京试营业，首次登陆便利店行业市场。

2019 年 2 月，苏宁控股集团董事长张近东宣布苏宁易购收购万达百货旗下全部 37

家门店。4 月 10 日，苏宁易购收购万达百货进入实质性整合阶段。

资料来源：百度百家号。

如今，电子商务在全球范围内迅速发展，并逐渐成为经济全球化的助推器。电子商务的广泛应用降低了企业经营、管理和开展商务活动的成本，促进了资金、技术、产品、服务和人员在全球范围的流动，推动了全球经济的发展。电子商务的应用促进了全球网上购物的繁荣，近年来全球网络零售总额逐年攀升，2019 年全球网络零售总额为3.5 万亿美元，同比增长 20.73%，2020 年全球网络零售总额突破了 4 万亿美元，未来几年仍将持续增长。

1.3 电子商务的分类

电子商务的分类方法很多，常见的有按照电子商务参与的主体划分、按照电子商务的数字化程度划分、按照商业活动的运行方式划分以及按照开展电子交易的范围进行划分等。限于篇幅，我们主要介绍两种最常见的电子商务分类方式。

1.3.1 按照电子商务的参与主体划分

根据电子商务参与主体的不同，电子商务主要可以分为以下四大类，即企业—消费者（B2C）的电子商务、企业—企业（B2B）的电子商务、企业—政府（B2G）的电子商务、消费者—消费者之间（C2C）的电子商务。不过，随着电子商务的不断发展，按主体划分的创新类型不断涌现，如企业—企业—消费者（B2B2C）的电子商务、消费者—企业之间（C2B）的电子商务、企业内部电子商务、非商业电子商务等。下面就对上述主要的电子商务类型做简要介绍。

（1）企业 ——消费者（B2C）的电子商务

B2C 电子商务是指企业与个人之间通过互联网进行交易的商务活动。随着互联网的迅速普及，这类电子商务发展势头强劲，引发了传统商品营销方式的重大变革。

具体说来，B2C 电子商务又可以分为无形商品的 B2C 电子商务和实物商品的 B2C 电子商务。

无形商品的 B2C 电子商务即直接通过网络向消费者提供无形产品和服务。无形商品的 B2C 电子商务目前有四种模式：网上订阅模式，是指企业通过网页安排向消费者提供网上直接订阅、直接信息浏览的电子商务模式，例如在线课程、在线电子杂志等；付费浏览模式，是指企业通过网页安排向消费者提供计量收费性网上信息浏览和信息下载的电子商务模式，例如中国知网（www.cnki.net，见图 1-5），该网站是论文一站式服务平台，提供论文检测、文献下载、论文投稿、论文选题、优先出版、期刊上网等专业学术服务。用户可以通过网上支付来获取下载论文的权限；广告支持模式，是指网站免费向用户提供内容服务，但通过收费广告获取收益。如新浪网（www.sina.com.cn）、网易网（www.163.com）等各大门户网站，这些网站拥有极大的影响力，是商家投放付费广告的重要平台；网上赠予模式，即通过开放免费的服务吸引用户，在此基础上建立盈利模式。例如，奇虎360公司将自己定位为提供免费安全服务的公司，该公司通过满足用户的安全上网需求，聚拢起海量用户，然后再通过两大平台对海量用户进行转化，从而打通免费服务与盈利之间的连接通道。

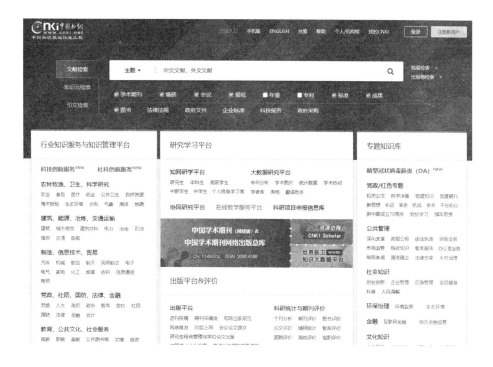

图1-5 中国知网主页

实物商品的 B2C 电子商务是指，虽然商品的交易在网上进行，但实体商品的交付仍然要通过物流活动来完成。网上交易比较活跃并热销的实体商品有书籍、日化产品、电子产品、家居服饰及化妆品等。因此早期成立的 B2C 商城均以销售上述类别的商品起家，并逐渐形成自己的特色。例如，京东商城（www.360buy.com）最初主要销售家电产品、当当网（www.dangdang.com）销售图书产品等。随着物流、仓储、配送、冷链等技术的发展，如今网上销售的实体商品越来越丰富，从房产、汽车到生鲜食品几乎无所不包。

阅读资料1-2 2019年我国B2C市场格局

2020年6月5日，国内知名电商智库网经社电子商务研究中心发布《2019年度中国网络零售市场数据监测报告》（以下简称《报告》）。报告显示，2019年网络零售B2C

市场（包括开放平台式与自营销售式，不含品牌电商），以 GMV 统计，排名前三位的分别为：天猫 50.1%、京东 26.51%、拼多多 12.8%；排名第四位至第八位的分别为：苏宁易购 3.04%、唯品会 1.88%、国美零售 1.73%、云集 0.45%、蘑菇街 0.24%。

零售电商市场格局已定，"三巨头"形成。若以年活跃用户数衡量平台规模，拼多多已超过京东，直逼阿里。但无论从营业收入还是净利润的指标看，阿里与京东均领先于拼多多。

总体来看，零售电商依然是巨头的舞台，天猫、京东地位依旧领先，商品交易总额（Gross Merchandise Volume, GMV）达万亿级，拼多多异军突起，GMV 也突破万亿，首度跻身"万亿俱乐部"行列；苏宁易购、唯品会等 GMV 为千亿级；云集、蘑菇街、快手等 GMV 为百亿级。

据电商大数据库"电数宝"（DATA.100EC.CN）监测显示，自 2012 年至 2019 年天猫始终占据超 50% 的市场份额，其中 2014 年达到峰值，随后除 2018 年外其余年份均呈现逐年份额小幅回落的趋势；京东市场份额处于 20%—30% 之间，呈现平稳增长；拼多多市场份额则呈现"跳跃式增长"的强劲势头；苏宁易购进入平稳时期；唯品会市场份额有升有降；可见，从 2012 至 2019 年，各家电商平台市场份额"此消彼长"。

报告显示，2019 年 26 家零售电商上市公司营业收入总额为 1.8 万亿元，平均营收 693.35 亿元。其中，营业收入达千亿元级的包括京东、阿里巴巴、苏宁易购、小米集团；百亿级有唯品会、国美零售、拼多多、云集、乐信、三只松鼠；60 亿—80 亿元的有趣店、宝尊电商、寺库；10 亿元以上有 1 药网、南极电商、小熊电器、歌力思、御家汇、优信、壹网壹创、微盟集团、中国有赞；营业收入 10 亿元以下包括蘑菇街、什么值得买、团车、宝宝树集团。

电商大数据库"电数宝"（DATA.100EC.CN）监测显示，2019 年 26 家零售电商上市公司净利润为 2013.04 亿元，平均净利润为 77.42 亿元。净利润千亿级有阿里巴巴；百亿级包括京东、小米集团；10 亿—100 亿级的有苏宁易购、唯品会、趣店、乐信、南极电商；10 亿以下包括歌力思、微盟集团、宝尊电商、小熊电器、三只松鼠、壹网壹创、寺库、什么值得买、御家汇。

对此，网经社电子商务研究中心网络零售部主任、高级分析师莫岱青表示，"零售电商中市值突出的毋庸置疑当属阿里巴巴，占 66 家总市值的 61.41%；其次为京东；拼多多实力不容小觑，与京东的差距不到 500 亿。市值垫底的是汽车电商团车网，市值与上半年相比蒸发 52.81%。

整体来看，零售电商占绝对主导地位，头部电商属于"高市值"领域，有 4 家千亿电商，市值处于百亿元以下的占比 57.14%，最小市值不到十亿元，表现出"头重脚轻"的两级分化现象，互联网行业"弱肉强食"的"丛林法则"在零售电商表现得淋漓尽致。而随着"互联网+"升级，实现线上线下融合，新零售业在推动消费中发挥出更大作用，引领电商行业持续发展。

（2）企业——企业（B2B）的电子商务

B2B 电子商务是企业和企业之间通过专用网络或互联网，进行数据信息的交换、传递从而完成商务谈判、订货、签约、接收发票和付款以及索赔处理、商品发送管理和运输跟踪等活动的一种电子商务模式。

虽然目前 B2C 电子商务的发展势头迅猛，但 B2B 的主体地位依然不可动摇。这主要是因为 B2B 电子商务是企业间的电子商务，具有交易金额大、交易双方关系稳固等特点，所以依然占据电子商务交易的最大份额。

B2B 电子商务可以在买卖双方直接进行，也可通过在线中介（online intermediary）来开展。不同于大企业，绝大多数的中小企业都是采用在线中介来开展 B2B 业务的。成立于 1999 年的阿里巴巴电子商务网站就是全球最大的网上 B2B 交易平台，见图 1-6。

图 1-6　阿里巴巴电子商务网站

（3）企业——政府（B2G）的电子商务

B2G 是指企业与政府之间的电子商务。包括政府通过互联网进行商品采购、工程招投标、宏观调控、管理电子商务市场等。政府作为消费者，可以通过互联网发布采购清单或者招投标信息，公开、透明、高效、廉洁地完成所需物品的采购和所需工程的招投标。例如，我国香港特区政府从 2000 年 4 月就开始应用电子投标系统，在半年之内处理了 429 次招投标，占其采购投标总额的 79%。

在发达国家，电子商务的发展主要是依靠私营企业的参与和投资，政府只起引导作用，而在发展中国家，由于电子商务的历史较短，电子商务的运营有诸多不成熟、不规范的地方，所以需要政府的直接参与。例如，这些国家的政府会制定有利于电子商务企业的产业政策以及相应的法律法规来规范电子商务市场的发展。

（4）消费者——消费者（C2C）的电子商务

C2C 是指消费者对消费者的电子商务，即消费者与消费者之间通过互联网进行的个人交易，它的一大特点就是消费者与消费者通过讨价还价的方式进行交易，主要表现形式为网络拍卖。

世界上最早的 C2C 网站是由耶尔·奥米迪亚在 1995 年开创的拍卖网站——易贝（eBay）。在 eBay 网，消费者只要接受网站的服务条约并在网站注册之后，就可以参加网络拍卖活动。eBay 网上交易的商品种类繁多，大到计算机和彩电，小到邮票和电话卡无所不包。个人可以不受时间限制自由地卖出、买入商品，而无需支付中介费用。这种模式为众多消费者提供了便利与实惠，因而发展速度极为迅速。在我国，淘宝网（https://www.taobao.com/）就是 C2C 电子商务的典型代表，见图 1-7。

图 1-7　淘宝网首页

（5）企业——企业——消费者（B2B2C）的电子商务

B2B2C 电子商务主要是指一家企业向另一家企业提供某些产品或服务，以使客户企业维持自己的客户群。这些客户群可以是企业的内部员工，也可以是企业自己的客户。例如，目前航空公司经常与旅行社合作，向旅行社提供诸如预定飞机票、旅馆房间等旅行服务，然后旅行社再将这些服务提供给顾客。其实，B2B2C 可以看成是 B2B 的子集。

（6）消费者——企业（C2B）的电子商务

C2B 电子商务既包括个人消费者利用互联网向企业销售产品或服务，又包括个人消费者寻求卖主，以对产品或服务进行有效议价。目前，第二种形式在电子商务活动中开始变得普遍，特别是购买同一类产品的消费者联合起来与商家议价。C2B 模型完全改变了传统商务活动中的定价模式，使买方定价成为现实，单个消费者通过聚合成为强大的采购集团的一份子。近年来迅猛发展的拼多多即是这种电商模式的典型代表。

（7）企业内部电子商务

企业内部电子商务包括组织内部的所有活动，如产品、服务和信息等在组织内各部门及个人之间的交换。这些活动包括向组织内部员工销售产品、在线培训、进行合作设计等。企业内部电子商务的实现主要是在企业内部信息化的基础上，将企业的内部交易网络化，是企业外部电子商务的基础，而且相比外部电子商务更容易实现。

（8）非商业电子商务

越来越多的非商业机构组织，包括大学、非盈利组织、宗教组织、社会组织以及政府机构，都采用电子商务来减少运营费用或改善运作水平，从而提高客户服务水平。比如，目前中国绝大部分高校都已经实现了校园信息化，它们利用校园网向学生传达各种资讯，以方便学生学习。

根据这个分类方法，我们不但厘清了电子商务不同利益方之间的联系，而且还学习了电子商务在不同商务活动中的具体运作，这对于我们今后分析电子商务案例是非常有益的。

1.3.2 按照电子商务的数字化程度划分

根据所销售的产品和服务、销售过程和销售代理的数字化程度的不同，电子商务可以分为完全的电子商务和不完全的电子商务。

1997 年，惠斯顿等学者构建了一个框架来解释在三个维度上的可能组合，如图 1-8 所示。

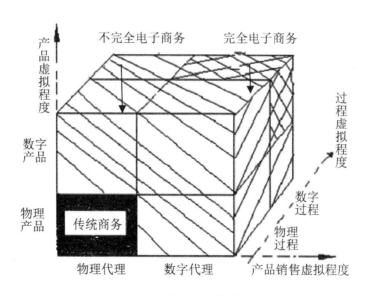

图 1-8 电子商务的维度

资料来源：Whinston, A. B., Stahl, D. O., Choi, S. The Economics of Electronic Commerce, IN: Macmillan Technical Publishing, 1997。

上图的含义是指产品可以是实体的或数字化的，销售过程可以是实体的或数字化的，销售代理也可以是实体的或数字化的。所有可能的组合方案共同形成了八个立方体，每个立方体上都有三个维度。传统商务的所有维度都是实体的（左下角的立方体），完全的电子商务的所有维度都是数字化的（右上角的立方体）。除此之外的立方体都是数字维度和实物维度的混合。如果只要有一个维度是数字化的，我们就认为其为电子商务，只不过是不完全的电子商务。

例如，从当当网上购买一本教材属于不完全的电子商务，因为配送需要由线下的物流来完成；但从该网站上购买一本电子书则属于完全的电子商务，因为产品物流和支付都是数字化的。

1.4 电子商务的特征及其与传统商务的区别

电子商务虽然发展的历史并不长，但是对传统商务活动产生了深远的影响。当前越来越多的传统企业开始努力实现向电子商务企业的转型。那么，与传统商务相比，电子商务到底具有怎样的优势？它们之间有着怎样的区别？现在企业应该如何取长补短？本节将详细解答这些疑问。

1.4.1 电子商务的主要特征

作为一种全新的商务模式，电子商务具有与传统商务不同的诸多特征。概括起来主要有商务交易的虚拟化、全球化、便捷化、互动化，商务机会的平等化以及商务信息的透明化等。

1. 商务交易虚拟化

商务交易虚拟化有两层含义：一方面，电子商务实现了市场交易场所的虚拟化，参与交易的各方完全可以通过互联网进行贸易洽谈、签订合同，不再受传统的空间概念和时间概念所限制，无论出于世界任何角落的个人、公司或机构，在任何时候都能够通过互联网实现信息共享、资源共享；另一方面，电子商务实现了交易环节的电子化，交易双方可以通过互联网进行资金支付，用电子流代替了实物流，减少了人力、物力，也降低了成本。

2. 商务交易全球化

互联网跨越国界、穿越时空，无论我们身处何地，也无论白天与黑夜，只要能够上网，我们就可随心所欲地登录任何国家、地域的网站进行交易。

3. 商务交易便捷化

网络实时地为用户提供各类商品和服务的供应量、需求量、发展状况及买卖双方的详细情况，同时，商业文件能在世界各地瞬间完成传递，并迅速被计算机自动"无纸化"处理，极大地缩短了交易的时间，使整个交易变得快捷与方便。另外，电子商务重新定义了传统的流通模式，减少了中间环节，大大降低了交易成本。

4. 商务交易互动化

通过互联网，商家之间可以直接交流、谈判、签合同，消费者也可以把自己的反馈建议反映到企业或商家的网站，从而实现交易双方之间的良性互动。

5. 商务机会平等化

电子商务使企业可以以相近的成本进入全球电子化市场，使得中小企业有可能拥有和大型企业一样的信息资源，提高了中小企业的竞争力。

6. 商务信息透明化

21 世纪是信息社会，信息就是财富，互联网上信息的可共享性使得任何企业都能够便捷地获得所需的商务信息，从而获得更多的商机。

1.4.2 电子商务与传统商务的区别

1. 传统商务的特点

商务活动都是由三部分组成，即买方、卖方和一定的业务流程。若从买方的角度来考察整个交易活动，需要经历"确定需要 —— 信息获取 —— 选定卖家 —— 议定卖价 —— 购买商品 —— 索求售后服务"等环节；若从卖家的角度来考察整个交易活动，则需要"调查需要 —— 广告促销 —— 谈判价格 —— 销售产品 —— 提供售后服务"等环节。无论从卖家还是买家的角度，每个商务过程都包含了大量不同的业务活动，这些业务活动统称为业务流程。

在传统商务的范畴里，业务流程都要受到时间和空间的限制。例如，企业进行大批量采购时，需要进行商品考察、签订合同、按合同规定收货、付款结算等一系列活动。但是，这些活动往往不能同步进行，从而大大地降低了交易的效率。

正是由于传统商务所具有的信息不易获取、耗费时间长、花费高、库存和产品积压、生产周期长、客户服务手段有限等上述特点，使得交易活动受到极大的限制。

2. 电子商务与传统商务的区别

与传统商务活动不同，电子商务能够通过网络平台实现物流、资金流和信息流的有效整合。具体而言，电子商务与传统商务的区别主要体现在以下两个方面：

（1）电子商务能够实现跨越时空的虚拟交易

传统商务活动往往需要交易双方会面后方能进行，这种方式容易受到时间和空间的限制，从而导致交易不便捷、成本高且交易效率较低。而电子商务则是通过网络平台将交易双方连接在一起，通过网络就可以处理交易前后的商务事务，因而不受时间和空间的限制。

（2）高效率、低成本

电子商务的高效率、低成本主要是通过以下几个方面实现的：

第一，互联网的出现，使企业获取信息的成本降低，另外，互联网上的信息具有实时性、动态性、透明化的特征，有利于企业对竞争环境有一个较为全面的了解，从而促进企业做出更加有效的决策。

第二，电子商务减少了交易的中间环节。网络将多个企业、供应商、经销商和消费者连接在一起，任何参与交易的一方都可以直接和另一方取得联系，通过比较或竞标的方式来减少交易成本。

第三，电子商务可以降低管理费用，提高办事效率。企业通过网络实现办公自动化，实现"无纸化"工作，可以大大降低文件的处理费用。另外，公司的采购部和销售部可以通过网络实时了解库存和销售情况并据此做出快速反应，从而提高办事效率。

1.5 电子商务的框架模型

电子商务是一个社会系统工程，它是以社会环境、商业环境和技术环境为基础，以商务应用系统、电子商务解决方案、电子商务管理工具为平台，由交易主体参与电子业务处理的复杂工程。电子商务的框架模型分为三个层面：环境层、系统层和应用层，见表1-1。

表1-1　电子商务框架模型

环境层	社会环境、商业环境、技术环境
系统层	电子商务解决方案、管理工具、应用系统
应用层	电子业务处理

1.5.1 环境层

电子商务的环境层主要包括三个方面，分别是社会环境、商业环境和技术环境。

电子商务的社会环境主要是指国际组织、各国政府制定的政策和法律法规。例如，全球电子商务框架、统一数据访问政策、隐私权保护政策等。

电子商务的商业环境主要是指交易双方为规范市场交易行为而制定的商务信息标准、商业规则和写作方案等，比如，人们经常提到的"货到付款"规则就属于这一范畴。

电子商务的技术环境是指影响电子商务活动的技术因素，主要包括信息化的基础设施（如网络、计算机设备）、相关协议（如TCP/IP、SET和SSL）和支付标准等。

正是由于近些年来社会环境、商业环境和技术环境对电子商务的支持，电子商务才能实现飞速发展。

1.5.2 系统层

电子商务的系统层包括电子商务解决方案、管理工具和应用系统。各种电子商务解决方案能够使企业以此作为电子商务系统的支撑软件平台，快速有效地开发出具有企业个性特色和适合企业自身需要的电子商务系统，并为逐步走向实用化提供保证；而管理工具和应用系统则为电子商务提供了系统管理和应用服务的功能。

系统层的主要功能有：负荷均衡，具体指使电子商务系统服务器的处理能力和承受能力保持均衡；连接与传输管理，即实现电子商务系统和其他系统之间的互联以及应用之间的相互操作；事务管理，主要指保证分布式环境下事务的完整性和一致性、以及缩短系统的响应时间；网站管理，具体是为站点维护、管理和性能分析提供技术支持。

1.5.3 应用层

电子商务的应用层则是指电子商务的参与者们进行具体的电子商务处理，比如网络营销、网络采购、在线咨询、供应链管理等。

电子商务的应用层在现实经济生活中是最直观的，也是最能直接促进电子商务发展的、创新的电子商务处理，往往可以给电子商务的发展增添新的活力。

 本章习题

一、单选题

1. 在电子商务的基本要素中，（　　）是电子商务的核心。

 A. 现代信息技术   B. 电子工具

 C. 掌握现代信息技术的人才   D. 以商品贸易为中心的各种商务活动

2. 在 EDI 电子商务阶段，最初依赖的计算机网络是（　　）。

 A. VAN 网络   B. Internet

 C. 广域网   D. 局域网

3.（　　）是第一个使用电子商务一词的企业。

 A. IBM 公司   B. 华为公司

 C. 亚马逊公司   D. 联想公司

4. 下列属于完全电子商务的是（　　）。

 A. 去沃尔玛超市买一瓶矿泉水   B. 去奇虎 360 官网购买一款专业杀毒工具

 C. 去京东商城购买一本书   D. 去淘宝网购买一套服装

5. 电子商务的（　　）主要是指电子商务的物理平台，主要包括信息化的基础设施、相关协议和支付标准

A. 社会环境   B. 商业环境

C. 技术环境   D. 法律环境

二、多选题

1. 下面哪些属于电子商务与传统商务区别的要素（   ）。

A. 跨时空的虚拟交易   B. 高效率

C. 有买卖双方和业务流程   D. 低成本

E. 相关的政策及法规

2. 电子商务的发展阶段包括（   ）。

A. 雏形阶段   B. 基于 EDI 的电子商务阶段

C. 新奇阶段   D. 基于 Internet 的电子商务阶段

E. 基于移动通信的电子商务阶段

3. 按照电子商务的数字化程度来对电子商务进行分类，主要是按照哪几个维度（   ）。

A. 产品和服务的数字化程度   B. 销售过程的数字化程度

C. 销售代理的数字化程度   D. 商品支付的数字化程度

E. 物流配送的数字化程度

4. 电子商务对社会经济的影响有（   ）。

A. 促进全球经济的发展   B. 催生新兴行业

C. 改变消费者生活习惯   D. 改变人们的思维模式和工作态度

E. 改变企业的经营模式

5. 电子商务的框架模型包括（   ）。

A. 系统层   B. 环境层

C. 应用层   D. 技术层

E. 网络层

三、名词解释

1. 电子商务   2. 企业内部电子商务

3. 非商业电子商务   4. 不完全电子商务

5. 完全电子商务

四、简答及论述题

1. 电子商务的基本要素有哪些？

2. 电子商务的发展经历了哪几个阶段？

3. 电子商务的主要特征是什么？

4. 电子商务的环境层主要包括哪几个方面？

5. 试论述电子商务与传统商务的区别。

案例讨论

北京老字号借助电商"潮起来"

2017 年 4 月，故宫和天猫合作，独家首发了一系列清代古方膳食，将"紫禁城元素"与美食结合，故宫"朕的心意"旗舰店入驻天猫。天猫旗舰店目前共上架 15 款产品，主要的目标消费者是年轻人。"朕的心意"所有食品都坚持纯手工制作，深受消费者欢迎，热卖食品一直处于供不应求的状态，玫瑰饼曾经脱销好几天，最后只好先预订后发货。

北京一轻食品旗下北冰洋的冷饮雪糕，已经通过天猫超市实现"一小时达"，未来将与天猫联合首发老北京瓷瓶酸奶等定制化新品。

另外，内联升正在通过将官网和天猫旗舰店线下会员系统打通，实现会员信息共享，只要顾客在内联升定制鞋，就可以直接成为 VIP 会员。再次购买时，无需提供自己的鞋码。

据阿里研究院的报告显示，2017 年前八个月，北京老字号十强企业的在线销售超 8 亿元。2016 年北京的老字号电商十强入围门槛超 2000 万元，是 2014 年电商十强入围门槛的 2.5 倍。

资料来源：搜狐财经。

❓ 思考讨论题

1. 老字号发展电商有何优势？
2. 本案例给我们的启示有哪些？

第2章　电子商务技术

本章导读

电子商务的发展离不开技术的支持和保障，这些技术包括计算机网络技术、电子数据交换（EDI）技术、电子商务安全技术、以物联网为代表的新兴技术以及电子商务的安全技术等。本章将对上述技术分别进行介绍，以便我们能够从技术的角度全面了解电子商务的运营。

问题导引

为什么说电子商务的发展离不开技术的支持和保障？

计算机网络的功能主要有哪些？

何谓计算机网络协议？它具有哪些功能？

互联网的主要应用服务？

电子商务的安全技术有哪些？

新兴技术对电子商务的发展有哪些促进作用？

知识结构图

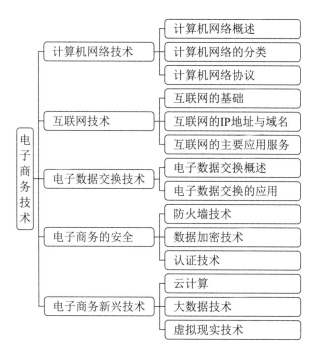

开篇引例

"双11"走向世界的技术支撑

从 2015 年开始，各种进口商品就成为"双 11"的热门产品。这当中，既有国内跨境电商推波助澜，又有海外生产商试水中国市场的迫切。2016 年，进口商品依旧是"双 11"的热门产品。

美国时间 2016 年 10 月 24 日，支付宝与美国最大的商户收单机构第一资讯公司（FirstData）和美国最大的支付读取器制造商惠尔丰（Verifone）达成合作。从 2016 年 11 月起，中国游客在美国纽约和加利福尼亚的部分奥特莱斯可以直接使用支付宝购物，不用兑换美元。在 2016 年"双 11"中，支付宝等支付技术成为重要的基础商业设施，以降低全球买家和卖家获得商业服务的门槛。支付宝通过与世界各地的支付方式合作，让没有银行卡的用户、商家也能"全球买、全球卖"。

境外不少用户已经享受到这种技术红利。在中国香港，没有银行卡的学生想在淘宝、天猫上购物，可以用八达通进行支付宝跨境支付。在巴西，近半数民众没有银行账户，但支付宝和当地的支付方式 Boleto 合作后，这些巴西用户也能漂洋过海到阿里速卖通上购物。

随着支付宝"全球收全球付"网络日趋完善，不仅意味着中国人去海外旅游都不用为换汇发愁——可以直接用支付宝付款；更意味着全球商家能触达支付宝 4.5 亿用户，并尝试大数据等分析工具，更了解中国消费者，以及中国电子商务的商业模式。从这个角度看，以支付宝为代表的中国企业，将自己的技术、数据能力进行输出，帮助全球商业、金融升级。中国互联网技术以及电子商务模式带来的全球变化才刚刚开始。

资料来源："双 11"走向世界，技术是桥梁[N]. 解放日报，2016-11-040（05），有删减。

2.1 计算机网络技术

作为整个互联网的核心，计算机网络技术促成了电子商务的蓬勃发展。计算机网络技术使全球性信息、服务资源共享成为可能。可以说计算机网络技术是电子商务技术中处于最底层、最基础的技术，电子商务的实现必须以计算机网络为基础。

2.1.1 计算机网络概述

1. 计算机网络的概念

所谓计算机网络，是指将地理位置不同的具有独立功能的多台计算机及其外部设备，通过通信线路连接起来，在网络操作系统，网络管理软件及网络通信协议的管理和协调下，实现资源共享和信息传递的计算机系统。

2. 计算机网络的功能

（1）资源共享

这里的"资源"指的是网络中所有的软件、硬件和数据资源。"共享"指的是网络中的用户都能够部分或全部地享受这些资源。

（2）数据通信

数据通信是计算机网络最基本的功能。它用来快速传送计算机与终端、计算机与计算机之间的各种信息，包括文字信件、新闻消息、咨询信息、图片资料、报纸版面等。利用这一特点，可实现将分散在各个地区的单位或部门用计算机网络联系起来，进行统一的调配、控制和管理。

（3）协同处理

将分散在各地的计算机中的信息适时地集中管理，共同解决某些大型问题。经综合处理后形成各种图表，提供给决策者进行分析和参考。

（4）均衡负载

当某台计算机的负载过重时，可以将新的作业任务传送到网络中负荷较轻的其他计算机上处理，调节计算机忙闲不均的现象，均衡了各计算机的负载。

（5）分布处理

当某台计算机负担过重时，或该计算机正在处理某项工作时，网络可将新任务转交给空闲的计算机来完成，这样处理能均衡各计算机的负载，提高处理问题的实时性；对大型综合性问题，可将问题各部分交给不同的计算机分头处理，充分利用网络资源，扩大计算机的处理能力，即增强实用性。对解决复杂问题来讲，多台计算机联合使用并构成高性能的计算机体系，这种协同工作、并行处理要比单独购置高性能的大型计算机便宜得多。

3. 计算机网络的组成

计算机网络系统主体可以分为硬件和软件两大部分，如图 2-1 所示。硬件主要包括网络服务器、网络工作站、网络适配器（网卡）、路由器、网关、传输介质和外部设备等，软件主要包括网络系统软件和网络应用软件等。

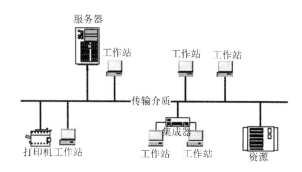

图 2-1　计算机网络

2.1.2 计算机网络的分类

计算机网络的分类标准有很多，可以从覆盖范围、传输介质、拓扑结构、控制方式、交换方式、通信方式等方面进行不同的分类。不同的分类标准反映网络的不同特征。下面对几种主要的分类方式进行具体介绍。

1. 按照网络的覆盖范围进行分类

根据网络的覆盖范围的大小，将计算机网络分为局域网、城域网和广域网。

（1）局域网（Local Area Network，LAN）

局域网也称局部网，是指将有限的地理区域内的各种通信设备互连在一起的通信网络。它具有很高的传输速率（几十至上吉比特每秒），其覆盖范围一般几百米到 10 千米之内，属于小范围内的连网。如一个建筑物内、一个学校内、一个工厂的厂区内等。局域网的组建简单、灵活，使用方便。

（2）城域网（Metropolitan Area Network，MAN）

城域网有时又称之为城市网、区域网、都市网。城域网介于局域网和广域网之间，其覆盖范围通常为一个城市或地区，距离从几十千米到上百千米。城域网中可包含若干个彼此互连的局域网，可以采用不同的系统硬件、软件和通信传输介质构成，从而使不同类型的局域网能有效地共享信息资源。城域网通常采用光纤或微波作为网络的主干通道。

（3）广域网（Wide Area Network，WAN）

广域网指的是实现计算机远距离连接的计算机网络，可以把众多的城域网、局域网连接起来，地理范围在几千公里左右，用于通信的传输装置和介质一般由电信部门提供，能实现大范围内的资源共享，如国际性的互联网。

2. 按照网络的传输介质进行分类

网络传输介质是指在网络中传输信息的载体，根据网络数据传输介质可分为有线网和无线网两大类。

（1）有线网

有线网是指采用同轴电缆、双绞线、光纤等物理介质传输数据信息的网络。

（2）无线网

无线网是指采用卫星、微波、红外线、激光等无线方式传输数据信息的网络。

3. 按照网络的控制方式进行分类

网络按照控制方式可分为集中式网络和分布式网络。

（1）集中式网络

集中式网络由一个大型的中央系统，其终端是客户机，数据全部存储在中央系统，由数据库管理系统进行管理，所有的处理都由该大型系统完成，终端只是用来输入和输出。终端自己不做任何处理，所有任务都在主机上进行处理。集中式数据存储的主要特点是能把所有数据保存在一个地方。这种网络的优点是便于管理，但管理信息集中汇总到管理节点上，容易导致信息流拥挤，一旦管理节点发生故障，将会影响全网的工作。

（2）分布式网络

分布式网络是由分布在不同地点且具有多个终端的节点机互连而成的。网中任一点均至少与两条线路相连，当任意一条线路发生故障时，通信可转经其他链路完成，具有较高的可靠性。同时，网络可扩充，灵活性好。

4. 按照网络的拓扑结构进行分类

计算机网络拓扑（Computer Network Topology）是指由计算机组成的网络之间设备的分布情况以及连接状态，通常用不同的拓扑来描述对物理设备进行布线的不同方案。常用的网络拓扑有星型、总线型、环型、树型、网状型。

（1）星型拓扑结构

该结构由中央结点集线器与各个结点连接组成，如图 2-2 所示。这种网络各结点必须通过中央结点才能实现通信。中央节点执行集中式通信控制策略，因此中央节点相当复杂，而其他结点的通信处理负担都很小。

图 2-2   星型拓扑结构

（2）总线型拓扑结构

总线型拓扑结构是由一条高速公用主干电缆即总线连接若干个结点构成网络。网络中所有的结点通过总线进行信息的传输，如图 2-3 所示。总线结构是使用同一媒体或电缆连接所有端用户的一种方式，也就是说，连接端用户的物理媒体由所有设备共享，各工作站地位平等，无中央节点控制，公用总线上的信息多以基带形式串行传递，其传递方向总是从发送信息的节点开始向两端扩散，如同广播电台发射的信息一样，因此又称广播式计算机网络。各节点在接受信息时都进行地址检查，看是否与自己的工作站地址相符，相符则接收网上的信息。

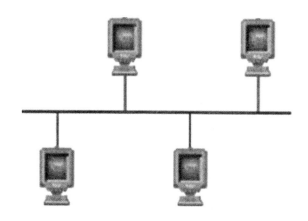

图 2-3   总线型拓扑结构

（3）环型拓扑结构

环型拓扑结构是由各结点首尾相连形成一个闭合环形线路，如图 2-4 所示。环型网络中的信息传送是单向的，即沿一个方向从一个结点传到另一个结点；每个结点需要安装中继器，以接收、放大、发送信号。

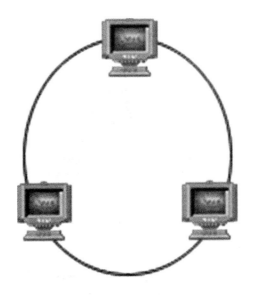

图 2-4　环型拓扑结构

（4）树形拓扑结构

树形拓扑结构是分级的集中控制式网络，如图 2-5 所示。与星型相比，树型的通信线路总长度短，成本较低，节点易于扩充，寻找路径比较方便，但除了叶节点及其相连的线路外，任一节点或其相连的线路故障都会使系统受到影响。

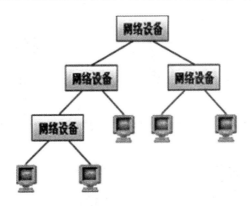

图 2-5　树型拓扑结构

（5）网状型拓扑结构

网状型拓扑结构各节点通过传输线互联连接起来，并且每一个节点至少与其他两个节点相连，如图 2-6 所示。由于结点之间有很多路径相连，可以为数据流的传输选择适当的路径，从而绕过失效的部件或过忙的结点，可靠性较高，在广域网中有着广泛的应用。但其结构复杂，实现起来费用较高，不易管理和维护，不常用于局域网。

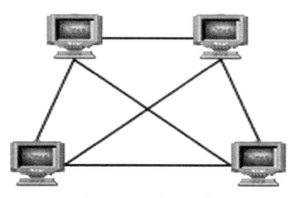

图 2-6　网状型拓扑结构

2.1.3 计算机网络协议

提起网络，就不能不说协议，网络中的计算机与计算机之间要想正确地传输数据与信息，必须在数据传输的顺序、数据的格式与内容等方面有一个约定或规则，这种约定或规则称作协议。由于通信双方所使用的网络系统可能不同，相互之间的通信是一个十分复杂的过程，为了简化，网络技术人员采用一种"分而治之"的处理方法，将复杂的问题划分为若干个彼此相关的功能层次模块来处理，每个模型处理相对简单的功能。国际标注化组织（International Standardization Organization，ISO）为计算机网络通信制定了一个七层协议的框架称为开放系统互联参考模式（Open System Interconnection，OSI），使得全球计算机网络实现了标注化，为网络互联提供了条件。

OSI 参考模型的结构图如图 2-7 所示。

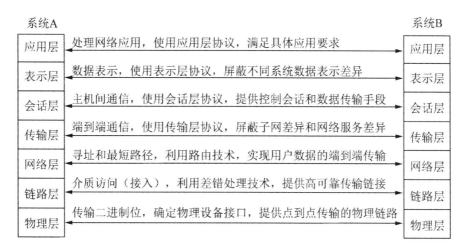

图 2-7　开放系统互联参考模式

计算机网络的另一种协议标准是数据控制协议、网间协议（TCP/IP），此协议先于 OSI 模型的开发，并不完全符合 OSI 的七层参考模型。大致说，TCP 对应 OSI 模型的传输层，IP 对应网络层。但今天 TCP/IP 协议已经超出了这两个层次，称为一个完整的协议族网络体系结构。TCP/IP 是互联网的基础协议，已是一种计算机数据打包和寻址的标准方法。在数据传送中，可以形象地理解为有两个信封，TCP 和 IP 就像是信封，要传递的信息被划分成若干段，每一段被塞入一个 TCP 信封，并在该信封上记录有分段号的信息，再将 TCP 信封塞入 IP 大信封，发送到网上。在接收端，一个 TCP 软件包收集信封，抽出数据，按发送前的顺序还原，并加以校验，若发现数据，TCP 将会要求重发。因此，TCP/IP 在 Internet 中几乎可以无差错地传送数据。对 Internet 用户来说，并不需要了解网络协议的整个结构，仅需了解 IP 的地址格式，即可与世界各地进行网络通信。

除 TCP/IP 协议之外，常见的计算机网络协议还有动态主机配置协议（Dynamic host configuration protocol，DHCP），文件传输协议（File transfer protocol，FTP），超文本传输协议（Hypertext transfer protocol，HTTP）等。

2.2 互联网技术

国际互联网（Internet）是建立在网络互联基础上的最大的、开放的全球性网络，是全球信息资源的超大型集合体，所有采用 TCP/IP 协议的计算机都可加入互联网，实现信息共享和相互通信。与传统的书籍、广播、电视等传统传播媒体相比，互联网使用方便，查阅更快捷，内容更丰富，互联网已在世界范围内得到广泛普及。

2.2.1 互联网基础

1. 互联网及其发展

互联网是电子商务最重要的通信网络基础。他是一个通过各种通信介质和数据通信网，把分布于世界各地不同结构的计算机网络连接起来，共同遵守 TCP/IP 通信协议，从而构成世界范围的网络集合，如图 2-8 所示。互联网源于美国，它的发展可划分为以下几个阶段。

图 2-8　互联网示意图

第一阶段，ARPANET（1969—1990）。

互联网起源于阿帕网（ARPANET），20 世纪 60 年代末至 70 年代初由美国国防部资助阿帕（Advanced Research Projects Agency，ARPA）承建。目的是通过这个网络把美国军事及研究用计算机主机联接起来，形成新的军事指挥系统。ARPANET 是互联网的雏形。1973 年，它首次跨出美国，利用卫星技术与英国、挪威连网成功。1986—1990 年是它与美国国家科学基金会网（NSFNET）并行交叉发展的阶段。从 4 个节点，数台主机发展到 800 多个网络，15 万台计算机。

第二阶段，NSFNET（1986—1995）。

20 世纪 80 年代中期互联网出现了第一次快速发展。当时，网络技术取得巨大进展，涌现出大量的利用以太网和工作站组成的局域网，奠定了建立大规模广域网的基础。1981 年，美国全国科学基金会（National Science Foundation）提出了发展 NSFNET 的计划，把全国大学和学术机构已经建成地区性网络连接起来。

在 20 世纪 90 年代以前，互联网的使用一直仅限于研究领域和学术领域，商业性机构进入互联网一直受到这样或那样的法规或传统问题的困扰。1991 年，通用原子能公司（General Atomics）、性能系统国际公司（Performance Systems International）、UUnet 技术有限公司（UUnet Technologies）等 3 家公司组成了"商用互联网协会"，宣布用户可以把它们的互联网子网用于任何的商业用途。互联网实现了第二次飞跃。

第三阶段，ANSNET（1992—2000 年）。

1991 年，IBM，微波通信公司（MCI）和迈瑞特（MERIT）公司在 NSF 的推动下，成立了一个非盈利的公司 ANS 公司（Advanced Network Services）。1992 年，ANS 公司建立了新的主干网 ANSNET，即现在的 Internet 主干网。商业机构一踏入互联网这一陌生的世界，很快就发现了它在通信、资料检索、客户服务等方面的巨大潜力。于是，世界各地无数的企业及个人纷纷涌入互联网，带来了互联网发展史上一次质的飞跃。1995 年 4 月，NSF 停止对 Internet 的管控，由美国政府指定的三家商业公司替代 NSF 的职能。至此，互联网的商业化彻底完成。

第四阶段，移动互联网时代（2000 年至今）。

进入新世纪，移动互联网逐渐取代 PC 端互联网，成为互联网的主流。它将移动通信和互联网二者结合在一起，是 PC 端发展的必然产物。移动互联网继承了移动通信的随时、随地、随身和互联网的开放、分享、互动的优势，如今已深深地渗透到我们的工作和生活的各个领域。近几年，更是实现了 3G 经 4G 到 5G 的跨越式发展。

2.2.2 互联网的 IP 地址与域名

接入互联网的每一台计算机，要想实现在互联网上的各种功能，都需要一个标识。网际协议地址（IP 地址）是为标识互联网上主机位置而设置的。互联网上的每一台计算机都被赋予一个世界上唯一的 32 位互联网地址（Internet Protocol Address，简称

IP Address），这一地址可用于与该计算机有关的全部通信。IP 地址是一个逻辑地址，用 32 位二进制数标识计算机网络中的每一台计算机。

每个 IP 地址由网络标识（NetID）和主机标识（HostID）两部分组成，网络部分用来描述主机驻留的网络，主机部分用来识别特定的主机。IP 地址可以写成 4 个用小数点分开的十进制数，每个十进制数表示 IP 地址中的 8 个二进制数。每个十进制数的取值范围为 0—255，中间用圆点分隔，通常表示为 mmm.ddd.ddd.ddd。例如，123.12.1.321 就可以表示网络中某台主机的 IP 地址。

尽管 IP 地址能够唯一地标识网络上的计算机，但 IP 地址是数字型的，用户记忆这类数字十分不方便，于是人们又发明了另一套字符型的地址方案，即所谓的域名地址。IP 地址和域名是一一对应的。域名采用分级结构，由用"."分割的多个字符串组成，高级域在右边，最右边为一级域名。Internet 上的每一个域，都必须设置域名系统（Domain Name System，DNS），负责本域内主机名的管理并与其他各级域名服务器相配合，完成互联网上 IP 地址与主机名的查询。

域名一般有三到四级，一级域名又称顶级域名，代表建立网络的部门、机构或网络所隶属的国家或地区，部分国家和地区域名如表 2-1 所示。二级域名分为新增区域域名和类别域名。二级域名的行政区域名往往适用于一国的二级行政区域，如天津为 tj.cn，上海为 sh.cn。二级类别域名表示主机所属的网络性质和类别，如 com.cn。常见的二级类别域名如表 2-2 所示。三级和四级域名是自定义的，通常为机构、公司全称、全称的缩写或商标名称，如/istudy.nankai.edu.cn 的三级域名和四级域名分别为 nankai 和 istudy。

表 2-1　部分国家域名

域名	含义	域名	含义
.au	澳大利亚	.ca	加拿大
.ch	瑞士	.cn	中国
.de	德国	.fr	法国
.jp	日本	.it	意大利
.ru	俄罗斯	.uk	英国

表 2-2　常见的二级类别域名

域名	含义	域名	含义
. int	国际组织	.com	商业组织
. edu	教育组织	. gov	政府组织
. mil	军事组织	. org	非营利法人商业组织
. net	网络资源组织	. firm	商业公司组织
. store	商业销售企业组织	. web	与万维网相关的实体组织
. arts	文化和娱乐实体组织	. info	提供信息服务的实体组织
. nom	个体或个人	—	—

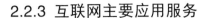

2.2.3 互联网主要应用服务

在互联网上，有许多服务器向访问者提供各种各样的服务，服务内容几乎遍及人们生活的各个方面。互联网提供的诸多服务有电子邮件、文件传送协议、万维网、远程登录、电子公告板、新闻组和专题讨论，下面介绍前五种服务。

1. 电子邮件（E-mail）

电子邮件（Electronic Mail，E-mail），它是用户或用户组之间通过计算机网络收发信息的服务。目前电子邮件已成为网络用户之间快速、简便、可靠且成本低廉的现代通信手段，也是互联网上使用最广泛、最受欢迎的服务之一。

电子邮件来源于专有电子邮件系统，它是由从一台计算机终端向另一台计算机终端传送文本信息的相对简单的方法发展起来的，现在已经演变成一个功能颇多的系统，可以传送文档、声音、图像等信息。电子邮件以其快速、高效、方便、廉价等特点成为许多商家、组织和个人用户的常用服务。

要发送和接收电子邮件，首先需要有一个电子邮件地址。电子邮件地址由三个部分组成：用户名、"@"符号和用户所连接的主机地址。比如，在 sw_120304612@163.com 中，"sw_120304612"是用户名，"163.com"是用户所连接的主机地址。

2. 文件传送协议（FTP）

文件传送协议（File Transfer Protocol，FTP）是在 Internet 上传送文件的一个重要协议。FTP 是 Internet 中广泛使用的一种服务，这种服务主要用于两个主机之间的文件传输：用户可以把远程主机上的文件下载到自己的主机上，也可以把自己主机上的文件上传到远程主机上。目前，个人用户常常利用 FTP 服务从 Internet 下载资料、软件、电影等。

FTP 的一个重要作用就是解决不同操作系统下文件的不兼容问题。因为客户机和服务器（远程主机）可能是完全不同类型的计算机，可能使用完全不同的操作系统，那么它们的文件类型就可能或多或少地存在差别。如果不能消除这些差别，文件传输到客户机时，客户机的操作系统也不能正确识别这种文件，展现在用户面前的将是一堆乱码或者是不能执行的程序。FTP 能够对客户机和服务器的操作系统进行鉴别，依照协议的规定对数据文件进行相应的转换。FTP 传输的文件类型可以分为文本文件和二进制文件两种。一般情况下，为了保证传输的正确性，都以二进制文件进行传输。

3. 万维网（WWW）

万维网（World Wide Web，WWW）也称 Web，是一种基于超文本方式的信息查询工具，它最大的特点是拥有非常友善的图形界面、非常简便的操作方法及图文并茂的显示方式。

WWW 是一种客户机/服务器模式。服务器是用于提供信息服务的 web 服务器，客户机是运行在客户端的客户程序，又称为 WWW 浏览器。在服务器与浏览器之间通过超文本传输协议（Hyper Text Transfer Protocol，HTTP）进行 WEB 网页的传输。WWW为用户提供世界范围的超文本服务。此外，WWW 也可提供传统的 Internet 服务，如FTP、E-mail 等。

万维网是图形化的、超媒体的信息发布和获取系统。万维网把各种类型的信息（静止图像、文本、声音和影像）有机地集成起来，提供一种超媒体的、可随时随地获取和发布信息的方法，用户在获取和发布信息时，不仅可以使用文本，也可以使用图像、影像和声音。

万维网与平台无关，可以通过任何类型的计算机，使用任何操作系统、显示器访问各种基于 UNIX 平台或基于 Windows 平台的 WWW，且显示的信息结果都是一样的。万维网可以把分布在全世界数以千万计的网络站点上的各种（超文本的或超媒体的）信息有机地连接起来，而每个站点只负责提供和维护它所发布的信息。在万维网中，每个网络站点，以及该站点上的每一个网页都唯一和一个地址对应，该地址称为统一资源定位器（Uniform Resource Locator，URL）。

用户只要记住某个网站的地址，在世界上的任意与 Internet 相连的计算机上都可以访问该网站。万维网是交互式的，即使用 Internet 的用户可以即时通信。在万维网以前的许多 Internet 软件中也有交互功能，如远程登录、FTP 等，但这些软件的交互功能还比较简单。万维网为用户提供了高性能的交互工具，例如，目前国内非常受欢迎的"微信"就是典型的交互型即时通信工具。

4. 远程登录（Telnet）

远程登录就是在网络通信协议的支持下，使自己的计算机暂时成为远程计算机终端的过程。登录以后的本地计算机成为这个远程计算机的终端，可以使用远程计算机允许使用的各项功能。为了和远程计算机建立连接，事先必须知道远程计算机的域名或者IP 地址，并成为远程计算机的合法用户。目前，许多图书馆、政府部门和研究机构等通过 Telnet 对外提供联机资料查询服务，使得远程用户能共享资源。

5. 电子公告板（BBS）

电子公告板（Bulletin Board System，BBS）是用电子通信手段"张贴"各种公告和消息，是 Internet 的服务之一，是由许多人参与的论坛系统。它的优势在于能迅速接近范围更广、距离更远的"读者"，使之成为强有力的信息传播工具。

BBS 现在的功能十分强大，大致包括信件讨论区、文件交流区、信息布告区和交互讨论区这几部分。它作为网上直接对话的窗口，为爱好相近和有着共同需要的人提供了一个虚拟的、开放式的交流空间。它具有便捷、开放等特点。

继 E-mail、BBS 之后，博客（Weblog，Blog）成为一种新的网络交流方式。Blog的中文名称除"博客"外，还有"网志""网络日记""部落客"等。博客可以理解为一种表达个人思想，内容按照时间顺序排列，并且不断更新的信息传播方式。博客是网民们通过互联网发表各种思想的虚拟场所，其主要特点是更新频繁、页面简洁明了和个性化。

一个 Blog 就是一个网页，它通常是由简短且经常更新的帖子所构成。这些张贴的文章按照日期排列。Blog 的内容繁多，有对其他网站的超级链接和评论，也有各类新闻，更多的是日记、照片、诗歌、散文，甚至科幻小说。许多 Blog 是个人观点的表达，也有由一群人基于某个特定主题或共同利益创作的 Blog。

即时通信是一种可以让使用者在网络上建立某种聊天室（chatroom）的实时通信服务。它囊括了 E-mail 的所有功能，如文字、文件、图片的传输等，并且实现了信息的实时交互，在安装麦克风和摄像头之后还可以实现语音、视频聊天。目前我国用户最多的即时通信工具是微信，QQ 次之。

2.3 电子数据交换技术

电子数据交换（Electronic Data Interchange，EDI）是现代计算机技术和远程通信技术相结合的产物，进入 20 世纪 90 年代以来，EDI 已成为世界性的热门话题。为竞争国际贸易的主动权，各国的企业界和商业界人士都积极采用 EDI 来改善生产和流通领域的环境，以获得最佳的经济效益。本章主要介绍 EDI 的基本概念、结构及 EDI 在物流行业的应用。

2.3.1 电子数据交换概述

1. EDI 的定义

电子数据交换（EDI）的起源可以追溯到 20 世纪 60 年代，是融合现代计算机技术和远程通信技术为一体的产物。它将贸易、生产、运输、保险、金融和海关等事务文件，通过电子信箱按各有关部门或公司企业之间的标准格式进行数据交换，并按照国际统一的语法规则对报文进行处理，是一种利用计算机进行事务处理的新业务。

一个 EDI 信息包括了一个多数据元素的字符串，每个元素代表了一个单一的事实，比如价格和商品模型号等，相互间由分隔符隔开。整个字符串被称为数据段。一个或多个数据段由头和尾限制定义为一个交易集，此交易集就是 EDI 传输单元（等同于一个信息）。一个交易集通常由包含在一个特定商业文档或模式中的内容组成。

2. EDI 的特点

（1）EDI 是企业间信息交流的一种方式，使用对象是不同的企业。

（2）EDI 所传送的资料是一般化业务资料，如发票、订单等，而不是一般性的通知。

（3）EDI 传输的报文是格式化的，是符合国际标准的，这是计算机能够自动处理报文的基本前提。

（4）EDI 使用的数据通信网络一般是增值网、互联网。

（5）数据传输由收送双方的计算机系统直接传送、交换资料，不需要人工介入。

3. 手工方式与 EDI 方式的比较

手工条件下贸易单证的传递方式如图 2-9 所示，需要操作人员使用打印机将企业数据库中存放的数据打印出来，形成贸易单证，然后通过传真、用户电报或者电子信箱的方式发送给贸易伙伴，贸易伙伴收到单证后，再由录入人员手工录入到数据库中，以便各个部门共享。

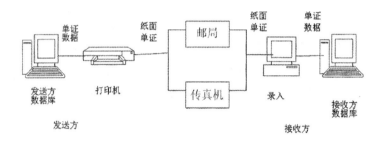

图 2-9 手工条件下贸易单证的传递方式

通过 EDI 传递的商业文件，具有标准化、规范化的文件格式，实现了数据的标准化，便于计算机自动识别与处理。如图 2-10 所示，EDI 条件下贸易单证的传递采用电子化的方式传送，传输过程无需人工介入，无需纸张文件，可大大提高工作效率，消除许多无谓的重复工作，节省交易双方的支出，有利于改善客户关系，拓展用户群。

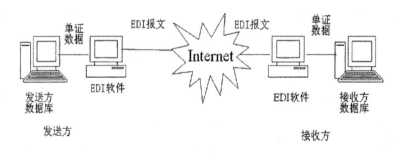

图 2-10 EDI 条件下的贸易单证的传递方式

EDI 传输的是格式化的标准文件，并具有格式校验功能。而传真、电报和电子邮箱等传送的是自由格式的文件。EDI 是实现计算机到计算机的自动传输和自动处理，其对象是计算机系统。而传真、电报和电子邮箱等用户是人，接收到的报文必须人为干预或人工处理。EDI 对于传送的文件具有跟踪、确认、防篡改、防冒领、电子签名等一系列安全保密功能。而传真、电报没有这些功能。虽然电子邮箱具有一些安全保密功能，但它比 EDI 的安全性要低。

2.3.2 电子数据交换的应用

EDI 用于金融、保险和商检。可以实现对外经贸的快速循环和可靠的支付，降低银行间转帐所需的时间，增加可用资金的比例，加快资金的流动，简化手续，降低作业成本。

EDI 用于外贸、通关和报关。EDI 用于外贸业，可提升用户的竞争能力。EDI 用于通关和报关，可加速货物通关，提升对外服务能力，减轻海关业务的压力，防止人为弊端，实现货物通关自动化和国际贸易的无纸化。

EDI 用于税务。税务部门可利用 EDI 开发电子报税系统，实现纳税申报的自动化，既方便快捷，又节省人力物力。

EDI 用于制造业、运输业和仓储业。制造业利用 EDI 能充分理解并满足客户的需要，制订出供应计划，达到降低库存、加快资金流动的目的。运输业采用 EDI 能实现货运单证的电子数据传输，充分利用运输设备、仓位，为客户提供高层次和快捷的服务。对仓储业，可加速货物的提取及周转，减缓仓储空间紧张的矛盾，从而提高利用率。

2.4 电子商务的安全技术

安全技术在电子商务系统中起着重要的作用，它是保证电子商务健康有序发展的关键因素。安全技术守护着商家和客户的重要机密，维护着商务系统的信誉和财产，同时也为服务方和被服务方提供了极大的方便。下面就分别从防火墙技术、数据加密技术、用户认证技术等方面对电子商务的安全技术进行简要的介绍。

2.4.1 防火墙技术

作为近年来新兴的保护计算机网络安全技术性措施，防火墙（FireWall）是一种隔离控制技术，在某个机构的网络和不安全的网络之间设置屏障，阻止对信息资源的非法访问，也可以使用防火墙阻止专利信息从企业的网络上被非法输出。防火墙是一种被动防卫技术，由于它假设了网络的边界和服务，因此对内部的非法访问难以有效地控制，因此，防火墙最适合于相对独立的与外部网络互连途径有限、网络服务种类相对集中的单一网络。

防火墙是指在两个网络之间强制实施访问控制策略的一系列软件或硬件设备的组织。防火墙被放在两个网络之间，所有的从内部到外部或从外部到内部的通信都必须经过它；只有有内部访问策略授权的通信才被允许通过；系统本身具有高可靠性。简而言之，防火墙是保护可信网络，防止黑客通过非可信网络入侵的一种设备，是网络安全的第一道屏障，保障网络安全的第一个措施往往是安装和应用防火墙。最典型的例子是企业内部网。

自从第一个最简单的包过滤路由器防火墙问世以来，在防火墙产品系列中已经出现了应用各种不同技术的不同类型的防火墙。这些技术之间的区分并不是非常明显，但就其处理的对象来说，基本上可以分为三大类：数据包过滤型防火墙、应用级网关型防火墙和代理服务型防火墙。限于篇幅，在此不做详述。

2.4.2 数据加密技术

加密技术是电子商务采取的主要保密安全措施，是实现数据保密的一种重要手段，目的是为了防止合法接收者之外的人获取信息系统中的机密信息。所谓加密，就是采用数学算术的程序和保密的密钥对信息进行编码，把计算机数据变成一堆难以理解的字符串，使得加密后的内容对于非法接受者成为无意义的文字，对于合法接收者，因为掌握密钥，可以通过解密得到原始的数据。由此可见，加密可以有效地对抗信息的被拦截以及被窃取。

数据加密技术是对信息进行重新编码，隐藏信息内容，是非法用户无法得到信息真实内容的一种技术。加密一般由加密过程和解密过程组成的，如图 2-11 所示。通常情况，人们可懂的文本称为明文，将明文转换成不可懂的文本称为密文，这个转换过程称为加密。反之将密文转换成明文的过程称为解密。密钥是用于加、解密的一些特殊信息，他可以是数字、词汇或语句，是控制明文和密文的关键所在。发送方在发送消息前先用加密程序将明文加密成密文，接收方在接收到消息后，用解密程序将密文再解密成明文。解密是加密的逆过程。加密系统有两种基本的形式：对称加密系统，也称为私有密钥加密系统；不对称加密系统，也称为公开密钥加密系统。两种加密系统有不同的特点，采用不同的方式来提供安全服务。

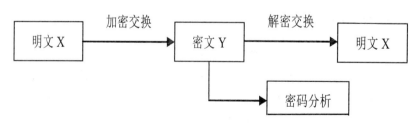

图 2-11 加密解密过程

1. 对称加密系统

对称加密又叫作私有密钥加密，其特点是数据的发送方和接收方使用的是同一把私有密钥，即把明文加密成密文和把密文解密成明文用的是同一把私有密钥。收信方收到密文后，若想解读原文，需要对加密用过的密钥及算法的逆算法对密文进行解密，才能使其恢复成可读明文。在对称加密算法中，使用的密钥只有一个，发收信双方都使用这个密钥对数据进行加密和解密，这就要求解密方事先必须知道加密密钥。对称算法的安全性依赖于密钥，泄露密钥就意味着任何人都可以对他们发送或接收的消息解密，所以密钥的保密性对通信性至关重要。

2. 不对称加密系统

不对称加密又叫作公开密钥加密，是在 1976 年由斯坦福大学的迪梅（Dime）和亨曼（Henman）提出来的。与对称加密算法不同，非对称加密算法需要两个密钥：公开密钥（publickey）和私有密钥（privatekey）。当给对方发信息时，用对方公开密钥进行加密，而在接收方收到数据后，用自己的秘密密钥进行解密。公开密钥与私有密钥是一对，如果用公开密钥对数据进行加密，只有用对应的私有密钥才能解密；如果用私有密钥对数据进行加密，那么只有用对应的公开密钥才能解密。

在电子商务中，贸易双方利用非对称加密技术进行机密信息交换的基本思想是：贸易一方生成一对密钥并将其中的一把作为公用密钥向其他贸易伙伴公开；得到公开密钥的贸易伙伴使用该密钥对机密信息进行加密后再发送给贸易方；贸易方用自己保存的另一把专用密钥对加密后的信息进行解密。只有贸易方才拥有私有密钥，所以即使其他人得到了经过加密的发送方的公开密钥，也因为无法进行解密而窃取相关的机密信息。这种加密技术保证了私有密钥的安全性，也就保证了传输文件的安全性。

3. 两种加密方法的联合使用

由于公开密钥加密技术需要公开密钥和私有密钥两个密钥的配合使用才能完成加密和解密的过程，这样有助于加强数据的安全性。但是同时公开密钥的加密和解密的速度很慢，用公开密钥加密算法加密和解密同样的数据所花费的时间相当于对称加密技术加密算法的 1000 倍。然而对称加密技术所使用的密钥数目难于管理，无法验证发送者和接收者身份，因此很难保证信息的完整性和流通性。正是因为公开密钥加密和私有密钥加密各有所长，所以在实际应用中，往往将公开密钥加密与私有密钥加密算法结合起来使用，以起到扬长避短的目的。

2.4.3 认证技术

在电子商务中，交易双方是不相见的，并且交易过程中不带有本人任何特征，因此有可能造成一些交易的抵赖；即使某一方指导所收到的数据是完整、保密、未经篡改的，但仍有一点无法知道，那就是对方是否以假冒身份在进行交易诈骗。为了避免电子商务交易中上述两种情况的发生，需要解决交易双方的身份验证和交易的不可抵赖问题，而这两个问题也正是认证技术所能解决的。目前，认证技术是保证电子商务交易安全的又一项重要技术，可以满足身份认证、信息完整性、不可否认和不可修改等多项交易安全需求，能够有效地规避网上交易面临的假冒、篡改、抵赖、伪造等相关风险。

在电子商务系统中，所有参与者都需要证明自己的身份，这就需要引入一个公平的裁判——交易双方均信任的第三方，对买卖双方进行身份验证，保证交易双方确信自己是在与对方所说的人进行交易。

电子商务中认证技术主要涉及以下两个方面的内容。

1. 身份认证技术

身份认证是用户身份的确认技术，是网络安全的第一道屏障，也是重要的一道防线。只有实现了有效的身份认证才能保证访问控制、入侵防范等安全机制的有效实施。身份认证主要包括两个方面：一个是识别，一个是验证。所谓识别就是用户向系统明确自己身份的过程。这也就要求认证技术对每位合法用户具有识别能力，为了保证认证的有效性，不同的用户应该具有不同的识别符号。验证是指系统核查用户身份证明的过程。用户出示身份之后，系统对其身份进行验证，避免假冒。

在电子商务环境中，身份认证技术必须采用电子的方法数字化，即识别信息需转化为电子数字信号。为了进行信息领域身份鉴别，认证技术需要具有一些基本要求，例如，身份认证要满足实时监测的要求；身份识别对人身体无任何健康危害；身份认证技术要求简单易懂，价格不能太贵，普及性强。满足上述要求的身份认证技术主要有口令认证、智能卡认证、生理特征认证等。

2. 数字证书

数字证书是网络通信中标识各方身份的一系列数据，用以对网络上传输的信息进行加密和解密、数字签名和签名验证，确保网上传递信息的安全性、完整性。数字证书是互联网上验证身份的一种方式，它的作用类似于司机的驾照或者人们的身份证。使用了数字证书，即使用户发送的信息在网上被他人截获，甚至丢失了个人的账户、密码等信息，仍可以保证用户账户、资金的安全。

通常数字证书采用公钥体制，即利用一对互相匹配的密钥进行加密和解密。用户自己设定一把特定的仅为本人所知的私有密钥，用它进行解密和签名；同时设定一把公共密钥由本人公开，为一组客户所共享，用于加密和验证签名。当发送一份保密文件时，发送方使用接收方的公钥对数据加密，而接收方则使用自己的私钥解密，这样信息就可以安全无误地送达。通过数字手段保证加密过程是一个不可逆的过程，也就是说只有用私有密钥才能解密。

数字证书可以授权购买，提供更强的访问控制，并具有很高的安全性和可靠性。数字证书可用于发送安全电子邮件，访问安全站点，处理网上证券交易、招标采购、保险、税务、签约和网上银行等安全电子事务和交易活动。电子邮件证书可以用来证明电子邮件发件人及邮件地址的真实性。收到具有有效电子签名的电子邮件，能够保证邮件确实由指定邮箱发出并且没有被篡改。使用接收的邮件证书，还可以在非安全网络中向接收方发送加密邮件，而且只有接收方才能打开该邮件。

2.5 电子商务新兴技术

2.5.1 云计算

1. 云计算的概念

"云计算"（Cloud Computing）是由谷歌首席执行官埃里克·施密特于 2006 年率先提出的一个重要概念。亚马逊、谷歌、IBM、微软等都是云计算的先行者。云计算是分布式计算的一种，指的是通过网络"云"将巨大的数据计算处理程序分解成无数个小程序，然后通过多部服务器组成的系统进行处理和分析这些小程序得到结果并返回给用户。现阶段所说的云服务已经不单单是分布式计算，而是分布式计算、效用计算、负载均衡、并行计算、网络存储、热备份冗杂和虚拟化等计算机技术的混合。云计算的核心概念就是以互联网为中心，在网站上提供快速且安全的云计算服务与数据存储，让每一个使用互联网的人都可以使用网络上的庞大计算资源与数据中心。云计算具有计算能力强、可靠性高、按需使用、虚拟化、价格低廉、可扩展性强等特点。

2. 云计算的分类

云计算包括私有云、公有云和混合云这三种模式，下面分别做以下简要介绍。

（1）私有云

私有云通常由企业或其他类型的组织机构自己拥有，特定的云服务功能不直接对外开放。在私有云中，用户是企业或机构的内部成员，这些成员共享该云计算环境提供的所有资源。私有云可为用户提供对数据、安全性和服务质量的最有效控制。

（2）公有云

公有云面向所有用户提供服务，用户通过互联网就可以使用。在公有云中，用户所需的服务由一个独立的第三方云提供商提供，即企业或机构将云服务外包给公有云的提供商。众多的用户可共享云提供商所拥有的资源。这可以减少用户自行构建云计算设施的成本。

（3）混合云

混合云是私有云和公有云两种方式的结合。混合云集私有云的安全性、可靠性和公有云的低成本优势于一体，是目前企业普遍采用的一种云计算模式。

3. 云计算背景下电子商务模式的转变

随着云计算技术的不断深入应用，电子商务模式也发生了革命性的转变。云计算应用背景下电子商务模式的转变可以体现在以下三个方面：

（1）应用模式方面

传统应用模式依靠的是计算机本地系统进行操作，而在云计算技术应用下，电子商务企业将企业资源计划（Enterprise Resource Planning，ERP）、产品数据管理

（Product Data Management，PDM）以及自动化办公（Office Automation，OA）等数据资源存储在云端，云端下再链接人工服务。

（2）消费模式方面

传统的电商消费模式依靠的是由单机许可使用计算机软件产品及硬件产品，而云计算背景下企业使用的硬件及软件设备可以直接向软件服务层级（SAAS）过渡；同时，用户的消费模式逐渐转变到移动终端支付模式。

（3）外包模式方面

随着云计算在电子商务行业的应用，外包模式的应用范围已经不再仅仅局限于信息技术行业，并且已经逐步拓展到电商领域。在电子商务领域，外包模式包含人才资源外包、管理团队外包、决策运营外包等众多内容。并且基于 SAAS 模式，电子商务企业可以自由使用外包模式。外包模式的应用，促进了电子商务企业拓宽业务领域，完成行业升级转型。

2.5.2 大数据技术

1. 大数据的概念

大数据本身是一个抽象的概念，至今并没有统一的定义。大数据研究的先驱麦肯锡指出，大数据指的是大小超出常规的数据库工具、存储、管理和分析能力的数据集。国际数据公司（IDC）认为，大数据即海量的数据规模、快捷的数据流动和动态的数据体系、巨大的数据价值。高德纳咨询公司（Gartner Group）认为，大数据是指需要新处理模式参与才能具有更强的决策力、洞察力和流程优化能力的海量、高增长率和多样化的信息资产。综合上述观点，大数据可简单地理解为那些无法在有限的时间内用常规软件工具对其进行获取、存储、管理和处理的数据集合。

2. 大数据的特征

大数据具备 Volume、Velocity、Variety 和 Value 四个特征，简称"4V"，即数据体量巨大、数据速度快、数据类型繁多和数据价值密度低，如图 2-12 所示。

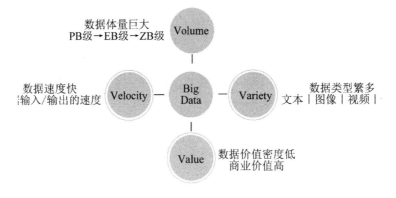

图 2-12　大数据特征

（1）数据体量巨大

在网络高速发展的时代，数据呈现出爆炸式的指数级增长，据互联网数据中心（Internet Data Center，IDC）发布《数据时代 2025》的报告显示，全球每年产生的数据将从 2018 年的 33ZB①增长到 175ZB。假定下载网速为 25 兆/秒，一个人要下载 175ZB 的数据，需要 18 亿年。

（2）数据速度快

大数据具有数据的创建、移动和处理均快速的特征。业界对大数据的处理能力有一个著名的"1 秒定律"，也就是说，可以从各种类型的数据中快速获得高价值的信息。大数据的快速处理能力充分地体现出它与传统数据处理技术的本质区别。

（3）数据类型繁多

传统 IT 产业产生和处理的数据类型较为单一，大部分是结构化数据。随着传感器、智能设备、社交网络、物联网、移动计算、在线广告等新的渠道和技术不断涌现，产生的数据类型无以计数。

现在的数据类型不再只是格式化数据，更多的是半结构化或者非结构化数据，如邮件、博客、即时消息、视频、照片、点击流、日志文件等。企业需要整合、存储和分析来自复杂的传统和非传统信息源的数据，包括企业内部和外部的数据。

（4）数据价值密度低

大数据由于体量不断加大，单位数据的价值密度在不断降低，然而数据的整体价值在提高。以监控视频为例，在一小时的视频中，有用的数据可能仅仅只有一两秒，但是却会非常重要。现在许多专家已经将大数据等同于黄金和石油，这表示大数据当中蕴含了无限的商业价值。

3. 大数据在电子商务中的应用

大数据时代，数据无孔不入，谁掌握了数据，谁才有可能把握成功。在云计算、物联网、社交网络等新兴服务的影响下，人与人之间、人与机器之间以及机器与机器之间产生的数据信息正在以前所未有的态势增长，人类社会步入大数据时代。数据从简单的处理对象开始转变为一种基础性资源。开展电子商务的企业可以借助大数据技术，对由多平台所获得的海量数据进行分析，帮助企业找到目标客户，并发掘用户的消费偏好，以便开展精准营销。例如，亚马逊通过从客户身上捕获的大量数据研发了个性化推荐系统，根据客户曾有的购物喜好，为其推荐具体的书籍、产品以及感兴趣的内容。此外，运用大数据技术，还可以有效地帮助开展电子商务的企业进行市场预测，及时发现市场机会、加快业务决策。

---

① ZB 是计算机术语，中文名是译字节，代表的是十万亿亿字节。

2.5.3 虚拟现实技术

1. 虚拟现实及虚拟现实技术的概念

虚拟现实（Virtual Reality，VR）是由美国 VPL 公司创始人杰伦·拉尼尔在 1987 年率先提出的一个概念。拉尼尔认为虚拟现实是由计算机产生的三维交互环境，用户参与到这些环境中，从而得到体验。后来众多学者不断丰富和完善了这一概念。

虚拟现实技术，又称灵境技术，是指采用以计算机技术为核心的现代高新技术，生成逼真的视觉、听觉、触觉等一体化的虚拟环境，参与者可以借助必要的装备，以自然的方式与虚拟环境中的物体进行交付，并相互影响，从而获得等同真实环境的感受和体验。虚拟现实技术囊括计算机、电子信息、仿真技术于一体，其基本实现方式是计算机模拟虚拟环境从而给人以环境沉浸感。随着社会生产力和科学技术的不断发展，各行各业对 VR 技术的需求日益旺盛。VR 技术也取得了巨大进步，并逐步成为一个新的科学技术领域。

2. 虚拟现实的特点

美国学者格里戈尔·伯德（Grigore Burdea）和菲利普·科菲（Philippe Coiffet）在其 1993 年出版的《虚拟现实》一书中指出，虚拟现实具有三个突出的特征，即沉浸感（Immersion）、交互性（Interaction）和想象性（Imagination）。而且这三个特征缺一不可。

沉浸性，是指利用计算机产生的三维立体图像，让人置身于一种虚拟环境中，就像在真实的客观世界中一样，能给人一种身临其境的感觉；交互性，是指在计算机生成的这种虚拟环境中，人们可以利用一些传感设备进行交互，感觉就像是在真实客观世界中一样，比如：当用户用手去抓取虚拟环境中的物体时，手就有握东西的感觉，而且可感觉到物体的重量；想象性是指参与者在虚拟的环境中，根据所获取的各种信息和自身在系统中的行为，通过逻辑判断、联想和推理等思维过程，去感知虚拟现实系统设计者的思想，以及去想象虚拟现实系统没有直接呈现的信息。

3. 虚拟现实技术在电子商务领域的应用及其影响[①]

将虚拟现实技术应用在电子商务领域，形成立体式交互电子商务模式是电商发展的一个全新方向。传统电子商务模型中，消费者虽然以便捷的方式获得远超实体店购物的海量商品信息，但仍然是一种所得非所见的购物体验。虚拟现实通过沉浸式体验，改变了传统电商的呈现形式，把产品的内部构造或者其他可以体现产品特点的细节更真实地展示给顾客，这无疑增加了顾客对产品的信任度和了解度，使购物体验更加逼真、丰富。

由于沉浸式体验的无限潜力，产品可以被很好地嵌入虚拟现实体验中，虚拟现实成了有力的品牌营销工具。虚拟现实将从以下三个方面提升消费者的电商购物体验。

---

① 徐兆吉，马君，何仲等. 虚拟现实[M]. 北京：人民邮电出版社，2016：149-151.

首先，用户可以自主、全方位地对物品进行浏览。在虚拟现实情形下，用户可以自己控制在场景中游走的路线，选择自己喜欢的游走方式，可以是步行甚至飞行漫游等。用户能根据他们的意愿探索整个购物环境，选择他们自己想试穿或体验的商品。虚拟现实商品观看时间不受限制，可以长时间浏览；观察角度不受限制，可以更换多个观察点，也可以像动画一样制定既定的路线游览。

其次，用户可以和导购或产品提供者进行实时交互。在家装购物场景中，用户可能需要对场景中的物体进行实时编辑，比如对建筑高度、间距的调整等，或者对比不同的设计所反映的效果，比如对地板、墙面、内饰的材质、样式、颜色的选择和搭配。通过虚拟现实技术非常容易地实现这些需求，用户在这一交互过程中可以最大限度地实现对营销内容的理解，从而提升购物体验。

最后，用户可以有真正的临场体验。虚拟现实的体验是传统的效果图，动画和沙盘都无法达到的。在传统营销展示模式下，展示商品多以静态摆放为主，用户与展示商品之间不存在交互行为，用户难以全面理解所展示商品的各种特性，因而无法获得最优化的购物体验。即使通过电商，用户在购买产品之前也难以仅仅通过店铺展示内容（包括静态图片和视频影像）准确判断产品是否真正适合自己，因为经常出现展示内容与实际效果存在严重偏差的情形。在虚拟现实情形下，用户通过自主性、交互性和沉浸感实现对展示商品的全面理解，摆脱了消费者所得非所见的困境。

3D 体感试衣镜是一种结合体感技术和 3D 建模技术的应用，如图 2-13 所示，购物者站在虚拟试衣镜前即可自动显示试穿新衣以后的三维图像，不仅可以使顾客试穿衣服更加方便和快捷，而且还可以让顾客根据自己的体型数据挑选更合适的衣服。目前 3D 体感试衣镜主要在商场和服装专卖店应用，随着大数据、建模技术和宽带网络发展，未来类似的线上应用将更为普及。

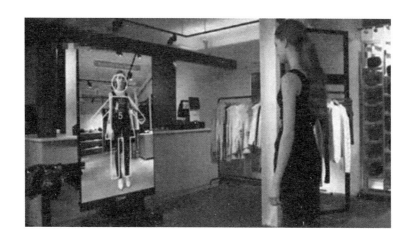

图 2-13　虚拟现实购物体验模型

2016 年 4 月，淘宝推出全新购物方式——Buy+。Buy+通过使用虚拟现实技术，利用计算机图形系统和辅助传感器，生成可交互的三维购物环境。Buy+将突破时间和空间的限制，利用三维动作捕捉技术捕捉消费者的动作并触发虚拟环境的反馈，最终实现虚拟现实中的互动。Buy+可以让用户直接与虚拟世界中的人和物进行交互，甚至将现实生活中的场景虚拟化，成为一个可以互动的商品。

本章习题

一、单选题

1. IP 地址是一个逻辑地址，用（　　　）二进制数标识计算机网络中的每一台计算机。

　　A. 8 位　　　　　　　　　　　　B. 16 位

　　C. 32 位　　　　　　　　　　　　D. 64 位

2. 在互联网中为了定位每一台计算机，需要给每台计算机分配指定一个确定的"地址"，称为（　　　）。

　　A. 域名　　　　　　　　　　　　B. IP

　　C. TCP　　　　　　　　　　　　D. FTP

3. （　　　）是用电子通信手段"张贴"各种公告和消息，是互联网上著名的服务之一，是由许多人参与的论坛系统。

　　A. TCP　　　　　　　　　　　　B. BBS

　　C. FTP　　　　　　　　　　　　D. EDI

4. （　　　）是对信息进行重新编码，隐藏信息内容，是非法用户无法得到信息真实内容的一种技术。

　　A. 大数据技术　　　　　　　　　B. 防火墙技术

　　C. 认证技术　　　　　　　　　　D. 数据加密技术

5. （　　　）面向所有用户提供服务，用户通过互联网就可以使用。

　　A. 私有云　　　　　　　　　　　B. 公有云

　　C. 混合云　　　　　　　　　　　D. 以上均不正确

二、多选题

1. 通常用的网络拓扑包括（　　　）。

　　A. 星型　　　　　　　　　　　　B. 环型

　　C. 总线型　　　　　　　　　　　D. 树型

　　E. 网状型

2. 每个 IP 地址由（　　　）组成。

　　A. 网络标识　　　　　　　　　　B. 电子标识

C. 电子证照

D. 主机标识

E. 域名标识

3. 身份认证技术的方式包括（　　）。

A. 口令认证

B. 智能卡认证

C. 生理特征认证

D. 姓名认证

E. 心理认证

4. 云计算具有的特点包括（　　）。

A. 计算能力强

B. 可靠性高

C. 按需使用

D. 价格低廉

E. 可扩展性弱

5. 大数据的"4V"特征是指（　　）。

A. Volume

B. Velocity

C. Variety

D. Variance

E. Value

三、名词解释

1. 计算机网络

2. 远程登录

3. 防火墙

4. 数字认证

5. 大数据

四、简答及论述题

1. 互联网主要应用服务有哪些？

2. 如何理解云计算的概念？

3. 电子数据交换可应用于哪些领域？

4. 试论述电子商务中认证技术主要涉及的内容。

5. 试论述虚拟现实的特点。

案例讨论

大数据技术助力德芙品牌传播

对于中国消费者来说，因爱而生的德芙是甜蜜爱情的象征，更是巧克力的代名词。自 1989 年进入中国，到 1995 年成为中国板块巧克力领导品牌，德芙就一直占据着中国巧克力市场"领头羊"的位置。从"牛奶香浓，丝般感受""下雨天和巧克力更配哦"，到"德芙，纵享新丝滑"，再到"没有到不了的远方，当德芙动你心"……德芙在一段段关于生活、关于爱情、关于梦想的故事中塑造了自己的品牌意识。德芙不仅以丝滑口感深受中国消费者喜爱；还借独具创意的品牌故事以及与品牌契合的当红偶像，实现了口碑与市场的双赢。

不过，近年来德芙逐渐意识到一个问题：长期以来，德芙的品牌故事一直以爱情故事为主线。丝滑甜蜜的德芙巧克力十分契合爱情主题，这种产品营销模式也适合当下的快消食品市场。但是，这也使产品形成了局限性，很多消费者都认为巧克力是年轻人的食品，无形中隔开了更多的消费人群。

德芙天猫超级品牌日，德芙携手天猫新品创新中心，基于大数据分析，分析消费者心智，以"新年订下好'芙'气"为主题，将"得福之书"融入产品概念，推出了定制化的"得福之书"新年礼盒，为德芙注入了新"能量"。"得福之书"新年礼盒是每一位消费者的专属定制，从产品到包装到祝福都完美契合消费者的定制需求。

德芙"得福之书"新年礼盒共有 6 种包装风格，既有满足粉丝需求的明星同款，也有适合送家人、送同事、送朋友、送闺蜜、送自己的款型，极大地扩展了消费者人群。

伴随着中国互联网电子商务的快速发展，巧克力互联网渗透率逐步提升，巧克力市场的"蛋糕"越做越大。一方面它有利于中国巧克力市场的发展，另一方面它也会形成更加激烈的市场竞争。德芙巧克力要想在市场上继续保持旺盛的生命力，不仅要探索新的品牌升级，更要开创新的营销思路。对于德芙而言，与天猫超级品牌日和天猫新品创新中心的合作，不仅是一次完美的品牌升级，更是一次高效率的产品营销。

早在"得福之书"新年礼盒上市之前，天猫新品创新中心就基于大数据，为德芙巧克力提供了清晰精准的消费者画像。从前期的市场洞察扫描、深入调研挖掘消费者礼品需求，到产品概念测试、指导设计优化和精准库存，再到整合超级品牌日资源、与各种媒体进行有效衔接，创造了一条完整、精准而又高效的产品营销之路，成为人工智能时代产品营销的必然选择。

此次德芙超级品牌日，形象上也得到了极大的传播，世贸天阶大屏强势曝光，更有马思纯天猫直播为产品站台，以及创新地通过银泰互动大屏"芙"气大挑战实现全新消费者互动。这是一条立体的、全方位的营销之路，必然会创造令人意想不到的营销奇迹。

资料来源：中国新闻网。

⑦ 思考讨论题

问题：大数据技术是如何助力德芙品牌传播的？本案例给我们的启示是什么？

第3章 电子商务模式

本章导读

电子商务模式可简单地理解为企业开展电子商务的运作方式和盈利模式。本章分别对 B2B、B2C、C2C 及电子政务这几种主要的电子商务模式进行介绍。通过对本章的学习，可以使我们对上述电子商务模式有一个全面的了解。

知识结构图

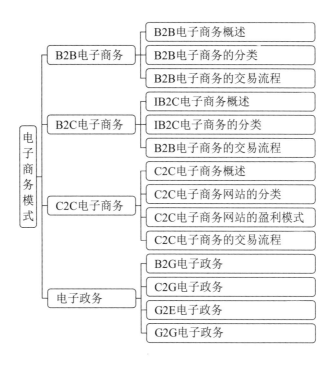

开篇引例

淘宝与微软携手推出"淘宝买啊"

2018 年 8 月 8 日，淘宝与微软 HoloLens 推出"淘宝买啊"（通过"混合现实"（Mix Reality）技术，也就是常说的 MR 技术，将超现实的未来购物体验实现，它能依靠全息影像，让"内容"自己说话和行动，以更生动逼真的方式提升浏览体验），进军 MR 购物领域。

进军 MR 购物，淘宝造物节带来年度黑科技

创办三年，淘宝造物节已经成为一个创意的图标，它为全世界建立了一个很好的平台来了解中国的年轻人。同时，淘宝节也是黑色科技的盛会。

在 2016 年的淘宝造物节上，淘宝展示了由阿里 VR 实验室、GM 实验室开发的 Buy+VR（Vitual）虚拟现实购物体验。2017 年，淘宝第一家无人零售店"淘咖啡"以快闪店的形式亮相。

在 2018 年的淘宝造物节上，淘宝和微软联合带来了"淘宝买啊"，混合真实的购物体验。淘宝将在西湖建造超过 300 平方米的"未来购物街区"。走进科技馆的贵宾"未来人，通过佩戴 MR 智能穿戴设备，就能感受基于混合现实的未来购物体验：轻松把玩立体的商品、通过手势与声音交流、全息卖家秀、跟二次元偶像一起逛街……刷新购物认知。

炫酷的购物体验，"淘宝买啊"让未来照进现实

这样的购物体验听来未免太过科幻，淘宝与微软全息技术合作，未来购物方式已触手可及。

MR 是 VR 和 AR 技术的未来发展形态，它把现实世界和虚拟世界结合起来，来产生新的可视化环境，环境中同时包含了现实世界与虚拟信息，能够互动，必须"实时"。在淘宝买啊，用户通过智能可穿戴设备，让现实生活与虚拟世界互动。

在"淘宝买啊"的帮助下，消费者可以实现"所看即所得"——目光所及之处，商品信息即被智能识别，与之相伴的评论、攻略等资料也将一应俱全，在"淘宝买啊"的世界里，每一件商品都是全息的、立体的，各种信息一目了然。

资料来源：搜狐网。

3.1 B2B 电子商务

传统的企业间的交易往往要消耗企业大量的资源，无论是销售、采购都要占用产品成本。通过 B2B 交易模式，买卖双方能够在网上完成整个业务流程，包括从建立最初的印象到货比三家，再到讨价还价、签单、交货，直到最后到客户服务。B2B 使企业之间的交易减少了许多事务性的工作流程和管理费用，从而能够大大地降低企业的经营成本。

3.1.1 B2B 电子商务概述

1. B2B 电子商务的定义

企业对企业电子商务模式简称 B2B（Business to Business），是企业和企业之间通过专用网络或互联网，进行数据信息的交换、传递从而完成商务谈判、订货、签约、接收发票和付款以及索赔处理、商品发送管理和运输跟踪等活动的一种电子商务模式。

B2B 电子商务交易可以在任意两个企业之间进行，包括公共或私人的企业、营利或非营利性的企业等。供需双方企业利用商务网络平台，将上游的供应和采购业务和下游代理商的销售业务有机地结合在一起，从而降低成本，完成商务交易过程。这些过程包括发布供求信息，订货及确认订货，支付过程，票据的签发、传送和接收，确定配送方案并监控配送过程等。

2. B2B 电子商务的参与主体

B2B 电子商务的参与主体主要有 B2B 电子商务交易平台、参与交易的卖方企业和卖方企业、物流配送系统和支付系统等。它们在 B2B 的交易过程中均发挥着重要的作用。

3. B2B 电子商务的盈利途径

（1）会员费

会员费是此类型网站最主要的模式，也是 B2B 行业网站中最典型的盈利模式。企业通过第三方电子商务平台参与电子商务交易，必须注册为 B2B 网站的会员，每年要缴纳一定的会员费，才能享受网站提供的各种服务，目前会员费已成为我国 B2B 网站最主要的收入来源。例如，从 2018 年开始阿里巴巴诚信通会员费的标准由 3688 元/年涨到 6688 元/年，这是所有入驻商家必须要缴纳的会费。

（2）广告费用

网络广告是门户网站的主要赢利来源，同时也是 B2B 电子商务网站的主要收入来源之一，目前主要的广告形式有广告关键字、文字链接广告、图片广告、动态广告Flash、邮件广告、广告联盟、商业调查投放等形式，网站会根据广告在首页位置及广告类型来收取费用。以阿里巴巴平台的商家为例，6688 元/每年的会员费是必付的，如果涉及广告还需要另外付费。广告对商家来说不是必选项，做不做、做多少完全由自己决定，但在竞争激烈的市场环境下，不做广告显然不利于产品的推广。

（3）竞价排名

竞价排名顾名思义就是指通过竞争出价的方式，获得某个网站的有利排名位置。企业为了促进产品销售，都希望在信息搜索中排名靠前，提高信息曝光度。网站在确保信息准确的基础上，根据会员缴费的不同对排名顺序做相应的调整。例如，在最大的B2B 平台——阿里巴巴上，当买家搜索供应信息时，竞价企业将排在搜索结果靠前的位置，因而很容易被买家在第一时间找到。

（4）增值服务

B2B 网站通常除了为企业提供贸易供求信息以外，还会提供一些独特的增值服务，如企业认证、搜索引擎优化、提供行业数据分析报告、行业咨询顾问服务（包括市场调查、管理项目咨询、采购咨询等服务）等。

（5）线下服务

B2B 网站的线下服务主要包括提供展会、行业期刊、研讨会等。在各地举办展会，邀请协会行业专家到场，通过展会，供应商和采购商可以面对面地交流，很多企业都很青睐这种方式。

（6）商务合作

商务合作主要包括与广告联盟、政府、行业协会合作、传统媒体的合作等。B2B 网站通过这些商务合作，不仅能够帮助会员企业增加销售机会，还能够从中获得一定的收益。

3.1.2 B2B 电子商务的分类

根据不同的标准，B2B 电子商务有多种分类方法，下面分别进行介绍。

1. 根据平台面向对象不同

（1）垂直 B2B 电子商务

垂直 B2B 电子商务（或行业性 B2B 电子商务）是指聚焦于一个或某几个特定相关行业的线上 B2B 电子商务模式。这些网站专业性很强，它们将自己定位在一个特定的专业领域，如 IT、化工、有色金属、煤炭或农业。垂直 B2B 电子商务可以分为两个方向，即上游和下游。这类网站将同行业的买卖双方聚集在一起，为双方创建一个信息交流的平台，使这些企业能够很容易地找到原料供应商或买主，从而促进交易的达成。例如，如戴尔公司与上游的芯片和主板制造商以及思科与其下游分销商间就是通过这种方式进行合作的。

垂直 B2B 电子商务的客户相对比较集中，数量也较为有限，但忠实度较高，所以网站更具有聚集性、定向性，是一个有效的集约化市场。目前国内有很多垂直型的 B2B 网站，如中国化工网、全球五金网、农伯网等。

（2）水平 B2B 电子商务

水平 B2B 电子商务（或综合性线上 B2B 电子商务）是指将各行各业中相近的交易过程、买卖双方集中到一个市场上进行信息交流、商品拍卖竞价、交易等，如阿里巴巴，见下图 3-1。该模式涉及行业范围广，对参与企业没有特殊限制，它不以持续交易为前提，其对企业的价值主要体现在可以为企业提供信息发布平台、增加市场机会、比较供货渠道、促成项目合作及企业品牌宣传。

水平 B2B 网站上交易的商品覆盖门类齐全，多是大额交易。B2B 电子商务的交易多在线下完成，网站只是提供一个供交易双方寻找信息和洽谈的平台。近年来，由于企业电子商务意识的提升，支付、物流和信用环节的逐步完善，用户对于线上 B2B 电子商务的接纳与认可也在逐渐提升。

图 3-1　阿里巴巴网站主页

2. 根据平台构建主体划分

（1）中介为主导的 B2B 电子商务模式

中介 B2B 网站是由不参加生产和销售的电子商务公司构建的，这些电子商务公司作为独立于买方和卖方的第三方存在，不参与电子商务交易，只是作为第三方为没有能力建造电子商务系统的中小企业提供一个自由接触、谈判直至最终交易的网络平台。他们的盈利来源于所提供的 B2B 平台服务。

中介 B2B 电子商务平台可以为卖家扩大商机，为买方提供多家供应商，因而对买方和卖方都有吸引力，尤其受到中小企业的青睐。中小企业自行开发电子商务平台的成本高，访问量有限。因此，该模式逐渐成为中小企业发展电子商务的重要平台，典型的有慧聪网（http://www.hc360.com/），如图 3-2 所示。

图 3-2　聪慧网

（2）买方为主导的 B2B 电子商务模式

以买方为主导的 B2B 电子商务是一个买家与多个卖家之间的交易模式。在该类型的电子商务模式下，需要产品或服务的企业占据主动地位，买方企业先上网公布需求信息（产品的名称、规格、数量、交货日期），然后等待卖方企业前来洽谈和交易。通过网上发布采购信息，企业可以在全世界范围内选择供应商。由于供应商的增加，企业可以在多家供应商之间进行比价，降低采购成本。买方企业一般是大中型企业，在供应链中处于强势地位。

（3）卖方为主导的 B2B 电子商务模式

随着中介型 B2B 电子商务网站的发展，越来越多的中小企业能够彼此了解，增强交流，增加了与大企业进行贸易谈判的筹码。同样，在供应链上处于优势地位的大企业也开始担心这类网站的扩张会危及它们在供应链交易中的控制权，受到企业的结盟威胁。为了稳固控制权，大企业开始投入巨资打造自己的网站，要求下游企业登录自己的网站来提交贸易单据，而不是在中介模式的 B2B 网站里同它们谈判。

在这种模式下，提供产品或服务的企业即卖方企业占据主动地位，由该类企业先公布信息，等待买方企业前来洽谈和交易。一般是在供应链中处于强势地位的卖方企业采用这种模式。

开展 B2B 电子商务的企业可分为大型企业和中小企业，其中大型企业更容易形成销售方和买卖方的控制力量，中小企业则会选择第三方电子商务平台开展电子商务活动。不同类型的企业会选择不同的 B2B 商业模式，如表 3-1 所示。

表 3-1 不同企业选择的 B2B 商业模式

分类	商业模式
销售方控制 （大中型企业）	只提供信息的卖主平台
	可通过网络订货的卖主平台
购买方控制 （大中型企业）	通过网络发布采购信息，反向拍卖
	采购人代理，易货交易
	采购信息收集者，加入团体购买计划
中立的第三方控制 （中小型企业）	特定产业或产品的搜索工具
	信息超市（获取卖主和产品信息的通道）
	企业广场（包括众多卖主的店面）
	拍卖场

3. 根据贸易类型划分

（1）内贸型 B2B 电子商务

内贸型 B2B 电子商务是指以国内供应者与采购者进行交易服务为主的电子商务，交易的主体和行业范围主要在同一国家内进行，例如，中国供应商网（http://cn.china.cn/，见图 3-3），商泰网（http://www.biztae.com/）等。

图 3-3　中国供应商网

（2）外贸型 B2B 电子商务

外贸型 B2B 电子商务是指以提供国内与国外的供应者与采购者交易服务为主的电子商务。相对内贸型 B2B 电子商务市场，外贸型 B2B 电子商务市场需要突破语言文化、法律法规、关税税率等各个方面的障碍，还要涉及海关、商检、担保、外运、外汇等行业部门，活动流程更复杂，要求的专业性更强，如敦煌网（http://www.dhgate.com/），见图 3-4。

图 3-4　敦煌网

3.1.3 B2B 电子商务的交易流程

参加交易的买卖双方在做好交易准备后，都会按照流程进行交易，交易一般分为交易前准备阶段，交易谈判和合同签订阶段、支付与结算阶段、交易合同履行阶段以及售后服务阶段，主要流程如图 3-5 所示：

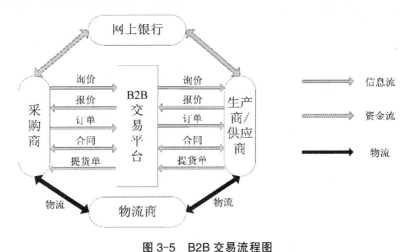

图 3-5　B2B 交易流程图

3.2 B2C 电子商务

3.2.1 B2C 电子商务概述

1. B2C 电子商务的定义

B2C 电子商务是指企业与个人之间通过 Internet 技术，把企业的产品和服务直接销售给消费者的电子商务模式。它具有速度快、信息量大、费用低等诸多优势，已为越来越多的商家关注和重视。

目前，在 B2C 交易模式中，商家既出售有形的商品，也出售无形的商品。有形的商品包括书籍、服装、汽车、数码产品、计算机、生活日用品、鲜花、食品、珠宝等，种类繁多。无形商品包括软件、光盘、娱乐、音乐、游戏等。这种模式既节省了企业和客户双方的时间，也扩展了空间，大大提高了交易效率，受到广大网民的喜爱。

2. B2C 电子商务基本组成部分

B2C 电子商务由三个基本部分组成：网上商场、物流配送体系和支付结算。

（1）网上商场

网上商场也称虚拟商场，是商家直接面向消费者的场所，在该"商场"中陈列着琳琅满目的虚拟商品。商家通过虚拟商场发布商务信息，满足客户需求，为客户提供一个好的购物环境。

（2）物流配送体系

物流配送体系是关系到 B2C 商务模式能否顺利发展的关键。目前，商家进行物流配送有多种选择，企业可以根据实际情况选择不同的配送模式，如企业自营配送、第三方配送、共同配送、互用配送、基于合作的配送等模式。

阅读资料 3-2 顺丰快递高调进驻电商

现在几乎各行各业都和快递密不可分，而电商配送业务是快递企业的"重头戏"，2012 年 6 月，作为快递企业领头羊的顺丰，高调进入电子商务领域。

"顺丰优选" 2012 年 6 月 1 日将正式上线，专注高端食品，面向中高端客户群服务。回顾顺丰发展的历史，我们不难发现，顺丰进军快递的决心并非在一朝一夕之间。早在 2010 年，顺丰就尝试推出了"顺丰 E 商圈"主打"健康生活网上购物"。不过，由于这个项目在内地并没有太多的推广，因此不太为人所知，目前仅仅在香港地区维持着运营，主要销售有机蔬菜等食品。而 2011 年，顺丰又通过王卫控股的公司深圳泰海投资获得第三方支付牌照。成为除海航之外，获得第三方支付牌照的另一家物流企业。可见在支付领域顺丰早已布局。而与之同步进行的是顺丰的另一项大举动，就是去年底大规模在深圳布局的便利店业务。据悉，顺丰此举目的在于依靠这种模式增强用户体验，布局紧密，紧跟 O2O（online 2 offline）。

当前自有物流的电子商务企业与物流公司呈现势均力敌的态势。顺丰逆流而行，很有可能利用自身的技能将其转化为在电商行业的优势。而此举也成为电商行业的一大发展新趋势。

资料来源：艾瑞网。

（3）支付结算

支付方式决定了资金的流动过程，目前在 B2C 电子商务方式中的支付方式有货到付款、银行汇款和电子支付。货到付款是最原始的付款方式，一般配送距离较近的货物，可以采用货到付款；银行汇款则是客户完成订货后，通过邮政或银行系统转账；电子支付则是指通过网银、支付宝、微信等直接在网上完成支付。随着电子商务的发展，使用电子支付方式付款已经成为电子商务支付的主流。

3. B2C 电子商务企业的盈利模式

B2C 电子商务的经营模式决定了 B2C 电子商务企业的盈利模式，不同类型的 B2C 电子商务企业其盈利模式是不同的，一般来说 B2C 电子商务企业主要是通过以下几个方面获得盈利：

（1）收取服务费

网上购物的消费者，除了要按照商品价格付费外，还要向网上商店付一定的服务费。我国的 B2C 购物网站很少有收取服务费的。但也有一些网站，通过接收客户在线订单，收取交易中介费，如九州通医药网（http://www.jzteyao.com/）等。

（2）收取会员费

大多数 B2C 电子商务网站都把收取会员费作为一种主要的盈利模式。网络交易服务公司一般采用会员制，按不同的方式、服务的范围收取会员的会费。

（3）销售商品获得利润

有些 B2C 网站是通过销售商品而获得利润，如京东商城、苏宁易购、当当网等。这些 B2C 网站除了有第三方进驻的商家之外，还销售大量的自营商品。

（4）销售衍生产品

主要是指制造商在 B2C 平台上不仅销售自己生产的产品，还销售加盟厂商的产品，如海尔商城等。也指除了销售某一专类商品外，还销售与本行业相关的产品并以此获得更多收益。

（5）信息发布费。商家通过所提供的网络平台发布供求信息等以收取费用，如中国药网（http://www.chinapharm.com.cn/），已成为国内最大的医药信息咨讯平台，可为用户提供信息查询、新闻浏览、信息发布等多种信息服务。

（6）广告费。广告费是 B2C 电子商务网站收益的重要来源。广告费收取的多少取决于 B2C 电子商务网站的规模及影响力等。

除以上盈利模式外，B2C 电子商务还有一些其他的收费项目，如收取加盟费等。限于篇幅，本书不再一一介绍。

3.2.2 B2C 电子商务的分类

1. 无形商品的 B2C 电子商务

无形商品的 B2C 电子商务即直接通过网络向消费者提供无形产品和服务。无形商品的 B2C 电子商务目前有以下四种模式。网上订阅模式，是指企业通过网页安排向消费者提供网上订阅、信息浏览的电子商务模式，如在线课程、在线电子杂志等。付费浏览模式，是指企业通过网页安排向消费者提供计量收费性网上信息浏览和信息下载的电子商务模式，如中国知网（见图 3-6），该网站是论文一站式服务平台，提供论文检测、文献下载、论文投稿、论文选题、优先出版、期刊上网等专业学术服务，用户可以通过网上支付来获取下载论文的权限。广告支持模式，是指网站免费向用户提供服务内容，但通过付费广告获取收益的电子商务模式。如新浪网、网易网等各大门户网站，这些网站拥有极大的影响力，是商家投放付费广告的重要平台。网上赠予模式，即通过开放免费的服务吸引用户，在此基础上建立盈利模式的电子商务模式。例如，奇虎 360 公司将自己定位为提供免费安全服务的公司，该公司通过满足网民的安全上网需求，聚拢海量用户，然后通过两大平台对海量用户进行转化，从而打通免费服务与盈利之间的连接通道。

图 3-6 中国知网主页

2. 有形商品的 B2C 电子商务

实物商品的 B2C 电子商务是指，虽然商品的交易是在网上进行的，但实体商品的交付仍然要通过物流活动来完成。网上交易比较活跃的实体商品有书籍、日化产品、电子产品、家居服饰及化妆品等。因此早期成立的 B2C 商城均以销售上述类别的商品起家，并逐渐形成自己的特色。例如，京东商城最初主要销售家电产品，当当网主要销售图书产品等。随着物流、仓储、配送、冷链等技术的发展，如今网上销售的实体商品越来越丰富。

3. 根据企业和消费者买卖关系的角度划分

根据企业和消费者的买卖关系，B2C 电子商务可以进一步划分为：卖方企业对买方个人和买方企业对卖方个人这两种模式。其中，卖方企业对买方个人的 B2C 电子商务模式是指商家在 B2C 平台上（可以是商家自营平台，也可以是第三方平台）出售商品和服务给消费者个人，如商家通过天猫商城旗舰店把商品卖给消费者。而买方企业对卖方个人的 B2C 电子商务模式是指企业在网上向个人求购商品或服务的一种电子商务模式。这种模式多应用于企业网上招聘，即企业在网上发布需求信息，然后由个人主动联系洽谈。

3.2.3 B2C 电子商务的交易流程

对消费者来说，B2C 购物模式比传统的购物模式要方便得多，消费者只需轻点鼠标就可完成全部交易活动。但 B2C 模式涉及的参与者较多，除了买卖双方之外，还要涉及物流配送、支付系统等。消费者感觉在网上购物轻松而又便捷，但对于商家来说却不简单，他们需要做一系列的工作才能完成最终的交易。B2C 电子商务交易流程如图 3-7 所示。

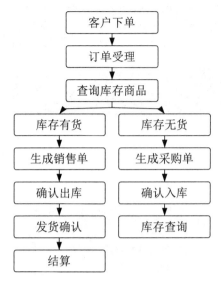

图 3-7　B2C 电子商务的交易流程

下面以当当网为例，详细介绍下 B2C 电子商务的交易流程。

当当网是最大的中文图书网上商城，也是国内最早的 B2C 网站之一。目前所售商品早已不局限于图书、音像制品等，还包括家居、服饰、箱包、鞋靴、食品、手机、数码产品、电脑办公用品等。下面就以当当网为例，从消费者首次网上购物的角度来详细介绍下 B2C 的交易流程。

第一步，免费注册。首先进入当当网（http://www.dangdang.com）主页，点击免费注册按钮，弹出如图 3-8 的对话框：

图 3-8　当当网免费注册页面

第二步，网上搜索商品信息。注册成功后，即可成为当当网会员享受相关服务。用户此时即可开启购物之旅。如果打算购买《广告学：理论、方法与实务》一书，用户只需在搜索栏内输入相应的书名，点击"搜索"按钮，就会出现如下页面，见图3-9。

图3-9 点击搜索后的页面

第三步，选中所要购买的图书，点击右侧的"加入购物车"按钮后再点击"去购物车结算"，此时弹出的对话框会提醒用户进行登录。如果用户已进入登录状态，则会出现如下页面，见图3-10。

图3-10 购买选中的商品

消费者可以根据需要填写购买的数量，如果需要购买 2 本，则在"数量"栏下的对应框中填写数字 2，如果还需购买其他商品，则暂时不点击结算按钮，待购买任务全部完成之后，再一块结算。

第四步，进行结算。假定消费者又买了《现代企业管理》一书，在完成选购任务后，即可点击结算按钮，会出现如下页面，见图 3-11。

图 3-11　订单结算页面

第五步，进行支付。点击结算按钮之后，消费者需要对订单进行支付。消费者可选择多种电子支付方式进行支付。

在消费者确定支付之后，当当网即开始组织发货工作。如果选择当当快递，一般一两天商品就可送达消费者手中。消费者收到商品后，可在当当网上对此次购买的产品和商家的服务进行评价，当当网会给予符合要求的评价一定数量的"银铃铛"作为奖励。这些"银铃铛"累积起来可折算为现金及兑换优惠券或其他礼品。如果消费者对此次购买的商品不满意或是购买失误，还可以在规定的时间内申请退换货。由此，消费者在当当网上完成了一个完整的购物过程。

3.3 C2C 电子商务

3.3.1 C2C 电子商务概述

1. C2C 电子商务概念

C2C 电子商务，即消费者对消费者的电子商务。具体来说，就是消费者之间通过互联网所进行的个人交易，如网上拍卖等。这种电子商务模式为消费者提供了便利与实惠，使卖方可以主动提供商品上网拍卖，而买方可以自行选择商品进行竞价。

2. C2C 电子商务优点

C2C 电子商务的优势显而易见，主要有以下四点：

（1）C2C 电子商务最能体现互联网的跨时空、跨地域的特点。数量巨大、地域不同、时间不一的买方和卖方可以通过一个平台找到合适的对象进行交易，这在传统交易中很难做到。

（2）运行成本低，无须实体商店，买卖双方直接交易，交易的成本大大降低。

（3）突破了时间的限制，随时随地可以完成交易，大大提高了交易的灵活性和便利性。

（4）利用网络的互动性，买卖双方可以无障碍地充分沟通信息，借助拍卖这种价格机制，实现最大限度地符合双方各自意愿的交易。

3.3.2 C2C 电子商务网站的分类

在 C2C 电子商务网站中，除了我们都很熟悉的像淘宝这样的综合类网站外，还存在着一些其他类型的网站，如专业性的 C2C 电子商务网站和跳蚤市场等，下面分别简要介绍一下。

1. 综合性 C2C 电子商务网站

综合性 C2C 电子商务网站所拍卖的商品种类繁多，数量惊人。大到房产、汽车、家电、数码产品、家具，小到服饰、钱币、邮票、书籍等，几乎无所不包。但凡合法的物品基本上都可以在这类网站上拍卖。

综合性 C2C 电子商务网站通常开放给所有个人。只要是合法的拍卖物，拍卖网站都不会加以限制，著名淘宝网就属于此类。

2. 专业性 C2C 电子商务网站

专业性 C2C 电子商务网站主要拍卖某一类型的特殊商品。这些商品通常价格不菲，往往需要专业人士进行鉴定，如钱币、邮票、名酒、古董、艺术品、运动相关用品、二手汽车、乐器及雪茄等。例如瓜子二手车网站即属于此类。

3. 跳蚤市场

跳蚤市场（flea market）是部分西方国家对旧货地摊市场的别称。跳蚤市场上出售的商品往往价格低廉，多是旧货、人们多余的物品及未曾用过但已过时的衣物等，很多仅为新货价格的 10%—30%。在这个市场上，人们把自家不需要的东西拿出来卖，甚至会采用原始的物物交换方式，很多卖者的目的不是赚钱，而是希望能够物尽其用。

传统的跳蚤市场通常会有特定的贸易时间，且面向特定地域的人群。而网上跳蚤市场则无须设置固定的贸易地点和时间。人们只要将供需信息公布在网上，等待有意向者主动联系就可以了。但由于跳蚤市场所售的商品往往价值不高，不适合付费运输，所以更适合同一区域的交易，如同城、同校等。国内比较著名的网上跳蚤市场是赶集网。

3.3.3 C2C 电子商务网站的盈利模式

C2C 电子商务网站的盈利模式有多种。有些 C2C 电子商务网站，如 eBay 等，主要是通过收取商品拍卖服务费、商品登录费、交易手续费、交易服务费、图片服务费、店铺费、分类广告费、陈列改良费等获取收益。而以淘宝为代表的 C2C 电子商务网站则高举免费的大旗，另辟新的盈利模式。鉴于淘宝是亚太地区最大、也是最具代表性的中国 C2C 电商平台，下面就简要介绍一下该网站的盈利模式。

1. 广告收入

广告收入是淘宝网站最重要的收入来源。淘宝网的广告费用来源有两种，一种是在线网页广告收取的费用，一种是即时通信（IM）广告费。

淘宝的广告收入来源除了在线网页广告，还有即时通信广告，如通过阿里旺旺向注册用户发布卖家的广告，并向卖家收取一定的服务费。理论上来讲，卖家不经过淘宝，自己也可以向买家发布广告，但是效率极其低下，而且淘宝网会对发布海量广告的卖家进行封停账户的处理。此外淘宝网在发布广告以前会分析买家的最近购买记录和购买偏好，选择那些有可能购买的潜在用户进行广告传播，因此广告投放更为精准。

淘宝网的广告推广形式主要有淘宝直通车、钻石展位、淘宝客、淘宝各页面硬广告位及链接等。

2. 增值服务的收入

除了广告收入外，淘宝网在提供旺铺服务（标准版）、数据统计分析服务以及各种营销工具时也会向卖家收取一定的费用。下面以淘宝旺铺为例来做简要的分析。

淘宝网中的店铺有两种：一种是免费开店的普通店铺，另一种则是付费的淘宝旺铺。在资费方面，淘宝旺铺的价格为 50 元/月，如果加入了消费者保障服务，则为 30 元/月，相当于每年支出 360—600 元的费用。相对于普通店铺来说，淘宝旺铺不但展示商品的方式更加灵活，店铺布局方面更加完善，而且为用户提供了较大的自行设计空间。

淘宝旺铺允许卖家在店铺页面上方设计店招，并允许卖家自定义设置促销栏，这些都会增强买家的浏览欲望，进而打造更好的视觉营销效果；对于店铺页面中的各个板

块，淘宝旺铺允许卖家任意移动与调整位置，以组合出最佳展示效果。

在商品图片方面，淘宝旺铺提供尺寸更大的商品缩略图，当买家进入淘宝旺铺后，通过商品缩略图可以更方便地了解商品的基本外观。商品缩略图的大小，是吸引买家浏览商品的重要因素。因此，购买旺铺服务的卖家，其商品更容易受到买家的关注。

在商品展示方面，普通店铺的掌柜推荐宝贝数目仅为 6 个，而淘宝旺铺的推荐数目增加到 16 个，卖家可以通过掌柜推荐更多的商品。首页推广则是淘宝旺铺独有的功能，可以在店铺首页中推荐 20 件商品，进入店铺的买家可以优先看到所推荐的商品；淘宝旺铺首页还有热销商品，促销商品板块，展现方式更加灵活。另外，淘宝旺铺还推出独有的展台功能，使用该功能可以将店铺中某一类别的商品在独立的页面中展示出来。

除了上述功能外，淘宝旺铺还提供了店铺自动推荐、自定义页面和统计等普通店铺所不具备的功能。这些功能对店铺商品的展示或卖家的营销是非常有用的。

因此，虽然在淘宝网上开店是完全免费的，但卖家要想在众多同类店铺中脱颖而出，购买旺铺服务显然是非常必要的。旺铺服务收入自然就成为淘宝网的重要收入来源。

3. 保证金创造的收入

在淘宝上开店，需要交纳一定数量的保证金，最低是 1000 元。只要淘宝店铺继续经营，这部分钱就一直存放在淘宝平台上，而且没有任何利息。只有店铺不再经营，且完成了所有的交易后，淘宝网才将这部分钱退还给店铺。我们都知道，资金是有时间价值的，几百万家淘宝店铺数以亿计的零利息保证金存放在淘宝平台上，淘宝可以利用这笔资金进行投资从而获取收益。

4. 支付宝创造的收入

支付宝是淘宝为了解决网购信用问题而推出的支付工具。现在淘宝上的支付基本上都是采用这种方式。消费者使用支付宝购买商品是没有手续费的，但卖家是要支付一定比例费用的，虽然比例很低，但积少成多，也能创造收益。同时，买家使用支付宝在淘宝上付款，钱并不是直接打到卖家账户，而是打到了支付宝上，在买家收到商品确认没有问题后，支付宝接收到买家的信息，才会把交易钱款划入卖家账户。这样就会有大量的沉淀资金在支付宝账户上，从而带来利息收入。

3.3.4 C2C 电子商务的交易流程

C2C 电子商务的交易一般包括如下流程：卖方开通淘宝店铺，买方注册为淘宝会员；卖家商品在店铺展示；卖方发布拍卖商品的信息，确定起拍价格、价格阶梯、截止时间等；买方查询商品信息，参与网上竞价；买卖双方成交，买方付款，卖方交货，交易完成。在这个过程中，作为竞拍方（买方）的主要工作是浏览搜索物品、参与商品竞拍、联系成交、付款收货。而作为拍卖方（卖方）的主要工作是上传拍卖物品、修改确认拍卖、联系成交、发货收款。在整个交易过程中都需要网站的后台管理工作。C2C

电子商务交易的流程见图 3-12。

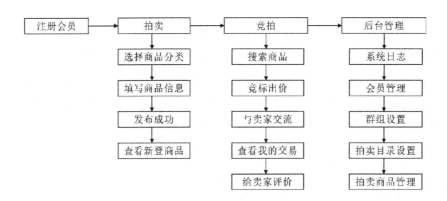

图 3-12 C2C 电子商务交易流程

3.4 电子政务

根据联合国经济社会理事会的定义，电子政务是指政府通过信息通信技术手段的密集性和战略性应用来组织公共管理的方式，旨在提高效率、增强政府的透明度、改善财政约束、改进公共政策的质量和决策的科学性，从而建立良好的政府之间、政府与社会、社区之间以及政府与公民之间的关系，以提高公共服务的质量，赢得广泛的社会参与度。可见，电子政务所涉及的主体还是比较广泛的。我们还可以将其进一步划分为B2G 电子政务、C2G 电子政务、G2E 电子政务以及 G2G 电子政务等多种模式，下面分别予以介绍。

3.4.1 B2G 电子政务

1. B2G 电子政务的含义和特点

B2G 是指企业（Business）与政府（Government）之间的电子政务，即企业与政府组织之间依托互联网等现代信息技术手段所进行的商务活动。B2G 将政府与企业之间的诸多事务都涵盖其中，包括税收、商检、行政管理、法规条例的颁布及政府的网上采购活动等。

2. B2G 电子政务的主要形式

B2G 电子政务的主要形式包括以下几种：电子化采购与招标、电子税务、电子工商行政管理和在线政务服务等。

（1）政府电子化采购

政府采购项目是本国市场的基本组成，利用电子化采购和电子招投标系统，对提高政府采购的效率和透明度，树立政府公开、公正、公平的形象，促进国民经济的发展起着十分重要的作用。政府电子化采购主要是通过网络面向全球范围发布政府采购商品和服务的各种信息，为国内外企业提供平等的机会，特别是广大中小企业可以借此参与政府的采购赢得更多的发展机会。电子化招投标系统在一些政府大型工程的建设方面已有了很多的应用，它对减少徇私和暗箱操作有重要意义，还可减少政府的招投标成本，缩短招投标的时间，如中央政府采购网（http://www.zycg.cn/），见图3-13。

图3-13 中央政府采购网

（2）电子税务系统

电子税务，使企业通过政府税务网络系统，在家里或企业办公室就能完成税务登记、税务申报、税款划拨、查询税收公报、了解税收政策等业务，既方便了企业，也减少了政府的开支。

（3）电子工商行政管理系统

线上工商行政主要涉及证照的管理，能大大缩短办理时间，还可减轻企业人力和经济的负担。电子证照系统使企业营业执照的申请、受理、审核、发放、年检、登记项目变更、核销及其他相关证件（如统计证、土地和房产证、建筑许可证、环境评估报书等）的申请和变更均可通过网络实现，电子工商行政管理的实施将使传统的工商行政管理工作产生质的飞跃。

（4）在线政务服务

为依法促进和保障一体化在线平台建设，为企业和群众提供高效、便捷的政务服务，优化营商环境，2019年4月30日，《国务院关于在线政务服务的若干规定》公布施行。当前各级政府都在大力推进在线政务服务。以广东政务服务网（https://www.

gdzwfw.gov.cn/，见图 3-14）为例，该网站由广东省人民政府办公厅主办，平台汇聚了广东的省、市、县、镇、村五级政务服务事项，多类涉企事项和涉民生事项均可在该网站统一办理。

图 3-14　广东政务服务网网页

3.4.2 C2G 电子政务

C2G 是指公众（Citizen）与政府（Government）之间的电子政务，是政府通过电子网络系统为公民提供的各种服务的统称。C2G 电子政务所包含的内容十分广泛，主要的应用包括：公众信息服务、电子身份认证、电子税务、电子社会保障服务、电子民主管理、电子医疗服务、电子就业服务、电子教育及培训服务、电子交通管理等。旨在帮助政府为公众提供方便、快捷、高质量的服务，同时还可开辟公众参政、议政的渠道，从而畅通公众的利益表达机制，建立政府与公众的良性互动平台。

3.4.3 G2E 电子政务

G2E 电子政务，指政府与公务员即政府雇员之间的电子政务。G2E 电子政务是政府机构通过网络技术实现内部电子化管理的重要形式，也是 G2G、B2G 和 C2G 电子政务模式的基础。G2E 电子政务的主要功能是利用互联网建立起有效的行政办公和员工管理体系，为提高政府工作效率和公务员管理水平服务。

3.4.4 G2G 电子政务

G2G 电子政务是指政府与政府之间的电子政务，即上下级政府、不同地方政府和不同部门之间实现的电子政务活动。G2G 模式是电子政务的基本模式，具体的实现方式可分为政府内部网络办公系统、电子法规、政策系统、电子公文系统、电子司法档案系统、电子财政管理系统、电子培训系统、垂直网络化管理系统、横向网络协调管理系统、网络业绩评价系统、城市网络管理系统等 10 个方面，亦即传统的政府与政府间的大部分政务活动都可以通过网络技术的应用高速度、高效率、低成本地实现。

 本章习题

一、单选题

1. （　　　） 是指聚焦于一个或某定几个特定相关行业的线上 B2B 电子商务模式。

    A. 垂直 B2B 电子商务　　　　　　　B. 水平 B2B 电子商务

    C. 集群 B2B 电子商务　　　　　　　D. 聚焦 B2B 电子商务

2. 在 "买方企业 —— 卖方个人" 的电子商务模式下，应用最多的是（　　　）。

    A. 开设网上商店　　　　　　　　　B. 招标

    C. 发布广告　　　　　　　　　　　D. 网上招聘

3. 目前（　　　） 已经成为中国最大的 C2C 电子商务网站和零售商圈。

    A. 淘宝网　　　　　　　　　　　　B. 京东商城

    C. 当当网　　　　　　　　　　　　D. 亚马逊

4. （　　　） 电子商务是指以国内供应者与采购者进行交易服务为主的电子商务市场，交易的主体和行业范围主要在同一国家内进行。

    A. 卖方为主导的 B2B　　　　　　　B. 内贸型 B2B

    C. 外贸型 B2B　　　　　　　　　　D. 买方为主导的 B2B

二、多选题

1. 一般来说，B2C 电子商务企业主要是通过（　　　）来获得盈利。

    A. 收取服务费　　　　　　　　　　B. 收取会员费

    C. 销售衍生产品　　　　　　　　　D. 特许加盟费

2. B2B 电子商务的流程包括（　　　）。

    A. 交易前准备　　　　　　　　　　B. 交易谈判和交易合同

    C. 办理交易前手续　　　　　　　　D. 交易合同的履行和索赔

3. B2C 电子商务由三个基本部分组成，它们是（　　　）。

    A. 网上商场　　　　　　　　　　　B. 支付结算

    C. 物流配送体系　　　　　　　　　D. 售后服务体系

4. B2C 电子商务的流程包括（　　　）。

    A. 浏览商品　　　　　　　　　　　B. 选购商品

    C. 用户注册　　　　　　　　　　　D. 配送货物

5. B2G 电子政务的主要形式包括（　　　）。

    A. 电子采购与招标　　　　　　B. 电子税务

    C. 电子证照办理　　　　　　　D. 网络广告

三、名词解释

    1. 水平 B2B 电子商务　　　　　2. B2C

    3. 跳蚤市场　　　　　　　　　4. 电子政务

    5. B2G

四、简答及论述题

    1. B2B 电子商务的参与主体主要有哪些？

    2. B2C 电子商务优点有哪些？

    3. C2C 电子商务有何特点？

    4. 试论述 B2C 电子商务的交易流程。

    5. 试论述 C2C 电子商务网站的分类。

案例讨论

2019 年我国 B2C 市场格局

2020 年 6 月 5 日，电商智库网经社电子商务研究中心发布《2019 年度中国网络零售市场数据监测报告》（以下简称《报告》）。报告显示，2019 年网络零售 B2C 市场（包括开放平台式与自营销售式，不含品牌电商），以商品交易总额（Gross Merchandise Volume，GMV）统计，排名前 3 位的分别为：天猫 50.1%、京东 26.51%、拼多多 12.8%。排名第 4 位至第 8 位的分别为：苏宁易购 3.04%、唯品会 1.88%、国美零售 1.73%、云集 0.45%、蘑菇街 0.24%。

零售电商市场格局已定，"三巨头"形成。若以年活跃用户数衡量平台规模，拼多多已超过京东，直逼阿里。但无论从营业收入还是净利润指标看，阿里与京东均领先于拼多多。

总体来看，零售电商领域，天猫、京东地位依旧领先，GMV 达万亿级；拼多多异军突起，GMV 也突破万亿级，首度跻身"万亿俱乐部"行列；苏宁易购、唯品会等 GMV 为千亿级；云集、蘑菇街、快手等 GMV 为百亿级。

电商大数据库"电数宝"显示，自 2012 至 2019 年，天猫始终占据超过 50% 的市场份额，其中 2014 年达到峰值，随后，除 2018 年外，其余年份均呈现份额逐年小幅回落的趋势；京东市场份额为 20%—30%，呈现平稳增长；拼多多市场份额则呈现"跳跃式增长"的强劲势头；苏宁易购进入平稳时期；唯品会市场份额有升有降；可见，从 2012 年至 2019 年，各家电商平台市场份额"此消彼长"。

报告显示，2019 年 26 家零售电商上市公司营业收入总额为 1.8 万亿元，平均营业收入额为 693.35 亿元。其中,营业收入千亿级的电商上市公司包括京东、阿里巴巴、苏宁易购、小米集团;营业收入百亿级的有唯品会、国美零售、拼多多、云集、乐信、三只松鼠;营业收入 60—80 亿元的有趣店、宝尊电商、寺库;营业收入 10 亿元以上的有 1 药网、南极电商、小熊电器、歌力思、御家汇、优信、壹网壹创、微盟集团、中国有赞;营业收入 10 亿元以下的包括蘑菇街、什么值得买、团车、宝宝树集团。

另据电商大数据库"电数宝"显示,2019 年这 26 家零售电商上市公司净利润为 2013.04 亿元,平均净利润为 77.42 亿元。净利润达千亿级的有阿里巴巴;净利润达百亿级的包括京东、小米集团;净利润达 10 亿—100 亿级的有苏宁易购、唯品会、趣店、乐信、南极电商;净利润为 10 亿级以下的包括歌力思、微盟集团、宝尊电商、小熊电器、三只松鼠、壹网壹创、寺库、什么值得买、御家汇。

对此,网经社电子商务研究中心网络零售部主任、高级分析师莫岱青表示:零售电商中市值突出的毋庸置疑当属阿里巴巴,占 66 家总市值的 61.41%;其次为京东;此外,拼多多实力不容小觑,与京东的差距仅不到 500 亿元;市值垫底的是汽车电商团车网,市值与上半年相比蒸发 52.81%。

整体来看,零售电商占绝对主导地位,头部电商属于"高市值"领域,有 4 家市值超过千亿元的电商,市值处于百亿元以下的占比 57.14%,市值最小的不到十亿元,表现出"头重脚轻"的两极分化现象。而随着"互联网+"升级,实现线上线下融合,新零售业在推动消费中发挥出更大作用,引领电商行业持续发展。

资料来源:网经社。

? 思考讨论题

当前我国 B2C 市场格局发生了哪些变化?今后的发展趋势如何?

第4章　电子商务法律

本章导读

电子商务法律法规能够引导和规范电子商务活动，防范和减少交易风险，切实保护网络消费者的合法权益。本章在介绍电子商务法的概念、性质和特点的基础上，针对电子商务经营活动中涉及的电子商务合同法、电子商务保护法和电子商务税收法这三个方面的内容进行了重点阐述。

问题导引

电子商务对传统法律有哪些挑战？

电子商务法与传统法律有何不同？

常见的电子商务法律纠纷有哪些？

网络虚拟交易会带来哪些法律问题？

电子商务法的立法原则是什么？

如何保护网络消费者的权益？

知识结构图

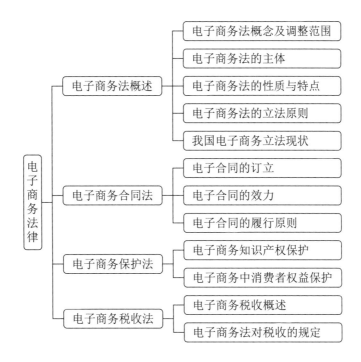

开篇引例

<h3 style="text-align:center">郑某与百度公司的著作权纠纷</h3>

1. 基本案情

郑某拥有原创文章《这样烘焙比萨，一个月都吃不腻！》及所附 20 张原创图片的著作权。后发现在百度公司经营的百家号平台上，某个百家号未经其许可全文转载了该文章及 20 张图片，故向百度公司寄送律师函，要求删除侵权文章及图片。百度公司于次日签收该邮件，发现该律师函未提供著作权人主体身份信息及文章权属证明文件，随后主动联系郑某的代理人请其补充提供。郑某的代理人补充提交相关材料，百度公司于 7 天后删除了侵权文章和图片。郑某认为百度公司的处理已超出了合理期限，故诉请判令百度公司赔偿经济损失 30000 元。

百度公司辩称，百家号平台属于网络服务提供者，应适用"通知—删除"的避风港原则；郑某首次邮寄的律师函没有提供权属证明文件，属于无效通知；百度公司在收到补充文件后已及时处理，不应承担法律责任。

2. 案情分析

广州互联网法院经审理认为，百度公司作为网络服务提供者，未从服务对象提供的作品中直接获得经济利益，且郑某的摄影作品并非具有广泛的知名度，足以让百度公司知道或者应当知道涉案百家号提供的作品侵犯其著作权。百度公司在相关服务协议中已经明确禁止用户上传侵犯他人知识产权的信息，且专门设置了针对侵权举报的便捷程序并在平台内进行了公示，已尽到事前警示义务。郑某首次发出的律师函没有提交任何权属证据，属于无效通知；百度公司收到补充材料后经过 7 天的研判后，及时地删除了侵权文章及图片，并未超出合理期限，无需承担侵权责任。

3. 法院判决

经法院最终裁决，驳回郑某的全部诉讼请求。

4. 典型意义

通知是否"合格"，删除是否"及时"，是对网络服务提供者适用"通知——删除"规则，认定应否免除其承担侵权责任的两个重要因素。本案明确了只有包含清晰权属证明以及具体侵权链接的通知才是"合格"的通知；网络服务提供者在接到侵权通知后应当及时删除侵权作品，多长时间为"及时"，应当结合网络服务提供者的平台规模等情况进行具体分析和综合判定。

资料来源：广州互联网法院。

4.1 电子商务法概述

作为一种全新的、发展迅猛的贸易方式，电子商务给传统贸易带来了巨大的冲击，同时也给传统法律规范带来了空前的挑战和全新的研究课题。

4.1.1 电子商务法概念及调整范围

1. 电子商务法概念

电子商务法是运用现代信息技术手段，调整平等主体之间通过电子行为设立、变更和消灭财产关系和人身关系的法律规范的总称，包括电子商务活动的形式规范和实体性规范两类法律制度。

电子商务法概念可以从广义和狭义两方面理解。狭义电子商务法主要规范通过计算机网络进行的"数据电讯"交易活动，解决诸如计算机网络通信记录与电子签名效力确认、电子鉴别技术及其安全标准选定、认证机构及其权利义务确立等方面的问题。广义的电子商务法与广义的电子商务概念相对应，其内容非常丰富，它不仅包括电子商务为交易形式的规范，还包括电子信息为交易内容的规范。

2. 电子商务法的调整范围

《中华人民共和国电子商务法》（以下简称《电子商务法》）是根据电子商务的特殊性制定的，不同于一般民商法，一般认为属于民商法的特别法。尽管如此，电子商务所涉及的社会关系远非《电子商务法》能够单独调整，还需要与其他部门法结合使用。

《电子商务法》针对电子商务领域特有的矛盾，解决其特殊性问题，实际上难以避免与其他法律交叉重复，因此，法律的协调衔接十分重要。比如，涉及知识产权问题，就需要知识产权法予以调整。原则上，应当依据《中华人民共和国立法法》原理处理法体系关系，从理论和制度上来说，无非是一般法与特别法、新法与旧法等关于法体系适用的效力关系规则的应用问题。我国《立法法》第 92 条规定，同一机关制定的法律、行政法规、地方性法规、自治条例和单行条例、规章，特别规定与一般规定不一致的，适用特别规定；新的规定与旧的规定不一致的，适用新的规定。根据上述法律适用原则，新法规定与现有法律原规定不一致的，适用新法规定。

电子商务法是规范和调整商务活动的全过程、全方面社会关系的行为规范，电子商务法的调整对象是在线商业行为及其所形成的商事法律关系。电子商务主体、电子商务交易合同、电子商务相关权益保护、电子商务税收构成了电子商务法的调整范围。

4.1.2 电子商务法的主体

电子商务法律主体是指在电子商务法律关系中享有权利或者承担义务的当事人。电子商务法律的主体包括网站、在线企业、在线个人用户等。

1. 电子商务网站

电子商务网站是一类重要的电子商务主体，主要分为信息型商务网站、交易型商务网站、综合型商务网站三类。

2. 在线企业

在线企业的类别与传统商务的类别是一致的，是现实企业向数据电子领域的延伸结果，生产加工型企业、批发零售或代理企业、咨询或服务企业等都可以在网络中使用各种方式参与交易。在线企业将经营领域拓展到网上，通过网络宣传、销售产品或提供服务，建立与客户的联系，甚至合同订立、支付结算等。

3. 在线个人用户

在线个人用户是指参与电子商务活动，设立、变更、解除或终止电子商务法律关系的自然人。

4.1.3 电子商务法的性质与特点

1. 电子商务法的性质

（1）电子商务法律主体的虚拟性

电子商务法律主体的虚拟性是电子商务法律制度的一个基本性质和特点。电子商务交易活动是在数据电信信息技术平台环境中建立的数字化商业活动，在线交易、在线服务、在线特殊交易等主体是虚拟的，不但交易主体通过网络联系，而且整个交易过程的各种信息均是通过数据系统传递和完成，虚拟性成为电子商务活动和电子商务法的基本特征。

（2）电子商务法律关系的复杂性

电子商务的高科技化和互联网络技术的专业性、复杂性，造成了电子商务交易关系的复杂性，也由此决定了电子商务法律关系的复杂性。一方面，电子商务交易中包含多重的法律关系，例如，电子商务交易必须在网络服务商和认证机构等第三方协助下才能完成，与传统交易双方相比，更多交易当事人参与了电子商务，使电子商务法的法律关系复杂化；另一方面，电子商务的虚拟性和隐蔽性强，更容易对知识产权、人格权等其他合法权益造成一定侵害，导致电子商务法需要调整的社会关系更为复杂。

（3）电子商务法律制度的体系性

电子商务涉及面很广，无法以统一的法典或单行法律予以囊括，而只能分别以单行法律制度的形式出现，数量繁多。但是，繁多的电子商务法律制度并不是杂乱无章的，而是按其内在联系形成一个有机的整体。如按照构成要素和交易活动角度分类，可以分为电子商务主体法律制度、电子合同法律制度、保护法律制度和税收法律制度等。

2. 电子商务法的特点

与传统的法律相比，电子商务法具有国际性、技术性、开放和兼容性以及行业惯例性等特点。

（1）国际性。电子商务固有的开放性、跨国性，要求全球范围内的电子商务规则应该是协调和基本一致的。电子商务法应当而且可以通过多国的共同努力予以发展。联合国国际贸易法委员会的《电子商务示范法》为这种协调性奠定了基础。

（2）技术性。在电子商务法中，许多法律规范都是直接或间接地由技术规范演变而成的。比如一些国家将运用公开密钥体系生成的数字签名，规定为安全的电子签名，这样就将有关公开密钥的技术规范，转化成了法律要求，对当事人之间的交易形式和权利义务的行使，都有极其重要的影响。

（3）开放和兼容性。所谓开放性，是指电子商务法要对世界各地区、各种技术网络开放；所谓兼容性，是指电子商务法应适应多种技术手段、多种传输媒介的对接与融合。

（4）行业惯例性。电子商务属于新生事物，总是在不断变化和发展，因此难以对电子商务的所有活动预先制定相关的法律、法规，而以行业普遍通行的惯例作为其行为的规范，才是可行的方式。

4.1.4 电子商务法的立法原则

电子商务法的立法原则主要包括以下几点：

1. 保护消费者权益原则

保护消费者的合法权益是电子商务法律的根本出发点。电子商务法的保护消费者权益原则是指对网络消费者的权益保护不能小于其他环境下对消费者的权益保护力度。

2. 安全性原则

安全是电子商务得以发展的前提和保障。安全性原则是指确立保障电子商务交易的安全规范，使电子商务在安全和公平的法律环境下运行。该原则体现在针对数据电文、电子合同、电子签名、电子认证、电子支付、配送等制定的法律中。

3. 功能等同原则

电子商务法的功能等同原则，是指电子单证、票据或其他文件与传统的纸面单证、票据或其他文件具有同等的功能时，就应当肯定其法律效力并在法律上将二者同等对待。

4. 媒介中立原则

媒介中立原则是指法律对于采用纸质媒介和采用电子媒介（或其他媒介）的交易都应一视同仁，不因交易采用的媒介不同而区别对待或赋予不同的法律效力。

5. 技术中立原则

技术中立原则是指法律对电子商务的技术手段一视同仁，不限定使用或不禁止使用何种技术，对特定技术在法律效力上也不予区别对待。

6. 最小程度原则

最小程度原则是指电子商务立法仅是为电子商务扫除现存的障碍，并非全面建立一个有关电子商务的新的系统性的法律，而是尽量在最小的程度上对电子商务订立新的法律，尽可能将已经存在的法律适用到电子商务中。

4.1.5　我国电子商务立法现状

我国电子商务起步较晚，但是为了适应电子商务的发展，我国已着手解决电子商务的有关法律问题，不仅对一些法规做了一定的修改，还出台了一系列规则。1999 年颁布的《合同法》，在合同形式条款中加进了"数据电文"这一新的电子交易形式，确认了数据电文的法律效力；2004 年颁布实施了《中华人民共和国电子签名法》，确认了电子签名的法律效力和电子认证的规范；2005 年国务院办公厅发布的《关于加快电子商务发展的若干意见》是我国电子商务领域的第一个政策性文件，对指导新时期的电子商务发展和信息化建设，具有十分重要的意义。2008 年国家商务部颁布《网络购物服务规范》、2010 年国家工商行政管理总局颁布《网络商品交易及有关服务行为管理暂行办法》、2012 年中国互联网络信息中心重新修订了《中国互联网络域名管理办法》并正式实施。此外，中国人民银行对于电子商务电子支付类颁布了多项指导政策，我国在《海关法》《专利法》《刑法》等法律制度中，也不同程度地涉及电子商务的相关规定。

与此同时，针对电商行业乱象屡屡被曝出，刷单、擅自改差评、卖假货、快递损坏、大数据杀熟等现象频频出现，自 2013 年我国正式启动《中华人民共和国电子商务法》的修订，并历经四审最终于 2019 年 1 月 1 日起正式实施，这是我国电商领域首部综合性法律，对整个电商行业来说意义重大，《中华人民共和国电子商务法》实施后，整个电商行业将有法可依。

2021 年 1 月 1 日正式实施的《中华人民共和国民法典》更是重点明确了电子商务场景下的电子合同订立规则，使得网购交易权益更有保障。

4.2 电子商务合同法

电子商务合同（以下简称电子合同）是指电子商务交易主体设立、变更、消灭民事法律关系的协议。电子商务合同借助于数据电文方式，打破了传统合同的旧模式，具有高效率、低成本、全球化、无纸化的特点，在现代社会发挥着越来越重要的作用。

4.2.1 电子合同的订立

《合同法》第十三条规定："当事人订立合同，采取要约、承诺方式。"电子合同的订立是指电子商务交易当事人做出要约和承诺意思表示并达成合意的行为和过程。2018年 8 月 31 日第十三届全国人民代表大会常务委员会第五次会议通过了《中华人民共和国电子商务法》，其中的第三章为"电子商务合同的订立与履行"，专门对电子商务合同进行了法律规定。

《电子商务法》第四十八条规定，电子商务当事人使用自动信息系统订立或者履行合同的行为对使用该系统的当事人具有法律效力。在电子商务中推定当事人具有相应的民事行为能力。但是，有相反证据足以推翻的除外。

第四十九条规定，电子商务经营者发布的商品或者服务信息符合要约条件的，用户选择该商品或者服务并提交订单成功，合同成立。当事人另有约定的，从其约定。电子商务经营者不得以格式条款等方式约定消费者支付价款后合同不成立；格式条款等含有该内容的，其内容无效。

第五十条规定，电子商务经营者应当清晰、全面、明确地告知用户订立合同的步骤、注意事项、下载方法等事项，并保证用户能够便利、完整地阅览和下载。电子商务经营者应当保证用户在提交订单前可以更正输入错误。

第五十一条规定，合同标的为交付商品并采用快递物流方式交付的，收货人签收时间为交付时间。合同标的为提供服务的，生成的电子凭证或者实物凭证中载明的时间为交付时间；前述凭证没有载明时间或者载明时间与实际提供服务时间不一致的，实际提供服务的时间为交付时间。合同标的为采用在线传输方式交付的，合同标的进入对方当事人指定的特定系统并且能够检索识别的时间为交付时间。合同当事人对交付方式、交付时间另有约定的，从其约定。

阅读资料 4-1 网络刷单有去无回，黑灰交易不获保护

1. 基本案情

2019 年 4 月，漫漫公司为增加其网络店铺的交易量，委托案外人陈某组织刷手在其网络店铺刷单，漫漫公司需按照交易订单金额退还货款，并支付刷单报酬，标准约为每刷单 10000 元支付 50 元。通过陈某的牵线，刷手组织者李某向漫漫公司介绍了刷手何某。何某遂在某平台创建了案涉交易订单，双方均确认案涉商品未实际发货。何某称，漫漫公司未向其退还因刷单垫付的 20000 元及支付刷单费，在某平台提出"仅退款"申请。漫漫公司称其已将案涉款项支付给案外人陈某，拒绝向何某退款。何某诉请：漫漫公司退还货款 20000 元。

2. 案情分析

何某与漫漫公司订立网络购物合同，意在以虚假网络购物意思掩盖"刷销量、赚报酬"的真实意思，属于民法总则规定的通谋虚伪行为。对于双方以虚假的意思表示实施的民事法律行为，即网络购物合同的效力，因双方缺乏真实的意思表示而无效。本案中，双方通谋共同实施了刷销量行为，致使案涉合同因违反法律规定被认定无效，客观上已产生了虚假订单，造成了对网络营商环境的损害，且何某系自行决定投入款项的数额，故对于何某基于赚取刷单报酬目的投入的款项，依法不予保护。漫漫公司所述向案外人陈某支付款项的行为，与本案何某付款的行为并无二致，二者支出的款项均属于进行非法"刷销量"活动的财物，依照《民法典》的规定，本院将另行制作决定书予以处理。

3. 法院判决

法院经审判，驳回原告何某的全部诉讼请求。

4. 典型意义

电子商务经营者以虚构交易为目的与他人通谋订立网络购物合同，双方系以虚假的网络购物意思掩盖真实的"刷销量、赚报酬"意思，该民事法律行为无效。不论刷手是以未收到货款、报酬为理由，还是以商品未实际发货为理由起诉，主张退还货款、支付报酬，都不应得到人民法院的支持。此外，电子商务经营者通过虚构交易获得不当信誉，不但违反了法律的强制性规定，需自行承担相应损失，还将面临市场监督主管部门的行政处罚。

资料来源：广州互联网法院，https://www.gzinternetcourt.gov.cn。

4.2.2 电子合同的效力

1. 电子合同的生效

电子合同的生效，是指已经成立的电子合同对当事人产生一定的法律效力。合同成立与生效的效力及产生的法律后果和拘束力不同。合同成立是合同生效的前提，但成立后的合同并不必然产生当事人所追求的法律效果，只有符合法律规定的生效要件的合同才会产生法律拘束力，即如果一方当事人不履行合同义务，另一方当事人则可以依靠国家强制力强制当事人履行合同并要求其承担违约责任。

在关于电子商务合同成立时间上，《民法典》也做了相应规定。《民法典》吸收了《中华人民共和国电子商务法》第四十九条规定，重申了电子合同订立的时间点为提交订单成功之时。如有个电商平台的格式条款中，约定"以商品出库为合同成立的标志"，没有在提交订单十日内供货，后来形成诉讼，法院认定的格式条款无效，认定其违约，承担违约责任。

电子合同生效必须满足电子合同当事人具有相应的民事行为能力；当事人意思表示一致且真实；合同的内容不得违反法律或者社会公共利益等要件。电子商务交易双方可以约定生效条件或期限。一方面，当事人对合同的效力可以约定附条件。附生效条件的合同，自条件成就时生效；附解除条件的合同，自条件成就时失效。但是，当事人不正当地阻止条件成就的，视为条件已成就；不正当地促成条件成就的，视为条件不成就。另一方面，当事人对合同的效力可以约定附期限。附生效期限的合同，自期限届至时生效；附终止期限的合同，自期限届满时失效。

此外，在合同效力问题上，《民法典》特别强调了电子商务合同条款，即《民法典》在《合同法》的基础上，加重了提供格式条款一方的提示和说明义务，如果致使对方没有注意或者理解与其有重大利害关系的条款的，对方可以主张该条款不成为合同的内容。在电商领域，除了用户协议、服务协议之外，商品页面的信息以及店堂告示信息也可能构成格式条款。如有个电商在商品页面介绍中有"如果不仔细检查直接签收导致的经济损失，需由买家单方面承担"的内容，形成诉讼后，法院认定该约定属于格式条款，不合理地免除卖家责任，加重买家责任，不产生法律效力。

2. 电子合同的无效情形

当出现以下情形之一时，电子合同无效：（1）恶意串通，损害国家、集体或者第三人利益；（2）一方以欺诈、胁迫的手段订立合同，损害国家利益；（3）以合法形式掩盖非法目的；（4）损害社会公共利益；（5）违反法律、行政法规的强制性规定。合同无效、被撤销或者终止的，不影响合同中独立存在的有关解决争议方法的条款的效力。

当电子合同约定了免责条款，约定对造成对方人身伤害的、因故意或者重大过失造成对方财产损失的免责条款无效。此外，电子商务交易双方采用格式条款签订合同的，提供格式条款一方免除其责任、加重对方责任、排除对方主要权利的，该条款无效。

合同无效或者被撤销后，因该合同取得的财产，应当予以返还；不能返还或者没有必要返还的，应当折价补偿。有过错的一方应当赔偿对方因此所受到的损失，双方都有过错的，应当各自承担相应的责任。当事人恶意串通，损害国家、集体或者第三人利益的，因此取得的财产收归国家所有或者返还集体、第三人。

4.2.3 电子合同履行的原则

电子合同履行中应遵循以下原则：首先，电子合同当事人要按照合同约定的标的、数量、质量、价款、期限、地点、方式等条款，全面履行合同所规定的义务；其次，电子合同当事人要正确行使合同权利，履行合同义务，防止违约情况发生；再次，电子合同当事人要根据合同的性质、目的和交易习惯履行通知、协助、保密等义务，积极协助对方完成合同履行。

4.3 电子商务保护法

电子商务环境下，如何防止虚拟开放的电子交易侵害知识产权与消费者权益，已经成为电子商务法律的重要组成部分。

4.3.1 电子商务知识产权保护

电子商务以其独特的数据电文方式，完全打破了知识产权体系的地域空间概念，易于在全世界范围内复制和传播，产权保护非常困难。

1. 著作权保护

著作权是指作者对其作品所享有的专有权利。电子商务中的著作权又被称为网络著作权。和普通著作权一样，网络著作权也包括人身权利和财产权利两大部分。人身权利主要是指发表权、署名权、修改权和保护作品完整权；财产权利又称经济权利，是指著作权人自己使用或者授权他人以一定方式使用作品而获取物质利益的权利，主要包括复制权、发行权、出租权、展览权、表演权、放映权、广播权等。

我国目前对于网络著作权的法律保护主要有四个方面：一是世界贸易组织（WTO）规则涉及知识产权保护的《与贸易有关的知识产权协议（TRIPS）》；二是 2010 年修订的《著作权法》及其实施条例；三是 2002 年施行的《计算机软件保护条例》和 2006 年的《信息网络传播权保护条例》；四是 2006 年修订的《关于审理涉及计算机网络著作权纠纷案件适用法律若干问题的解释》和《关于审理著作权纠纷案件适用法律若干问题的规定》等。上述协议、条例和规定对网络著作权的保护起到了重要作用。

2. 专利权保护

专利指发明、实用新型和外观设计。其中，发明是指对产品、方法或者其改进所提出的新的技术方案；实用新型是指对产品的形状、构造或者其结合所提出的适于实用的新的技术方案；外观设计是指对产品的形状、图案或者其结合以及色彩与形状、图案的结合所做出的富有美感并适于工业应用的新设计。围绕发明、实用新型和外观设计所拥有的专用权即为专利权。电子商务往往涉及密码技术、信息处理及检索等发明、实用新型和外观设计的应用，因此，电子商务中专利权的保护成为一项重要需求。

3. 商标权法律保护

商标是产品和服务的专用标识。当前，商标保护制度已经扩展到电子商务领域。电子商务商标常见侵权情形主要包括：（1）网页图标或内容中的商标侵权。网页图标或内容中的商标侵权是指将他人商标移作自己网页的图标，或者将他人注册商标设计为自己网页的一部分，使自己经营的电子商务与商标权人的商务造成混淆，构成商标侵权。（2）网页链接中的商标侵权。使用他人的知名商标、字号、商品（服务）名称做链接标志，以吸引浏览者点击的商标侵权行为。（3）隐性商标侵权。隐性商标侵权的特征是某个网站将他人的商标埋置在自己网页的源代码中，这样虽然用户不能在该网页上直接看到他人的商标，但是用户使用网上搜索引擎查找该他人的商标时，该网页就会位居搜索结果的前列。（4）电子商务中，还存在通过网络广告、远程登录数据库检索、电子邮件账户以及在电子商务活动中假冒、盗用他人的注册商标推销、兜售自己的产品或服务或在网上随意诋毁他人商标等侵权行为。

4. 域名权法律保护

域名是伴随信息技术的发展而产生的，是一种新型的知识产权的客体。域名是互联网络上识别和定位计算机的层次结构式的字符标识，与该计算机的互联网协议地址相对应。域名在全球范围内具有唯一性，具有潜在的商业价值。由于域名具有国际性，所以域名权纠纷自然也涉及全球。

为了妥善解决域名注册和纠纷问题，2001 年 7 月 24 日，最高人民法院颁布了《关于审理涉及计算机网络域名民事纠纷案件适用法律若干问题的解释》，该解释成为我国各级法院审理相关案件的指导性文件。信息产业部在 2002 年 8 月 1 日公布了《中国互联网络域名管理办法》。中国互联网络信息中心在 2006 年制定了《中国互联网络信息中心域名争议解决办法》。

需要说明的是，《中国互联网络信息中心域名争议解决办法》适用的域名争议仅限于由中国互联网络信息中心负责管理的 CN 域名和中文域名的争议；并且，所争议域名注册期限满两年的，域名争议解决机构不予受理。

4.3.2 电子商务中的消费者权益保护

1. 限制和排除不正当竞争

不正当竞争行为是指经营者违反法律规定，扰乱电子商务竞争秩序，损害其他经营者合法权益的行为，该类行为同时侵犯了消费者的合法权益。在电子商务领域中，不正当竞争行为主要包括产品或服务混淆行为、仿冒行为、网上虚假广告宣传、商业贿赂、侵犯商业秘密、低价倾销、不正当有奖销售、诋毁他人商誉、串通投标、协议垄断、滥用市场支配地位等。

2. 保护消费者的隐私权

在传统交易模式中，隐私权并不属于消费者权益保护的范围，《消费者权益保护法》也未对此做出规定。但是在电子商务中，基于网络交易的特殊性，消费者隐私权保护问题往往是消费者权益保护中的一个重要问题。

电子商务中的隐私是指消费者因为从事电子商务而产生的、与公共利益无涉、又不想为人所知的个人信息。具体来说，个人登录相关网站的身份、个人的信用卡、上网账号和密码、交易账号与密码、邮箱地址、网络活动踪迹（如 IP 地址、浏览踪迹、活动内容）等个人信息都属于电子商务活动中消费者的隐私。电子商务中侵犯消费者隐私权的表现形式主要有以下两点：一是任意搜集消费者的个人信息；二是非法转让个人数据。当前，消费者对网络购物越来越依赖，不法分子收集和储存消费者信息的途径越来越多，消费者的隐私很容易被窃取，因此采取有效措施保护消费者的隐私权是当务之急。

3. 充分维护消费者权益

一般来讲，消费者权益包括安全保障权、知情权、自主选择权、公平交易权、依法求偿权、监督批评权、依法结社权等权利。由于网络的虚拟性、匿名性等特征，对消费者电子商务知情权、公平交易权、赔偿权、监督权的保护尤为重要。

维护消费者权益的途径主要有外部监管和行业自律两种途径。其中，外部监管主要是通过法律、法规以及行业主管部门来实施，例如北京工商行政管理局发文明确要求：利用互联网从事经营活动的经营者提供商品或服务时，应当按照国家有关规定或商业惯例向消费者出具购货凭证或服务单据；消费者索要购货凭证或者服务单据的，网上经营者必须提供。另外，各级消费者协会也能在维护消费者权益方面发挥重要的作用。

当前，各级机构已经开始重视电子商务的消费者权益保护问题，严厉打击网络欺诈等行为，努力保护消费者的电子商务知情权、赔偿权、公平交易权、监督权等。

阅读资料 4-2　最高人民检察院：对"网红代言""直播带货"中的违法行为严肃查处

2021 年 2 月 20 日，在最高人民检察院厅长网络访谈活动上，最高人民检察院第八检察厅厅长胡卫列表示，对"网红代言""直播带货"中的违法行为严肃查处。

最高人民检察院决定自 2020 年 7 月至 2023 年 6 月，开展为期三年的"公益诉讼守护美好生活"专项监督活动，规定了将外卖包装材料安全、"网红代言""直播带货"等网络销售新业态涉及食品安全及监管漏洞作为重点监督领域。

胡卫列表示，随着网络经济的发展，"网红代言""直播带货"等线上经济持续火爆，但行业良莠不齐、缺乏监管等多种乱象引起不少消费者吐槽，外卖包装材料影响食品安全问题社会各界也广泛关注，这些伴随新业态发展产生的食品安全问题，对广大消费者的生命健康权构成了潜在侵害风险。

胡卫列指出，为更好地回应人民群众新期待、新需求，最高检将网络销售食品外卖包装材料不符合规定，"网红代言""直播带货"等涉及食品安全问题等作为专项监督活动的重点监督领域，旨在引导各级检察院全面依法履行公益诉讼检察职责，督促行政机关加强监管，对相关违法行为依法严肃查处，切实保护消费者合法权益。

资料来源：中新经纬 APP。

4.4 电子商务税收法

4.4.1 电子商务税收概述

1. 电子商务税收的概念

电子商务税收的概念有广义和狭义之分。广义的电子商务税收与广义的电子商务概念相对应，是指对一切以电子方式进行的商务活动所进行的税收征管。这里的电子方式除了国际互联网外，还包括电话、传真、电报、电视以及 DEI 等。狭义的电子商务税收与狭义的电子商务概念相对应，仅指对通过互联网开展的商务活动所进行的税收征管。由于通过互联网外的其他电子方式进行的商务活动的税收征管，已为传统税收法所涵盖，因此，除非特别说明，一般所说的电子商务税收就是互联网电子商务税收。

2. 电子商务税收的特征

与传统商业税收相比，电子商务税收除具有强制性、无偿性和固定性这类基本特征外，还有一些自身的特征。

（1）纳税主体虚拟化

在传统商业领域中，纳税主体身份较为明确。但由于网络的匿名性、虚拟性等特点，使得电子商务的交易行为发生在虚拟空间，纳税主体也呈现出虚拟化的特征，为税收征管带来了新的挑战。

（2）纳税地点难以确定化

电子商务以国际互联网为交易载体，由于网络所具有的开放性特点，使得交易不具备地域性特征。因此，税收机关很难确定交易在何地何时进行。

（3）交易凭证电子化

依据传统的税法，税收征管建立在纸质账簿、凭证的基础之上，税务机关对纳税人的纸质交易凭证（包括合同、发票、账簿、凭证）进行审查，然后决定税收的征缴。但电子商务交易的信息完全是无纸化的，纸面的账簿和凭证已经不复存在，整个电子商务过程的交易记录都变成了电子记录，这使得凭证追踪审计失去了纸面基础。再加上加密技术的应用，税务机关无法获取真实和充分的征税事实依据。

3. 电子商务税收管辖权

税收管辖权是指一国政府对一定的人或对象征税的权力。税收管辖权标准的确定主要有：属地原则与属人原则，属地原则指依税基的来源地为其征税权力所遵循的原则；属人原则指依纳税人的居住地、注册地作为其征税权力所遵循的原则。

然而，在电子商务环境下，网络空间的全球性、虚拟性使得税收管辖区域的界限变得模糊。实践中，电子商务税收管辖进行了大量的探索和总结，但由于国家间不同税系的原因，电子商务税收管辖权的确定存在着困难。

4.4.2 电子商务法对税收的规定

2019 年 1 月 1 日起，我国正式施行的《中华人民共和国电子商务法》第十条规定"电子商务经营者应当依法办理市场主体登记。但是，个人销售自产农副产品、家庭手工业产品，个人利用自己的技能从事依法无须取得许可的便民劳务活动和零星小额交易活动，以及依照法律、行政法规不需要进行登记的除外。"《电子商务法》第十一条明确规定："电子商务经营者应当依法履行纳税义务，并依法享受税收优惠。"

《电子商务法》第十一条同时规定，即便是不需要办理市场主体登记的电子商务经营者在首次纳税义务发生后，也应当依照税收征收管理法律、行政法规的规定申请办理税务登记，并如实申报纳税。这意味着即使是淘宝上的小店铺或者通过其他微商等形式进行零星小额交易的经营者，都应如实申报纳税。

《电子商务法》第十四条规定，"电子商务经营者销售商品或者提供服务应当依法出具纸质发票或者电子发票等购货凭证或者服务单据。电子发票与纸质发票具有同等法律效力"。这一规定，明确了电子商务经营者开票的法定责任，堵塞了商家通过不提供发票而逃避征税的漏洞。

 本章习题

一、单选题

1.（　　）原则是指法律对电子商务的技术手段一视同仁，不限定使用或不禁止使用何种技术，也不对特定技术在法律效力上进行区别对待。

    A. 功能等同　　　　　　　　　　B. 媒介中立

    C. 技术中立　　　　　　　　　　D. 安全性

2. 电子商务法的特点不包括（　　）。

    A. 虚拟性　　　　　　　　　　　B. 地域性

    C. 开放性　　　　　　　　　　　D. 兼容性

3. 电子商务法律的主体不包括（　　）。

A. 电子商务网站　　　　　　　　B. 离线企业

C. 在线企业　　　　　　　　　　D. 在线个人用户

4.（　　）是指已经成立的电子合同对当事人产生一定的法律效力。

A. 电子合同签订　　　　　　　　B. 电子合同执行

C. 电子合同生效　　　　　　　　D. 电子合同变更

5. 电子商务税收的特征不包括（　　）。

A. 纳税主体虚拟化　　　　　　　B. 纳税地点难以确定化

C. 交易凭证电子化　　　　　　　D. 纳税申报线下化

二、多选题

1. 电子商务法特点包括（　　）。

A. 国际性　　　　　　　　　　　B. 技术性

C. 开放和兼容性　　　　　　　　D. 虚拟性

E. 行为惯例性

2. 电子商务法调整范围包括（　　）。

A. 电子商务交易主体　　　　　　B. 交易合同

C. 相关权益保护　　　　　　　　D. 电子商务税收

E. 电子商务物流

3. 电子商务活动中消费者的隐私包括（　　）。

A. 个人登录相关网站的身份　　　B. 个人的信用卡

C. 交易账号和密码　　　　　　　D. 上网账号和密码

E. 网络活动踪迹

三、名词解释

1. 电子商务法　　　　　　　　　2. 电子商务合同

3. 著作权　　　　　　　　　　　4. 不正当竞争行为

5. 税收管辖权

四、简答及论述题

1. 电子商务法具有哪些性质？

2. 电子商务法对税收有哪些具体规定？

3. 电子合同的无效情形有哪些？

4. 试论述电子商务法的立法原则。

5. 试论述电子签名的法律效力。

案例讨论

一份订单引起的电子商务合同纠纷

刚上小学二年级的某男童，在某购物网站以其父李某的身份证号码注册了客户信息，并且订购了一台价值 1000 元的小型打印机。但是当该网站将货物送到李某家中时，曾经学过一些法律知识的李某却以"其子未满 10 周岁，是无民事行为能力人"为由，拒绝接收打印机并拒付货款。由此双方产生了纠纷。

　　李某主张，电子商务合同订立在虚拟的世界，却是在现实社会中得以履行，应该受现行法律的调整。而依我国现行《民法典》，一个不满 10 周岁的未成年人是无民事行为能力人，不能独立进行民事活动，应该由他的法定代理人代理民事活动。其子刚刚上小学二年级，未满 10 周岁，不能独立订立打印机买卖合同，所以，该买卖合同无效；自己作为其法定代理人有权拒付货款。

　　对此，网站主张：由于该男童是使用其父亲李某的身份证登录注册客户信息的，从网站所掌握的信息来看，与其达成打印机网络购销合同的当事人是一个有完全民事行为能力的正常人，而并不是此男童。由于网站是不可能审查身份证来源的，也即网站已经尽到了自己的注意义务，不应当就合同的无效承担民事责任。

　　资料来源：华律网。

　　? 思考讨论题

1. 我们该认同李某的主张还是网站的主张？依据是什么？
2. 结合案例谈谈电子商务合同纠纷的处理。

第 5 章　电子支付

本章导读

电子支付是电子商务发展不可或缺的重要环节，是实现资金快速流转的先进手段。伴随着网络技术尤其是网络安全技术的高度发展，电子支付已经得到广泛的普及和应用。本章首先介绍了电子支付的概念、特点与电子支付系统，接下来比较分析了几种主要的电子支付工具，最后对电子支付方式进行了阐述。

问题导引

为什么说电子支付是电子商务发展不可或缺的重要环节？

与传统支付方式相比，电子支付有哪些优势？

电子商务支付系统由哪些部分组成？

常见的电子支付工具有哪些？各有何特点？

微信支付和支付宝支付各有何特点？

知识结构图

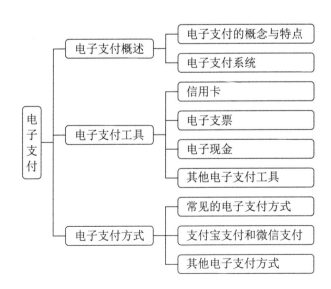

开篇引例

支付宝区块链技术新应用

继房屋租赁溯源、医疗电子票据和电子处方之后，支付宝城市服务再突破全新区块链应用。2018 年 10 月 17 日，蚂蚁金服区块链携手华信永道打造"联合失信惩戒及缴存证明云平台"，海南省将率先借平台实现公积金黑名单及缴存证明的跨中心、跨地域共享，这也是住房公积金行业第一次采用区块链技术。

一直以来，跨区域信息难互通都是大部分城市政务服务的痛点。通过对共享数据采用区块链技术，各城市住房公积金管理中心只需接入平台，分别把黑名单写在链上，即能实现可信记录共享且不可篡改，这样失信人异地办理住房公积金业务就会受到制约。

例如在引入区块链技术之前，在海口市缴纳公积金的小王若想在三亚贷款买房，要先到海口市公积金管理中心申请打印缴存证明，再拿到三亚申请办理；两地几趟跑腿避免不了，三亚市公积金中心还需要联系海口市验证缴存证明，办理周期较长，常有延期情况出现。

引入区块链技术之后，现在小王只要在支付宝里申请开具缴存证明，加上缴存证明上使用了电子签章、缴存证明编码和二维码等技术手段保证其真实可信，三亚市公积金中心在获得授权后，对该证明可直接查询和验证。如此，小王就可以直接在海口办理公积金贷款，不需要两地跑腿。

区块链上的数据不会出现丢失，也不会因为某一节点（中心）服务停止而影响到其他各节点（中心），这样的特性决定了区块链技术可以实现多节点信息共享，同时还能保证共享信息的高可信性和高可靠性。无疑，区块链黑名单及缴存证明是区块链与住房公积金行业切实需求相结合的典型应用。

资料来源：环球网。

5.1 电子支付概述

进入 21 世纪以来，随着网络技术的不断发展，我国的电子支付系统也日臻完善。一方面，当前的网络交易和大宗商品交易都是通过电子支付系统完成的，另一方面，高效的电子支付可以全面记载公民和法人的经济行为信息，是非常重要的社会管理和行业监管工具，对于维护我国金融秩序稳定具有显著意义。

5.1.1 电子支付的概念与特点

1. 电子支付的概念

电子支付是电子商务的重要组成部分，指的是电子交易的当事人（涉及消费者、商家和金融机构）之间通过电子支付方式和工具进行的货币支付或资金流转。

从历史的角度看，电子支付的发展经历了五个不同的阶段：

第一阶段是银行内部电子管理系统与其他金融机构的电子系统连接起来，如利用计算机处理银行之间的货币汇划、办理结算等业务。

第二阶段是金融机构与非金融机构之间实现资金的电子结算，如银行为企事业单位代发工资、代扣公积金、代缴养老保险费等。

第三阶段是银行利用网络终端向客户提供各项银行自助服务，如客户在自动柜员机（Automated Teller Machine，ATM）上进行取款、存款、查询、转账等操作。

第四阶段是利用银行销售终端（POS 机）向消费者提供商户消费时的自动扣款服务，这是现阶段电子支付的主要方式。

第五阶段是网上支付阶段，即电子支付，可随时随地通过互联网或者电话进行直接的转账、结算，形成电子商务的特殊环境。这将是 21 世纪的主要金融支付方式，我们称它为网上支付。网上支付又包括网上银行支付和第三方平台支付等。

2. 电子支付的特点

电子支付主要依托于网络，有实时支付、支付便利等优势，与传统的支付方式相比，电子支付存在以下特点：

（1）支付方式数字化

电子支付是采用先进的技术通过数字流转来完成信息传输，通过数字化的方式完成款项支付的；而传统的支付方式则是通过现金的流转、票据的转让及银行的汇兑等物理实体的流转来完成款项支付的。

（2）开放的系统平台

电子支付的工作环境是基于一个开放的系统平台（即互联网）之中；而传统支付则是在较为封闭的系统中运作。

（3）在其他方面具有优势

电子支付具有方便、快捷、高效、经济、安全的优势。用户只要拥有一台上网的 PC 机或移动智能终端，便可随时随地在很短的时间内完成整个支付过程，支付的费用低于传统支付方式，且电子支付更加安全。

5.1.2 电子支付系统

电子支付系统是采用数字化、电子化形式，通过网络完成电子货币数据交换和结算等金融活动的业务系统。电子商务支付系统能够把新型支付手段，包括电子现金（E-

Cash）、信用卡（Credit Card）、借记卡（Debit Card）、智能卡等的支付信息通过网络安全传送到银行或相应的处理机构，来实现电子支付。电子支付系统是实现网上支付的基础。

1. 电子支付系统的构成

电子支付系统是集购物流程、支付工具、安全技术、认证体系、信用体系以及金融体系为一体的一个综合的大系统，分为支付服务系统、支付清算系统、支付信息管理系统三个层次，具体包括参与者、支付工具与安全协议几个部分，其基本构成如图 5-1 所示。

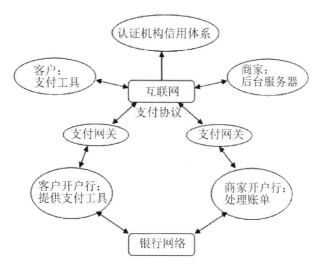

图 5-1　电子支付体系的基本构成

（1）活动的参与者

客户（client）是指网上消费者，他们申请取得银行认可的电子支付工具，由银行委托认证机构发给数字证书后，具备上网交易资格，在网上挑选商家的产品发起支付，这也是支付体系运作的原因和起点。

商家（merchant）则是网上商店经营者，他们在收单银行开设账户，由收单银行对其进行审定，通过审定后由收单银行委托认证机构发给商家数字证书，商家即可上网营业，营业过程中根据客户发起的支付指令向收单银行请求获取货币给付。商家需要优良的服务器来处理这一过程，包括认证以及不同支付工具的处理。客户的开户行（issuing bank）是指客户开设账户、申请支付工具的银行，开户行在给客户提供支付工具的同时也提供了一种银行信用，即保证支付工具的兑付。

商家开户行是商家开设账户的银行，其账户是商家在整个交易中获得资金归集的地方，也称收单银行（acquiring bank）。商家将客户的支付指令提交给其开户行后，就由开户行进行支付授权的请求以及银行间的结算等工作。

支付网关（payment gateway）是用来连接公用网和银行专用网的接口服务器的，

主要起着数据转换与处理中心的作用，从而完成两者之间的通信、协议转换和数据加密、解密的行为。主要功能如下：将互联网传来的数据包解密，依据银行系统内部的通信协议重新打包数据来接收银行系统内部反馈的响应消息；将数据转换为互联网传送的数据格式，并对其进行加密。支付信息必须通过支付网关才能进入银行支付系统，进而完成支付结算活动。支付网关的建设关系着支付结算以及银行自身的安全，必须十分谨慎，需要由收单银行授权，再由认证机构发放数字证书，方可参与网上支付活动。

金融专用网络（financial special network）是银行内部及各银行之间交流信息的封闭的专用网络，通常具有较高的稳定性和安全性。该网络包括连接各专业银行及支付网关的金融专用网。在 1918 年，美国建立了专用的资金传送网，之后于 1982 年组建了电子资金传输系统。英国和德国也相继组建了自己的电子资金传输系统，自此非现金结算自动处理系统也具备了相应的规模。

认证机构（Certificate Authority，CA），接受客户开户行和收单行的委托，为参与的各方发放数字证书，确认各方的身份，保证网上支付的安全性，必须是参与交易各方都信任的第三方中立组织。

（2）支付工具

支付工具是指电子支付中客户拥有的、银行发行的电子支付工具，包括银行卡、电子现金、电子支票等。其实质是通过网络模拟传统现金交易的支付方式，可以模拟资金转账，汇兑委托收款等业务，目前该工具还在不断地创新。

（3）支付协议

支付协议是对公用网上支付信息的流通规则及安全保护负责的合约。一般对应不同的支付会有不同的协议，支付协议对交易中的购物流程、支付步骤、支付信息的加密、认证等方面做出规定，以保证在网上交易双方能快速、有效、安全地实现支付与结算。目前在电子支付中常用的安全协议有：安全套接层协议（Secure Sockets Layer，SSL）和安全电子交易协议（Secure Electronic Transaction，SET）。

2. 电子支付系统的功能

（1）实现对各方的认证

网上交易商场是一个虚拟的、开放的市场，为实现交易的安全性，电子支付系统可以通过认证机构或注册机构对网上参与交易活动的各方发放数字证书，并在交易过程中使用数字签名来进行身份的有效性认证，以防止交易欺诈。

（2）实现对数据的加密

网上交易传输的信息都是关于各方身份、交易内容、资金等的私密内容，为了防止这些信息的泄露，电子支付系统可以使用私有密钥加密法和公开密钥加密法进行信息加密与解密，并采用数字信封、数字签名等技术来加强数据传输的保密性，以防止未被授权的第三者获取信息的真正含义。商家一般可以利用加密和消息摘要算法进行数据的加密，以确保数据的完整性。

（3）确保业务的不可否认性

交易过程中双方出现纠纷时，如果某一方对交易情况予以否认，如客户对自己所购买消息的否认、支付金额的否认、商户对自己接收订单的否认等，就会使另一方的权益受到威胁。电子支付系统可以采用数字签名等技术保证对业务的不可否认性。

（4）确保数据的完整性

交易信息在网上传输的过程中，有可能被未授权者非法篡改，为保护数据完整无缺地到达接收者，电子支付系统可以采用消息摘要算法以确认信息的完整性。

（5）支持多方交易

由于网上交易牵涉到客户、商家和银行等多个方面，商家只有确认了订单信息后才会继续交易，银行也只有确认了支付信息后才会提供支付，因此，买卖信息与支付结算信息的传送必须连接在一起，同时，商家不能读取客户的支付信息，银行不能读取商家的订单信息，电子支付系统可以采用双联签字等技术来处理这种交易中多边支付的问题。

5.2 电子支付工具

电子支付工具是信息社会必不可少的支付工具，它由传统的支付方式衍生而来，依附于非纸质电磁介质存在，通过计算机网络系统以传输电子信息的方式进行电子数据交换来实现支付。今天，传统的现金支付已经"退居二线"，各种电子支付工具成为人们日常消费的主要支付工具。本节主要介绍信用卡、电子支票、电子现金、其他电子支付工具等几种电子支付手段。

5.2.1 信用卡

信用卡于 1915 年起源于美国，至今已有 100 余年的历史。最早发行信用卡的机构并不是银行，而是一些百货商店、饮食业、娱乐业和汽油公司。美国的一些商店、饮食店为招徕顾客，推销商品，扩大营业额，有选择地在一定范围内发给顾客一种类似金属徽章的信用筹码，后来演变成为用塑料制成的卡片，作为客户购货消费的凭证，开展了凭信用筹码在特定商号或公司、汽油站购货的赊销服务业务，顾客可以在这些发行信用筹码的商店及其分号赊购商品，约期付款。这就是信用卡的雏形。

1951 年，美国富兰克林国民银行向其客户发行了一种卡片，这种卡片记录着客户账户以及存款数额，客户可以用这种卡片在当地的零售商店进行交易。这种支付方式深受客户的喜爱，其他银行也纷纷效仿。

信用卡只要求持卡人在既定的结算日前将债务全部归还，大多并不收取费用和利息。

1. 信用卡的概念

"信用"一词来自英文 credit，包括：信用、信誉、贷款、信任及声望等含义。信用卡（Credit Card）由银行向资信良好的个人和机构签发的一种信用凭证，持卡人可以在银行特约商场、饭店及其他场所中购物、消费和向银行存取现金的特制载体卡片。

信用卡一般是长 8.56 厘米、宽 5.39 厘米、厚 0.1 厘米（尺寸大小是由 ISO 7810、7816 系列的文件定义），正面印有发卡银行名称、有效期、号码、持卡人姓名等内容，背面有磁条、签名条的特殊塑料制成的卡片。我国几乎所有的商业银行都发行各自的信用卡，例如中国建设银行的龙卡、中国工商银行的牡丹卡、中国农业银行的金穗卡、中国银行的长城卡、中国邮政储蓄银行的普卡等。

2. 信用卡的特点

信用卡将支付与信贷融为一体，按照性质与功能可划分为：借记卡——先存款，后支用；贷记卡——先消费，后还款；综合卡——结合两种功能的卡，偏重"借记"。其主要特点有：

（1）享有资金上的优惠。信用卡不需要提前存款即可消费，享有 25—56 天的免息期，按时还款利息分文不收；按消费金额还可以积分，并有礼品赠送；持卡在银行的特约商户消费，可享受折扣优惠。

（2）易于携带，使用方便。信用卡一般都是小巧轻薄、不易损坏、便于携带的。还可采用互联网设备进行在线刷卡记账、POS 机结账、ATM 机取款等操作，通行全国无障碍。

（3）积累个人信用。用户在信用卡还贷款过程中能够积累个人信用。

（4）安全性强。信用卡支付使用公钥系统、消息摘要、数字签名等技术，保护信息不被泄露、丢失与篡改，安全系数比较高。每月免费邮寄对账单，让用户透明掌握自己的每笔消费支出。

信用卡是目前电子支付中常用的工具，其方便、快捷、安全的支付方式为信用卡的推广和普及打下了良好的基础，使人们的结算方式、消费模式和消费观念发生了根本性的改变。

3. 信用卡的支付流程

信用卡支付流程中的参与者包括：发卡行，即向持卡人签发信用卡的银行；收单行，即接收商户账单并向商户付款的银行；信用卡组织，由于发卡行和收单行往往不是同一家银行，需要通过信用卡组织的国际清算网络进行身份信息的认证以及授权信息的传递，如 VISA 国际组织等。

从图 5-2 中可以看出，信用卡的支付流程共有 8 个环节，具体如下：（1）持卡人到信用卡特约商家处消费。（2）特约商家向收单行要求支付授权，收单行通过信用卡组织向发卡行要求支付授权。（3）特约商家向持卡人确认支付及金额。（4）特约商家向收单行请款。（5）收单行付款给特约商家。（6）收单行与发卡行通过信用卡组织的清算网络进行清算。（7）发卡行给持卡人账单。（8）持卡人付款。

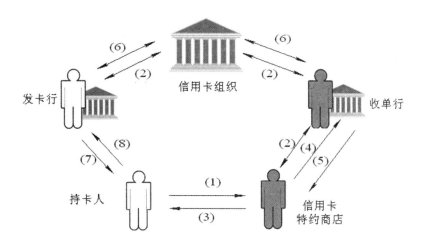

图 5-2　信用卡的支付流程

5.2.2 电子支票

电子支票是纸质支票的电子替代物，它与纸质支票一样是用于支付的一种合法方式，完成与纸质支票相同的结算功能，在提高结算速度、减少处理成本和增强安全性方面有着纸质支票无法比拟的优势。

1. 电子支票的概念

电子支票（Electronic Check）是支票的新形式，是由客户向收款人签发的、无条件的数字化支付指令，通过互联网或无线接入设备来完成钱款从一个账户转移到另一个账户的电子付款形式。电子支票的支付是凭借商户与银行相连的网络以密文传递的方式实现的。电子支票系统是电子银行常用的一种电子支付工具。

电子支票的签发人只需要在网络上生成一张电子支票，其中包含支付人姓名、支付人金融机构名称、支付人账户名、被支付人姓名、支票金额。像纸质支票需要本人签名一样，电子支票需要经过数字签名即可形成，然后通过网络以电子函件形式直接发送给收款方，收款人从电子邮箱中取出电子支票，并用电子签名签署收到的证实信息，再通过电子函件将电子支票送到银行，银行使用数字凭证确认支付者和被支付者身份、支付银行以及账户，就可以使用签过名和认证过的电子支票进行账户存储。

2. 电子支票的特点

电子支票是一种适合网上支付的电子结算工具，其特点是：

（1）易于接受。电子支票与传统支票工作方式相同，适用现有的商务流程，因而易于理解，能够被迅速采用。

（2）节省时间。电子支票的发行不需要填写、邮寄或发送，而且相关业务处理起来也很方便。用电子支票，卖方可即时发送给银行，由银行为其入账。并且减少了支票被退回的次数，因为商家在接收前，会先得到客户开户行的认证，所以也会省去许多不必要的时间。

（3）安全性更强。加密的电子支票使它们比基于公共密钥加密的数字现金更易于流通，买卖双方的银行只要用公共密钥认证确认支票即可，数字签名也可以被自动验证，解决了传统支票中大量存在的伪造问题，也不易丢失或被盗，不仅支付的时候不必担心发生上述情况，而且即使电子支票被盗，接收者同样可以要求支付者停止支付。

（4）适用范围广。电子支票适于各种市场，可以很容易地与 EDI 应用结合，推动 EDI 基础上的电子订货和支付。尤其适用于 B2B、B2G 等大额电子商务交易。

（5）具有第三方收益性。第三方金融服务者不仅可以从交易双方收取固定交易费用或按一定比例抽取费用，它还可以以银行身份提供存款账目，且电子支票存款账户很可能是无利率的，因此给第三方金融机构带来了收益。

5.2.3 电子现金

电子现金自 1982 年由大卫·乔姆（D. Chaum）提出以来，现在已经成为一种比较成熟的电子支付手段，它从根本上改变了纸币在安全性、方便性和隐私性方面的缺陷，开辟了一种全新的货币流通形式。

1. 电子现金的概念

电子现金（Electronic Cash，E-cash）是纸币现金的电子化，是指那些以电子形式储存并流通的货币，它可以直接用于电子购物。用户只要在开展电子现金业务的银行开设账户并在账户内存钱，就可以在接受电子现金的商店购物了。

2. 电子现金的特点

电子现金是以数据形式流通的在线即时支付工具，包括商家、用户、银行三个主体，以及初始化协议、提款协议、支付协议、存款协议四个安全协议，适用于那些通过网络进行支付的小额交易。其特点是：

（1）货币价值性。电子现金与纸币一样，代表了一定的货币价值，可用于网上交易。

（2）可转移性。电子现金作为一种支付结算方式，可以在用户、银行与商家之间转移，促使交易的实现；也可以和其他电子现金、纸币、货物或服务、信用贷款限额、银行账户存款、银行票据或契约、电子利益等进行交换。

（3）安全性。电子现金的复制或重复使用可以预防或检测，从而电子现金不容被复制或篡改。

（4）协议性。电子现金的应用要求银行和商家之间有协议和授权关系。

（5）依赖性。消费者、商家和电子现金银行都需要使用电子现金软件，形成的电子现金应当存储于一个不可修改的专用设备中，并且其安全性必须由电子现金自身使用的各项密码技术来保证。

（6）不可重复性。电子现金和纸币一样，只能支付一次。对电子现金的复制和双重使用能够很容易地被发现。

（7）匿名性。电子现金与现金一样，具有匿名性，买卖双方在使用电子现金时不用暴露自己的身份，转移过程不可跟踪；即使银行和商家相互勾结，电子现金的使用也无法被跟踪，从而防止泄露电子现金用户的购买历史。

（8）可分解性。这是电子现金与纸币现金的一个重要区别。电子现金不仅可以作为整体使用，还可以根据交易双方达成的支付协议上的金额部分多次使用，只要各部分的面额之和与原电子现金面额相等即可。

（9）快捷方便。电子现金用于小额零星支付，具有现钞的基本特点，又由于和网络结合而具有互通性、多用途、快速简便等特点。在网上交易中，电子现金比银行卡更为方便。

需要注意的是，虽然电子现金使用起来具有方便、灵活、费用低的优点，但存在着不利于追踪违法用户、用户承担的风险较大等问题，因此电子现金目前使用量较小，只有少数几家银行提供电子现金业务，也只有少数商家接受电子现金。

5.2.4 其他电子支付工具

除了以上几种常见的电子支付工具外，随着市场竞争日益激烈、网络技术不断发展，一些新型的电子支付工具逐渐涌现，如：储值卡，虚拟卡等。

1. 储值卡

储值卡（Value Card），又称预付卡、消费卡、智能卡、积分卡等，是发卡银行或者其他经中央人民银行认可有权发卡的企业单位将持卡人预先支付的货币资金转至卡内储存，交易时直接从卡内扣款的电子支付卡片，如图 5-3 所示。

图 5-3　各种储值卡

储值卡的支付在不断的发展与创新当中，使用领域越来越广。除了银行发行的储值卡外，还有电信行业发行的移动、联通手机卡；商场、超市、餐饮、娱乐、美容、理发等商业机构发售的优惠卡、购物卡、会员卡、加油卡等；公用事业单位发行的公交IC卡、水费卡、天然气费卡、电费卡、医疗卡、社保卡等；以及不销售商品或提供服务的机构发行的第三方机构储值卡等。

储值卡应用范围广泛、灵活多样，但是安全措施较差，对发行计划、管理模式、风险控制等的监管还不规范，如果发卡方倒闭，消费者权益会受到损害。

2. 虚拟卡

虚拟卡是互联网服务提供商为了方便消费者网上购物（包括实体物品和增值服务）而设立的虚拟账户，代替实物卡片成为电子商务中重要的支付工具。一些知名的网络服务商纷纷推出了自己的虚拟货币，如：腾讯的 Q 币、百度的百度币、新浪的 U 币等，虚拟卡作为网络虚拟货币的载体，使用账户中的虚拟货币进行网上消费。

5.3 电子支付方式

随着网络经济时代的来临，货币与银行在电子商务活动中已经成为不可或缺的部分。但传统的支付方式无法适应这种新型的商务形态，电子支付方式以其便捷、高效的优势越来越受到消费者的欢迎。本节介绍的电子支付方式包括：网上支付、移动支付、固定电话支付、自动柜员机支付、销售网点终端支付等几种常见的电子支付方式和其他电子支付。

5.3.1 常见的电子支付方式

1. 网上支付

网上支付是指用户通过互联网实现的资金转移，也称互联网支付。网上支付采用先进的技术通过数字流转来完成信息传输，客户和商家之间足不出户即可完成交易，网上支付的手段主要有：银行卡网上支付与第三方网上支付。

（1）银行卡网上支付

银行卡网上支付是指通过商业银行提供的银行卡为网上交易的客户提供电子结算的手段。用户首先向银行申请银行卡并要求开通网上支付；在网站购物或消费时，通过网站提供的接口，进入网银在线支付页面，使用开通了网上支付功能的银行卡，点击立即支付后，输入银行卡号及验证码，按照接下来的提示进行操作即可在银行支付系统中进行交易付款，将消费金额直接转入商家对应的银行账户。银行卡网上支付具有方便、快捷、高效、经济、安全、可靠的优势，是目前应用广泛的电子支付模式。

（2）第三方网上支付

第三方支付主要是为了解决虚拟市场上买卖双方的信用问题而产生的一种新型网络支付方式。在早期，支付问题是电子商务发展的瓶颈之一，卖家不愿先发货，怕货发出后不能收回货款；买家不愿先支付，担心支付后拿不到商品或商品质量得不到保证。博弈的结果是双方都不愿意先冒险，网上购物无法进行。而第三方支付平台的出现，完美地解决了这一难题。

第三方支付平台是买卖双方在缺乏信用保障或法律支持的情况下的资金支付"中间平台"。第三方支付本质上讲是一种支付中介，扮演着代替收款人向付款人收取款项，并最终将款项支付给收款人的角色。在使用第三方支付的交易中，消费者选择商品并进行支付，将相应的货款交到第三方支付平台，由第三方支付平台通知商家发货，消费者在收到货后检验无误就可以通知第三方支付平台将货款打给商家。第三方支付平台需要与各个银行都签订相应的协议，帮助第三方机构和银行进行信息与数据的相互确认。第三方支付平台在消费者、商家、银行之间建立了一个支付流程，确保电子商务的安全有效运行。

第三方网上支付大致可分为两种模式。一是支付网关模式，第三方支付网关是完全独立的网站，由第三方投资机构为网上签约商家提供围绕订单和支付等多种增值业务的共享平台。此模式下，消费者并不是其客户，网站商家和银行才是它的客户，消费者最终还是要使用各网上银行进行付款。这种模式以首信易支付、百付通、腾讯财付通为代表。二是账户支付模式。此种模式的买家和卖家在同一个支付平台上开设账户，买家选购商品后，通过平台在各个银行的接口，将购买货物的货款通过网络转账到平台的账户上，支付平台收到货款之后通知卖家发货，买家收到货物之后再通知支付平台付款给卖家，支付平台这时才把钱转到卖家的账户上。这种模式以支付宝、贝宝为代表，一定程度上增加了网民对网上购物的可信度，减少了网络交易欺诈。

2. 移动支付

移动支付（Mobile Payment），也称为手机支付，是指交易方以移动终端设备（包括手机、PDA、移动 PC 等）为载体，从而实现商业交易的方式。移动支付允许用户借助其移动终端对所消费的商品或服务进行款项支付，同时允许单位或个人通过移动设备、互联网或者近距离传感，以直接或间接的方式向银行金融机构发送支付指令，进而进行货币支付与资金转移。整个移动支付价值链包括移动运营商、支付服务商（比如银行，银联等）、应用提供商（公交、校园、公共事业等）、设备提供商（终端厂商，卡供应商，芯片提供商等）、系统集成商、商家和终端用户。

根据移动支付的使用场景，可以分为近场移动支付和远程移动支付两类。近场移动支付也称为近端支付，是指通过带有支付功能的手机和其他设备，实现购物、签到、刷公交卡、支付门票等功能，或者直接通过手机完成与别人互换名片、传输文件、联机玩游戏等行为；远程移动支付是指通过手机上的 APP（比如支付宝，网银等）直接支付的功能，输入账号密码来完成支付。按照业务模式和产品形态的不同，远程支付还可以进一步分为手机银行、手机钱包、终端 POS 机、手机圈存以及手机一卡通等支付。

手机是目前移动支付中使用最普遍的移动设备，利用手机进行支付的支付方式称为手机支付。移动支付系统为每个移动用户建立一个与其手机号码关联的支付账户，为移动用户提供了一个通过手机进行交易支付和身份认证的途径。另外，类似公交卡、校园卡等能够刷卡支付的支付工具都属于移动支付的范畴。

阅读资料 7-1　医疗电子支付为患者解忧

在家拿起手机即可远程挂号付费，到达医院就可直接就诊，患者不再需要起早贪黑去医院排队等待……互联网技术应用的不断深化，不仅可以提升医院的信息化水平、动态调整医师资源，而且节约了病人的排队等待时间、提高了病人就医的满意度，同时还打击了"号贩子"加价贩卖"专家号"的行为，让患者就医更轻松。

第三方支付方式主要包括互联网支付、银行卡收单交易以及预付卡支付等三种方式。随着移动互联时代数字化进程不断加快，互联网支付方式渐成主流。互联网支付是指具备一定实力和信誉保障的独立机构，采用与各大银行签约的方式，提供与银行支付结算系统接口的交易支付平台及网络支付的模式，常见的支付平台有支付宝、微信等。

资料来源：网经社。

3. 销售网点终端支付

销售网点终端支付是指通过销售场所的销售点终端 POS（Point of Sale）机实现电子资金转账的电子支付方式。POS 机是一种多功能终端，把它安装在信用卡的特约商户和受理网点中与计算机联成网络，为客户提供现场购物刷卡，实现电子资金的自动转账。销售点终端 POS 机具有消费预授权、查询支付名单等功能，避免了验钞、找零等手续，使购物方便、安全、快捷。

4. 自动柜员机支付

自动柜员机支付是指通过商业银行的自助银行系统与银行的网络连接完成资金服务的方式。自动柜员机即 ATM（Automated Teller Machine）机，是一种高度精密的机电一体化装置，利用磁性代码卡或智能卡实现金融交易的自助服务，代替银行柜面人员的工作。自助银行借助 ATM 机等设备为客户提供实时的现金支取、资金转账等金融服务，还可以进行现金存款存折补登等工作。自动柜员机支付是被消费者较早接受的电子支付方式，并且在大中型城市中已经得到普及。

5.3.2　支付宝支付和微信支付

支付宝支付和微信支付是我们最常使用的电子支付方式，下面分别进行介绍。

1. 支付宝支付

支付宝（Alipay）（中国）网络技术有限公司（以下简称"支付宝"）是国内独立的第三方支付平台，由阿里巴巴集团创办，致力于为我国电子商务提供"简单、安全、快速"的在线支付解决方案。支付宝从 2004 年建立开始，始终以"信任"作为产品和服务的核心，旗下有"支付宝""支付宝钱包"两个独立品牌。2013 年，余额宝上线，"双 11"期间支付宝交易量增加，手机交易量突破 100 多亿次。2013 年 11 月 30 日，12306 购票网站和支付宝合作，支付宝新增购买车票业务。自 2014 年第二季度开始支付宝成为全球最大的移动支付平台之一。

2018 年 8 月 21 日，支付宝官方微博、蚂蚁金服安全中心官方微博宣布，支付宝发布延时到账功能全面升级，用户被骗的资金有望追回 。截至 2018 年 4 月，支付宝的注册用户有 8.7 亿人之多。这是支付宝第一次公布其用户数量。根据易观此前公布的数据，2017 年年末，支付宝以大约 44.51%的份额领先于其他支付平台。根据其之后的报告，在 2019 年第 3 季度移动支付市场中，支付宝市场份额占比为 53.58%。

支付宝在覆盖绝大部分线上消费支付场景的同时，也正在大力拓展各种线下支付场景，包括餐饮、超市、便利店、出租车、公共交通等。2016 年支付宝与华为合作，在 P9 手机上推出了扫码秒付的功能。同年，支付宝与上海市第一人民医院合作打通医保结算，支付宝医保结算在沪上综合性医院首次成功实施。2017 年，支付宝和复旦大学附属华山医院在上海推出第一家"信用就医"。同年 4 月，支付宝开始与共享单车合作，使用支付宝扫一扫便可骑行共享单车。2018 年 12 月，上海、杭州、宁波三地地铁自由来往，用支付宝可以在这三个城市支付地铁乘运费。除了为国内用户提供服务之外，支付宝还为全球商户提供专业网上支付方案，业务范围涵盖实物海淘、国际航旅、退税、留学交费等多种应用场景。2018 年 10 月 4 日，支付宝发布 40 个境外扫码支付目的地。境外支付目的地包括 10 个机场、10 个商圈、10 个中国城、10 个奥特莱斯。2019 年 11 月 5 日，支付宝向外国游客开放使用权限。游客一次充值就可以在长达 90 天时间里使用支付宝应用，而不需要使用当地的银行账号或手机号码。

在金融理财领域，支付宝为用户购买余额宝、基金等理财产品提供支付服务，2017 年 1 月余额宝总规模已突破 8000 亿元，用户人数超过 3 亿人。2019 年 8 月 23 日，天弘余额宝发布 2019 年半年度报告。报告显示，截至 2019 年 6 月 30 日，余额宝总份额为 1.03 万亿份，上半年共为客户赚 123.68 亿元。支付宝在电子支付领域以其稳健的作风、先进的技术、敏锐的市场预见能力及极大的社会责任感赢得银行等合作伙伴的认同。目前工商银行、农业银行、建设银行、招商银行、上海浦发银行等各大商业银行，以及中国邮政储蓄银行、VISA 国际组织等各大机构均与支付宝建立了深入的战略合作关系，不断根据用户需求推出创新产品，支付宝因此成为金融机构在电子支付领域最为信任的合作伙伴之一。

2. 微信支付

微信（WeChat）支付是腾讯公司和财付通联合推出的移动支付平台，通过微信支付平台，微信用户和商家可进行无现金的支付活动。2014 年 3 月，微信 5.0 版开放微信支付功能，用户可以通过手机快速完成支付。微信支付以绑定银行卡的快捷支付为基础，向用户提供安全、高效的支付服务。微信支付不需要使用实体的银行卡和 POS 机，这样可以使支付和接收的过程更为简洁、便利。2015 年我国很多大型连锁超市、小型便利超市和快餐连锁都与微信支付达成合作共识。用户在超市或餐饮店无须现金即可进行支付。根据 2018 年 5 月 10 日国家互联网信息办公室发布的《数字中国建设发展报告（2017 年）》，2017 年我国全年信息消费规模达 4.5 万亿元，移动支付交易规模超过 200 万亿元，位居全球第一。作为国内最大的移动流量平台之一，微信 2017 年的登录人数达 9.02 亿人，比 2016 年增长了 17%，用户日均发送微信次数为 380 亿次。凭借其大量的用户，微信支付已经成为移动支付的重要组成部分。据《2018 微信年度数据报告》，2018 年，每天有 10.1 亿用户登录微信；日均发送微信消息达 450 亿条，较 2017 年增长 18%；每天音视频通话次数达 4.1 亿次，较上年增长 100%。

在微信 APP 中，用户只要将自己的一张开通了网银的银行卡与微信的钱包绑定，并完成相应的身份认证，就可以将作为社交工具的微信软件变为具有支付、转账、提现等功能的钱包。

目前微信支付已实现刷卡支付、扫码支付、公众号支付、APP 支付等方式，并提供企业红包、代金券、立减优惠等营销新工具，支持用户及商家的不同支付场景。微信使用扫描二维码获取交易数据并跟踪消费者行为，通过大数据分析以实现店铺的精准营销。这对商家和微信平台都非常有利。另外，跨境支付的时候，微信用户不再需要兑换外币，在结账时使用微信支付，系统将自动使用外币支付，省去了兑换货币的麻烦。

5.3.3 其他电子支付方式

随着网络的发展，越来越多的新型电子支付方式应运而生，例如电视银行就是目前正在发展中的电子支付方式之一。电视银行是依托数字电视运营商的双向数字网，以有线电视机与机顶盒作为客户终端，以电视遥控器作为操作工具的“家居银行”。通过技术创新，增加浏览器软件二次加密技术，保证了客户信息的安全，解决了跨系统、跨网络的数据安全问题，使广大市民在欣赏电视节目的同时，足不出户就可以享受费用缴纳、电视购物、银行资金转账等现代金融服务。

本章习题

一、单选题

1. 以下属于传统支付方式的是（　　　）。

 A. 储值卡   B. 现金

 C. 虚拟卡   D. 电子现金

2. （　　　）是指消费者、商家和金融机构三者之间通过网络进行的货币支付或资金流转。

 A. 网络交易   B. 电子支付

 C. 即时支付   D. 即时金融

3. （　　　）就是允许用户使用其移动终端（包括智能手机、PDA、移动 PC 等）对所消费的商品或服务进行款项支付的方式。

 A. 移动支付   B. 电子支付

 C. 即时支付   D. 电子支票

4. （　　　）机，是一种高度精密的机电一体化装置，利用磁性代码卡或智能卡实现金融交易的自助服务，代替银行柜面人员的工作。

 A. POS 机   B. PAD

 C. 电子钱包   D. 自动柜员机

5. （　　　）是国内领先的独立第三方支付平台，由阿里巴巴集团创办，致力于为中国电子商务提供"简单、安全、快速"的在线支付解决方案。

 A. 支付宝   B. 储值卡

 C. 微信支付   D. 卡拉卡

二、多选题

1. 第三方网上支付大致可分为（　　　）这两种模式。

 A. 支付网关模式   B. 分期支付模式

 C. 信息支付模式   D. 账户支付模式

 E. 借贷支付模式

2. 电子支付方式包括（　　　）。

 A. 银行卡网上支付   B. 移动支付

 C. 第三方网上支付   D. 销售网点终端支付

 E. 自动柜员机支付

3. 电子支付工具包括（　　　）。

 A. 电子支票   B. 电子现金

 C. 信用卡   D. 储值卡

E. 虚拟卡

4. 信用卡的特点（　　）。

    A. 享有资金上的优惠　　　　　　B. 适用范围广

    C. 易于携带，使用方便　　　　　D. 积累个人信用

    E. 安全性强

5. 电子支付的特点（　　）。

    A. 通信手段更加先进　　　　　　B. 支付方式数字化

    C. 容易被窃取，不安全　　　　　D. 开放的系统平台

    E. 复杂烦琐

三、名词解释

    1. 电子支付　　　　　　　　2. 信用卡

    3. 电子支票　　　　　　　　4. 电子现金

    5. 虚拟卡

四、简答及论述题

    1. 电子支付的特点主要有哪些？

    2. 电子支付系统的基本构成有哪些？

    3. 电子支付系统具有哪些功能？

    4. 试论述第三方网上支付的模式。

    5. 试论述电子支票的特点。

案例讨论

“刷脸”支付有望迎来大规模商用

作为人脸识别技术广泛应用的一种方式，“刷脸”支付在 2018 年全面提速商用，正不断融入日常生活之中。2019 年以来，随着 AI 技术的不断落地，以“刷脸”支付为代表的生物支付将成为主流，并有望在实体店里迎来大规模商用，“靠脸吃饭”的时代或许为时不远。

“刷脸”支付在我国多地开始实施，有“刷脸”功能的自助收银机在零售、餐饮、医疗等大型商业场景中得到使用。与扫描二维码等移动支付方式相比，“刷脸”支付的使用更为方便，效率更高，确实解决了一些现有的痛点。

尽管如今移动支付已经相当普及，但在线下场景用户常会遇到不方便掏手机的时候，比如手里拿着很多东西、抱着孩子等，或者在用户忘带手机、手机没电等情况下，“刷脸”支付能够为用户提供更便利的选择。

而从商家角度来看，“刷脸”支付降低了人力成本，提高了一定的支付效率。

对于用户普遍关心的安全性问题，业内专家认为，“刷脸”相比指纹支付，安全性

能更为可靠。蚂蚁金服资深算法专家李亮表示，通过软硬件的结合，智能算法与风控体系综合保证准确性和安全性，目前识别的准确率为 99.99%。

当下人工智能大潮中，人脸识别技术是最早走向应用的技术之一。其应用场景日益丰富，并不断刷新着人们的想象力。商汤科技工程院院长沈徽分析，就"刷脸"技术而言，我国目前在应用落地方面走在前列，底层技术也在不断加速。应用场景的丰富和行业需求的高涨，使得人脸识别技术能够在更多行业落地。

不过，相比其他"刷脸"应用的普及程度，"刷脸"支付的商业化进程则略显滞后，难点在于支付环节的应用安全性要求更高、线下场景更为复杂，以及公开环境、公共设备的挑战更大。

资料来源：36 氪。

⑦ 思考讨论题

"刷脸"支付的能否取代二维码扫码支付成为一种主流的支付方式？为什么？

第6章 电子商务物流

本章导读

物流是决定企业电子商务成败的关键，没有一个高效、畅通的物流体系，电子商务就难以发挥其独特的优势。本章首先对电子商务物流进行了简单的介绍，接着主要介绍了电子商务物流的模式和配送，最后重点阐述了现代物流技术在电子商务物流中的具体应用。通过对本章的学习，读者能够对电子商务物流体系有一个较为全面的认识和理解。

问题导引

为什么说物流是决定企业电子商务成败的关键？

现代物流有哪些特征？

电子商务企业如何选择不同的物流模式？

如何理解第四方物流的概念？

如何开展电子商务物流配送活动？

主要的电子商务物流技术都有哪些？

知识结构图

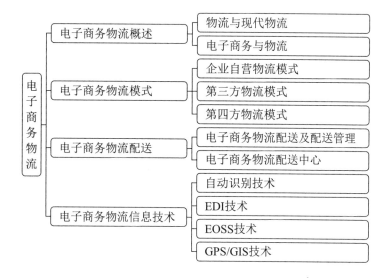

开篇引例

盒马鲜生的商品配送

"日日鲜"是盒马鲜生的自营品牌。日日鲜售卖的产品只在当天售卖,当天没有卖出的商品当天就要被店员按规章处理掉。去过盒马鲜生的顾客都知道,在逛超市的时候,头顶上方有多条轨道,上面挂着的盒马鲜生购物袋来来回回快速穿梭,那就是盒马鲜生配送的取货渠道之一。用户进入其官方软件下单购物、店员根据订单,直接从货架上拿,然后放进购物袋中,送上传送带。一个订单被分成几个取物区,每一个店员负责一个区域,有条不紊,减少配送时间。最后汇总到后台打包。没有后置仓库,分拣好的商品再由盒马鲜生的配送员送往顾客家中。那么在天猫购买让快递公司快递员配送与在盒马鲜生购买让盒马配送员配送有什么区别呢?几乎没差别。只是配送人员、公司不同罢了。货架上顾客能看到的商品就是盒马所有的库存,一天员工就要补好几次货。最大程度地保证新鲜,减少运输环节。

资料来源:蔬东坡。

6.1 电子商务物流概述

电子商务的发展给贸易方式、消费方式和服务方式带来了巨大的变化。这就要求包括物流、商流、资金流、信息流相结合的电子商务物流体系的建设要适应电子商务的发展。2020 年我国电子商务交易额为 37.21 万亿元，比上年增长 4.5%。电子商务的发展为物流业的发展提供了空前的机遇。

6.1.1 物流与现代物流

1. 物流的含义

根据我国 2001 年颁布的《中华人民共和国国家标准物流术语》对物流的定义，物流是指物品从供应地向接收地的实体流动过程中，根据实际需要，将运输、储存、装卸、搬运、包装、流通加工、配送、信息处理等基本功能实现有机结合。

该定义强调了物流是一个由有多种活动要素所构成的过程，而不仅仅是商品运输这一个环节。这可能与我们大多数人的认识不太相同。

物流的发展大致可以分为以下三个阶段：

（1）传统物流阶段。传统物流的作用领域以商品的销售作为主要对象，具体完成将生产的商品送交消费者的过程中所发生的各种活动，包括公司内部原材料的接收和保管，产成品的接收和保管，工厂内部及物流中心的运输等。

（2）综合物流阶段。综合物流大大拓宽了传统物流的领域和功能，将原材料的采购、商品的生产、传统物流和商品的销售等予以综合的考虑，对从采购原材料开始到最后将产品送交顾客这一物流的全过程进行综合一体化管理。

（3）现代物流阶段。社会生产和科学技术的发展使物流进入了现代物流的发展阶段，其标志是物流活动领域中各环节的技术水平得到不断的提高。

2. 现代物流的功能要素与特征

（1）现代物流的功能要素

现代物流业是一个融合了运输业、仓储业、信息业等产业的复合产业，物流的功能也是由与物流活动相关的运输、仓储等各种活动共同实现的。因此，现代物流的功能要素包括运输、仓储、包装、流通加工、装卸、配送及物流信息等。各种物流功能的构成要素是物流功能实现的根本保证，各种功能之间不是独立的，而是相辅相成的，只有各种功能之间相互协调，有机结合才能有效地提高物流效率，降低物流成本。

（2）现代物流的特征

随着现代物流技术和市场需求的不断发展，物流业取得了长足的进步。与传统的物流业相比现代物流具有如下特征：

1）物流反应快速化。激烈的市场竞争要求物流服务在速度上再上新台阶。物流服务提供者对上游、下游的物流、配送需求的反应速度越来越快，前置时间及配送间隔越来越短，物流配送速度越来越快，商品周转次数也越来越多。

2）物流功能集成化。现代物流着重于将物流与供应链的其他环节进行集成，包括：物流渠道与商流渠道的集成、物流渠道之间的集成、物流功能的集成、物流环节与制造环节的集成等。物流功能的集成包含生产、管理和商务等方面，是一项综合性的系统工程。

3）物流技术现代化。物流业的快速发展依赖于先进的技术与设备的使用和现代化管理手段的应用。计算机技术、通信技术、语音识别技术等在物流业中得到普遍应用，实现了物流系统的自动化、机械化、无纸化和智能化。此外，由于计算机信息技术的应用，物流服务的需求方与供给方之间的联系愈加密切，物流过程中的库存积压、延期交货等问题大量减少，从而大大提高了物流活动的效率。

4）物流过程绿色化。采用可降解材料制造包装，减产永久性固体废料。推广托盘、包装箱、货架标准化，提高重复利用率。缩短供应链，降低包装材料的使用量。

5）物流活动国际化。经济全球化的发展，企业面对的不再是地区的、国内的市场，而是面向全球的市场，在全球范围配置资源和销售产品与服务。因此，其物流的需求与选择也超出了国界，放眼于全球市场范围。

6.1.2 电子商务与物流

电子商务的出现大大地推动了物流产业的发展，物流业的快速发展也为电子商务的发展提供了有力的保障。

1. 物流在电子商务中的地位和作用

物流是实现电子商务的根本保证。在电子商务中，要在虚拟的网络卖场获得现实的物品，当然离不开物流。电子商务的发展带来了交易方式，特别是流通模式的创新。在电子商务的发展中，物流的作用至关重要。没有一个高效、畅通的物流体系，电子商务就难以发挥其独特的优势。

（1）高效的物流体系保障了电子商务的市场范围

随着经济国际化的发展，尤其是我国加入 WTO 后，电子商务的应用更加重视跨区域物流，甚至是跨国物流。只有建立完善的物流系统，才能保障电子商务中跨国物流、跨区物流的顺利实现，真正扩大电子商务的市场范围。

（2）物流支持电子商务的快速发展

通过互联网，电子商务中的信息流、商流和资金流的问题得到了更高效的解决。但只有将商品安全、及时、准确地送到消费者手中，电子商务过程才宣告完成。因此，物流系统效率的高低是电子商务成功与否的关键，只有不断地提高物流系统的效率，才能保证电子商务的快速发展。

2. 电子商务对物流业发展的影响

（1）电子商务扩大物流业市场范围

电子商务是一场空前的商务革命，开辟了网上商业市场，给物流产业的发展提供了有力的市场保障。电子商务贸易没有地域与国界之分，互联网可以在瞬间使处于全球任何两点的买卖双方达成交易，但买卖的成交最终要依赖于物流的实现。在未来几年的电子商务交易额将以数十倍的速度增加，物流量也将随之以这个速度递增。

（2）电子商务带动物流实现信息化、自动化和智能化

电子商务能保证企业与各级客户间的即时沟通，这就要求物流系统中每一个功能环节的即时信息支持。在信息化的基础上，物流才能实现自动化，从而大大地提高物流的效率。物流的智能化也已成为电子商务下物流发展的一个新趋势，电子商务存在使企业可以寻求物流的合理化，使商品实体在从销售者到购买者的运动过程中达到效率最高、距离最短、时间最少的要求。

（3）电子商务改变物流企业的竞争状态

电子商务时代，物流企业的竞争状态发生了变化。以往物流企业之间的关系是单纯的竞争，各个物流企业为了在竞争中生存，所采取的往往是压缩物流成本，提高服务水平等手段。在电子商务时代，商品交易突破了时间与空间的限制，这就需要建立一个全球性的物流系统来保证商品的顺利流通，单个物流企业很难满足这一要求。在这一前提下，物流企业的关系将由以前的单纯竞争转化为协作竞争，通过协作满足全球化物流的需求。

（4）电子商务促进了物流设施的改善和技术与管理水平的提高

基础设施建设是物流业提高效率的基础，但是仅有基础设施是不够的。电子商务高效率和全球性的特点也要求物流业技术水平和管理水平的提高。只有基础设施、技术水平与管理水平协调发展，才能确保物流的畅通进行，实现物流的合理化和高效化，促进电子商务中物流的发展。

6.2 电子商务物流模式

电子商务物流模式是指在电子商务环境下的企业物流方式的选择，包括企业自营物流、第三方物流、第四方物流等模式。

6.2.1 企业自营物流模式

1. 自营物流的含义

企业自营物流即企业自己开展物流活动。在电子商务发展的初期，电子商务企业规模不大，从事电子商务的企业多选用自营物流的方式，他们自行组建物流配送系统，经营管理企业的整个物流运作过程。在自营物流模式下，企业会自建仓库组建运输车队，也会向仓储企业购买仓储服务，向运输企业购买运输服务，但是这些服务都只限于一次或一系列分散的物流功能，而且是临时性的纯市场交易的服务。

2. 自营物流的优势

（1）掌握控制权。企业自营物流，可以对物流活动的各个环节进行有效的调节，对企业整体的物流运作系统进行全程控制；能够快速、准确地取得整个供应链以及最终

顾客的第一手信息，及时解决物流活动的过程中出现的问题，实现企业内部物流及外部物流的协同管理。

（2）避免商业秘密的泄露。企业在正常的商业生产与运营中，都会存在一些不愿向外公开的商业秘密，比如原材料的构成、生产工艺等等，这些商业秘密是企业构建不同于竞争对手的核心竞争力的根本。企业将物流业务外包给第三方物流供应商时，尤其是生产环节中的内部物流外包，就可能会导致商业秘密外泄，削弱企业的竞争能力。因此，很多企业为了防止商业秘密外泄，选择自营物流的模式。

（3）降低交易成本。选择物流外包，企业很难全面掌握第三方物流服务提供商的完整、真实的信息。选择自营物流，企业自己完成物流业务，可以通过内部行政权力控制原材料的采购和产成品的销售，而不必与物流供应商进行运输、仓储、配送和售后服务等问题的谈判，避免了交易结果的不确定性，降低交易风险，减少交易费用。

（4）提高企业品牌价值。企业选择自营物流，自主控制生产经营中的物流环节，可以更近距离地与顾客接触与沟通，使顾客以最近的距离了解企业、熟悉产品，提升企业形象；同时，企业自营物流可以掌握最新、最全面的市场信息和顾客的动向，从而及时调整经营战略方案，增强企业的竞争力。

3. 自营物流的劣势

（1）资源配置不合理。运输和仓储是物流活动最主要的环节，企业自营物流必须具备与生产能力相符的运输力量和仓储容量。企业为了维持物流系统的运转，需要花大量的人力、财力及物力，这必然减少企业其他重要环节的投入，分散了企业的资本，削弱企业的市场竞争能力，不利于企业抵御市场风险。

（2）企业物流效率低下。相对于第三方物流公司提供的专业化物流服务而言，企业自己开展物流活动的效率较低。通常来看，物流并不是企业所擅长的活动，再加上缺乏专业的物流工具与技术的缺乏和物流管理水平的相对落后，导致企业的物流活动效率低下。

（3）物流成本较高。企业自营物流，由于物流规模较小，专业化程度低，很难形成规模效应，导致物流成本过高。物流成本是产品总成本的一部分，尤其是在我国的企业中，物流成本居高不下导致产品成本升高，市场竞争力降低是很常见的现象。

6.2.2 第三方物流模式

1. 第三方物流的含义

2001 年，我国公布的国家标准《物流术语》中将第三方物流定义为："由供方与需方以外的物流企业提供物流服务的业务模式"。第三方物流是相对于"第一方"发货人和"第二方"收货人而言的，是指由发货人和收货人之外的第三方来完成物流服务活动，满足物流服务需求的物流运作模式。第三方物流提供商通过与第一方或第二方的合作来提供专业化的物流服务，他不拥有商品所有权，不参与买卖过程。

第三方物流的产生是社会分工的结果。随着信息技术的发展和经济全球化趋势日益增强，越来越多的企业在全球范围内从事商品的生产流通活动，物流活动日益庞杂，原有的自营物流模式已很难满足经济社会对物流服务的需求。此外，在新型管理理念的影响下，各企业为增强市场竞争力，将企业的资源投入到其核心业务上去，而许多非核心业务从企业生产经营活动中分离出来，其中就包括物流活动。因此，越来越多的企业选择将物流业务委托给第三方专业的物流公司负责。

2. 第三方物流服务的内容

第三方物流企业可以提供多种服务，既可以是简单的货品存储、运输等服务，也可以是复杂的物流设计、实施和运作乃至整个物流体系建设等服务。到底提供什么样的服务，这取决于客户的具体需求。

（1）基本业务。第三方物流企业通过自建或整合外部物流资源，向顾客提供诸如仓储、运输、装卸搬运、配送等基本物流服务，这类服务是第三方物流企业的基本业务。

（2）附加值业务。除基本业务外，第三方物流企业还可为客户提供增值服务。其增值服务主要是对仓储、运输、配送等基本物流服务的延伸，如在提供仓储服务的基础上增加商品质检、自动补货等服务；在提供配送服务的基础上增加集货、分拣包装、贴标签等服务；在提供运输服务的基础上增加运输方式和运输路线选择、配载、运输过程中的监控、跟踪等服务。

（3）高级物流服务。随着市场对物流需求的变化，第三方物流企业还可为客户从供应链角度对物流进行一体化整合和集成，如库存管理与控制、采购与订单处理、构建物流信息系统、物流系统的规划与设计、物流系统诊断与优化等。

3. 第三方物流的特征

（1）个性化服务。每个物流服务需求者对物流服务的需求都是独特的，这就要求物流服务供应商为其提供个性化的物流服务。从客户的具体需求出发，选择和组合仓储、运输、包装、配送、信息处理、流通加工等物流活动；并根据所运的特点选择运输工具、运输路线、堆放方式、包装方法等。

（2）专业化服务。第三方物流企业是专门从事物流服务的生产与经营，为客户提供专业化的物流服务的企业。其服务的专业化表现在物流设施的专业化，物流技术的专业化，物流管理的专业化及物流人才的专业化等方面。这既是物流消费者的需求，也是第三方物流自身发展的基本要求。

（3）系统化服务。物流服务是复合型服务，只能提供运输、仓储等单一性服务的企业不能称为物流企业。第三方物流企业必须要能为物流服务的需求者提供包括基本业务、附加值业务乃至高级物流业务在内的各种服务。

（4）信息化服务。信息技术是第三方物流发展的基础。物流服务过程中，信息技术的发展实现了数据的快速、准确传递，也提高了仓库管理、装卸运输、采购、订货、配送发运、订单处理的自动化水平，极大地提高了物流效率。第三方物流企业常见的信息技术有：EDI 技术、地理信息系统（GIS）、全球卫星定位系统（GPS）、智能化交通系统（ITS）等。

4. 第三方物流在我国的发展

20 世纪 90 年代中期，第三方物流的概念开始传到我国。近几年，随着市场经济体制的完善和企业改革的深入，企业自我约束机制增强，外购物流服务的需求日益增大。特别是随着外资企业的进入和市场竞争的加剧，企业对物流重要性的认识逐渐深化，视其为"第三利润源泉"，对专业化、多功能的第三方物流需求日渐增加。

我国较早的第三方物流企业多为传统仓储和运输企业转型而来。目前，我国第三方物流企业仍以运输、仓储等基本物流业务为主，加工、定制服务等增值服务发展相对缓慢。从整体上看，企业规模不大，服务水平不高，第三方物流还只停留在某个层面或某个环节上，没有实现从原材料供给到商品销售整个供应链的全程服务。

6.2.3 第四方物流模式

1. 第四方物流的含义

1998 年，美国埃森哲咨询公司提出了第四方物流的概念。第四方物流提供者与第一方物流、第二方物流及第三方物流供应商的最大不同在于，他本身不承担具体的物流活动，他是一个供应链的集成商，通过调配和管理公司自身，以及具有互补性的服务供应商的资源、能力和技术，为客户提供一整套综合的供应链解决方案。

2. 第四方物流的特征

（1）资源集成。第四方物流的出现弥补了物流发展过程中的缺陷，采用供应链集成模式，依靠包括技术、管理咨询和第三方物流等服务商，整合相关物流资源，为物流服务的需求方提供整套的有针对性的供应链物流解决方案。

（2）价值增值。物流运营成本是企业运营成本的重要组成部分，第四方物流供应商通过整合供应链，提高物流运作效率、降低物流运营成本，能够为整条供应链的所有客户都带来利益，增加价值。

（3）标准化运营。物流是一个系统，标准化的运营能大大提高系统内部的运营效率，降低运营成本。第四方物流的发展应注重技术标准、工作标准的统一，以系统为出发点，研究各分系统与分领域中技术标准与工作标准的配合性，以实现提高效率降低成本的目标。

3. 第四方物流的运作模式

协助第三方物流公司提高运营效率。以这种模式运营的第四方物流公司是为第三方物流供应商提供服务的，他为第三方物流公司提供其缺少的技术和战略技能。

协助物流服务需求方设计物流方案。以这种模式运营的第四方物流公司主要是为物流服务需求方提供服务的，他与第三方物流提供商及其他物流服务提供商联系，为物流服务需求者设计合理物流方案，提高物流运作效率。

协助供应链成员运作供应链，实现产业革新。第四方物流服务商通过整合技术、管理咨询和第三方物流等服务商，为众多的产业成员运作供应链。

4. 第四方物流与第三方物流的主要区别

第三方物流发展历史长，理论与实践经验比较成熟，第四方物流则发展历史较短。第三方物流公司一般拥有提供物流服务所必需的固定资产和设备。第三方物流供应商为客户提供所有的或一部分供应链物流服务。第三方物流公司提供的服务既可以是帮助客户安排一批货物的运输，也可以复杂到设计、实施和运作一个公司的整个分销和物流系统。第四方物流供应商是供应链的集成者，通过对整个供应链的优化和集成来降低企业的运行成本。

6.3 电子商务物流配送

6.3.1 电子商务物流配送及配送管理

1. 配送的含义

配送是指在经济合理区域范围内，根据客户的要求，对物品进行拣选、加工、包装、分割、组配等作业，并按时送达指定地点的物流活动。配送是物流活动的主要功能要素，属于末端物流。配送几乎包括所有的物流功能要素，是物流活动的一个缩影或某个小范围中物流活动的完全体现，因此有人称配送为"小物流"。一般的配送集装卸、包装、保管、运输于一体，通过这些活动将货物送达目的地。特殊的配送则还要辅之以配送加工活动（如生鲜食品），涉及的范围更广。

配送不能等同于物流。配送强调的是一种小范围、短距离的物流活动。同时，配送的主题活动和一般物流不同：一般物流活动的主要工作是运输和仓储，而配送的主题活动则是分拣配货和短途运输。分拣配货是配送的独特要求，它的实施以送达最终客户为目的并采取与之相适应的方法。

配送的一般流程如图 6-1 所示。

备货 ➤ 储存 ➤ 分拣 ➤ 配货 ➤ 配装 ➤ 运输 ➤ 送达

图 6-1　配送的一般流程图

2. 电子商务物流配送的概念及特征

（1）电子商务物流配送的概念

电子商务物流配送是基于传统物流概念的基础上，利用计算机和互联网技术来完成整个物流过程的协调、控制和管理，是根据用户的订货要求，按照约定的时间和地点将确定数量和规格要求的商品传递到用户的过程，实现了网络前端到最终客户端的所有中间过程的服务。

（2）电子商务物流配送的特征

与传统的物流配送相比，电子商务物流配送具有以下特征：

1）物流配送网络性。一方面电子商务物流配送源于网络，物流配送系统运用计算机通信网络开展工作。物流配送中心通过计算机网络与供应商、制造商及下游顾客进行联系。比如配送中心向供应商提出订单这个过程，就可以使用计算机通信方式；另一方面是物流组织的网络化。如台湾电脑业 90 年代创造的"全球运筹式产销模式"，就是按照客户订单组织生产，生产采取分散形式，将全世界的电脑资源利用起来，采取外包的形式将一台电脑的所有零部件、元器件、芯片外包给世界各地的制造商去生产，然后通过全球的物流网络将这些零部件、元器件和芯片发往同一个物流配送中心进行组装，由该物流配送中心将组装的电脑迅速发给订户。

2）物流配送信息化。条码技术、数据库技术、电子订货系统、电子数据交换、快速反应及有效的客户反映、企业资源计划等新技术在物流管理中的广泛应用，使物流配送的信息化水平大大提高，主要表现为物流配送信息收集的数据库化和代码化、信息处理的电子化、信息传递的标准化和实时化、信息存储的数字化等。

3）物流配送实时性。信息化不仅能让管理者获得高效的决策信息支持，也可以实现对配送过程实时管理。物流信息化和配送数字化、代码化之后，使物流配送突破了时空限制，通过物流信息共享平台，物流服务的需求方和供给方都能及时准确地获取相应的信息，减少了物流配送过程中的不确定性，实现对物流配送活动的全程监控。

4）物流配送个性化管理。随着市场的变化，物流服务提供者面对的市场需求转化为以"多品种、小批量"为特点的个性化需求，还有些物流服务的需求方对物流服务提出一些独特的要求。因此，作为一种新型的运输服务类型，满足个性化的配送需求是电子商务物流配送的重要特性之一。

5）物流配送增值性。电子商务物流配送除了可以完成传统的分拣、备货、配货、加工、包装、送货等作业以外，还可以利用计算机和网络完成市场调研、采购及订单处理、物流方案的规划与选择、库存控制决策等附加功能。

3. 电子商务物流配送模式

配送模式是指企业对配送所采取的基本战略和方法。目前，主要存在以下三种电子商务物流配送模式：

（1）自营物流配送模式

自营物流配送模式由生产企业或连锁经营企业创建自营配送中心，只为本企业的生产经营提供配送服务。较典型的例子是连锁企业的配送。这种"自给自足"的配送模式，容易造成资源浪费。

（2）共同配送模式

共同配送模式是若干相关联或相类似的企业在充分挖掘利用企业现有物流资源基础上，联合创建配送组织的形式。这是一种配送经营企业为实现整体的配送合理化，利用区域网络及相应物流配送信息系统，以互惠互利为原则，互相提供便利配送服务的协作型配送模式。

（3）第三方配送模式。即由物流劳务的供方和需方之外的第三方提供服务的配送运作模式，是专业化的物流中心和配送中心在一定市场范围内提供物流配送服务以获取盈利和自我发展的物流配送模式。

4. 电子商务物流配送管理

相比传统配送模式，电子商务极大地压缩了供应链，减少了中间流通环节，直接面对客户，这带来了配送流程的变化：传统模式下，商品从生产厂商配送到批发商或者零售商，然后再由零售商交付给终端购买客户；商品在配送的过程中很少有拆零配送，大多是整箱整批配送。而在电子商务模式下，订单呈现多批次、小批量的特点，仓库或配送中心需要进行大量的拆零拣选。另外，相对于传统模式，在电子商务模式下，前端销售平台（网站）上的商品可以极大扩充，增加品类，而后端的仓库则需设置各类商品的合理库存。因此，尽管电子商务物流配送流程与传统配送的环节类似，但其作业管理的内容和重点却存在差异。

电子商务物流配送管理主要包含：进货入库作业管理、在库保管作业管理、加工作业管理、理货作业管理及配货作业管理。

（1）进货入库作业管理

进货入库作业主要包括收货、检验和入库三个流程。收货是指电子商务企业向供应商发出进货指令后，配送中心对运送的货物进行接收。收货检验工作一定要谨慎，因为一旦商品入库，配送中心就要担负起商品的完整责任。配送中心收货员应做好以下准备工作：及时掌握电子商务企业计划进货量、可用空储仓位、装卸人力等情况，并与有关部门、人员沟通，做好接货计划。检验活动包括核对采购订单与供货商发货单是否相符、开包检查商品有无损坏、对商品进行分类、比较所购商品的品质与数量比较等。经检查准确无误后方可在厂商发货单上签字将商品入库，并及时登录有关入库信息，转达采购部，经采购部确认后开具收货单，从而使已入库的商品及时进入可配送状态。

配送中心进货作业流程图如图6-2所示。

（2）在库保管作业管理

商品在库保管的主要目的是加强商品养护，确保商品质量安全；同时还要加强储存位置合理化工作和储存商品的数量管理工作，商品储存位置合理与否、商品数量管理精确与否将直接影响商品配送作业效率。

商品储存位置可根据商品属性、周转率、理货单位等因素来确定；储存商品的数量管理则需依靠健全的商品账务制度和盘点制度。目前，新型电子商务配送中心已经实现了仓储管理的自动化控制，保管差错率极低。

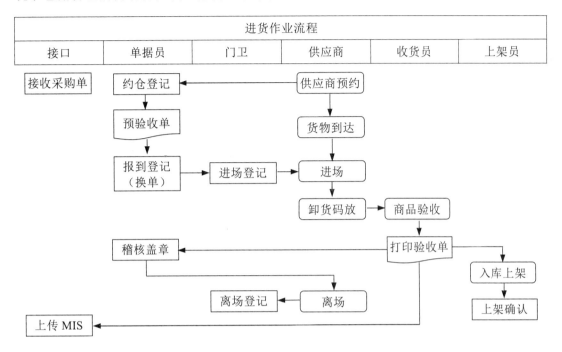

图 6-2 配送中心进货业务流程图①

（3）加工作业管理

加工作业管理主要是指对即将配送的产品或半成品按销售要求进行再加工，包括：分割加工、分装加工、分选加工、促销包装、贴标加工。加工作业完成后，商品即进入可配送状态。

（4）理货作业管理

理货作业，即配送中心接到配送指示后，及时组织理货作业人员，按照出货优先顺序、储位区域别、配送车辆趟次别、门店号、先进先出等方法和原则，把配货商品整理出来，经复核人员确认无误后，放置到暂存区，准备装货上车。

理货作业主要有两种方式，一是"播种方式"，二是"摘果方式"。播种方式是把所要配送的同一品种货物集中搬运到理货区，然后按每一货位（通常按门店区分）所需的数量分别放置，直到配货完毕。这种方式适用于货物较易移动、门店数量多且要货量较大的情况。摘果方式是搬运车辆巡回于保管场所，按理货要求取出货物，然后将配好的货物放置到指定的位置，或直接发货。摘果方式适用于商品不易移动、门店数量较少且要货比较分散的情况。在实际工作中，可根据需要采用其中一种方法或两种方法同时运用。

---

① 王绍军. 电子商务与物流（第 3 版）[M]. 上海：上海交通大学出版社，2012：112.

（5）配货作业管理

配送作业过程包括计划和实施两个阶段。配送计划是根据配送的要求，事先做好全局筹划并对有关职能部门的任务进行安排和布置，主要包括制订配送中心计划；规划配送区域；规定配送服务水平等，以此来决定配送时间，选定配送车辆，规定装车货物的比例和最佳配送路线、配送频率。配送计划制订后，需要进一步组织落实，完成配送任务。首先将到货时间、到货品种、规格、数量以及车辆型号通知各门店做好接车准备；同时向各职能部门，如仓储、包装、运输及财务等部门下达配送任务，各部门做好配送准备，然后组织配送发运。理货部门按要求将各门店所需的各种货物进行分货及配货，进行适当的包装并详细标明门店名称、地址、送达时间以及货物明细，按计划将各门店货物组合、装车，运输部门按指定的路线运送至各门店，完成配送工作。

各门店在收到货物后，安排人员分区域派送，直至送达最终消费者手中。

6.3.2 电子商务物流配送中心

1. 配送中心的概念

根据物流企业操作指南对配送中心的定义，配送中心是指接受并处理末端用户的订货信息，对上游运来的多品种货物进行分拣，根据用户订货要求进行拣选、加工、组配等作业，并进行送货的设施和机构。

配送中心是从事货物配送活动的场所，集加工、理货、送货等多种职能于一体。配送中心的功能主要有核心功能、基础功能和其他功能。

（1）核心功能。

1）与分拣作业有关的核心功能：分拣功能和理货功能

分拣功能，是指在配送之前将货物按照不同的要求，分别拣开、集中在一起。例如，快递公司分拣快递包裹按送达目的地分开，是典型的分拣作业。在商品批次很多、批量很小、客户要货时间很紧时，分拣任务十分繁重，分拣作业就成为配送中心不可缺少的一个环节。

理货功能，是指在分拣完成以后，配送中心要按照订单对分拣后的货物完成查点数量、检查外观、分类集中等作业活动。

2）与配送有关的核心功能：分装、配货功能和送货功能

分装、配货功能。分装、配货是指把经过分拣和检查的货物，包装并做好标示，送到配货准备区，等待装车发送的活动。配送中心的分装、配货可以满足用户多批次、小批量的进货要求，将不同客户所需要的货物进行有效的组合包装，依据送货次序在配送车辆上进行有效的码放。

送货功能。送货功能是配送中心的末端职能，配送运输中的关键问题在于最佳路线的设计与选择及货物配装与路线的有效搭配。

（2）基础功能

1）与流通有关的基础功能：采购功能、集货功能

采购功能。要做到及时准确地为用户供应其所需物品，配送中心必须首先采购所要供应配送的商品。配送中心须根据市场的供求变化，制订采购计划，并由专门的人员与部门组织实施采购。

集货功能。为了能够按照用户的要求配送货物，配送中心首先必须从众多的供应商处按各用户的需要组织货源。集货功能是配送中心的基础职能，是配送中心取得规模优势的基础。

2）与储存保管有关的基础功能：储存功能、保管功能、装卸搬运功能

储存功能。配送中心要能在用户规定的时间和地点把商品送到其手中，就必须储存一定数量的商品。无论何种类型的配送中心，储存功能都是其最重要的功能之一。

保管功能。商品保管的主要目的是加强商品养护，确保商品质量。同时还要加强储位合理化工作和储存商品的数量管理工作。这些都直接影响商品配送作业效率。

装卸搬运功能。配送中心的各项工作都需要装卸搬运的帮助，它是配送中心的基础性职能，有效的装卸搬运能大大提高配送中心的工作效率。配送中心为了提高装卸搬运作业效率，通常配有各种专业化的装卸搬运机械。

（3）其他功能

1）与运输有关的其他功能：集散功能、衔接功能

集散功能。是将不同企业的各种产品货物集中到一起，经过分拣、配装，形成经济、合理的配货向各家用户发送。

衔接功能。配送中心衔接着生产与消费，它通过集货和储存平衡供求，且能有效地协调产销在时间、空间上的分离。

2）与提升物品附加价值有关的其他功能：流通加工功能

流通加工功能。配送中心通常配备各种加工设备，具有一定的流通加工能力。配送中心的基本加工功能有拆包、组配、贴标及条码制作等。

3）信息交换和处理功能

完备的信息处理系统使配送中心无论在集货、储存、拣选、流通加工、分拣、配送等一系列物流环节，及物流管理和费用、成本、结算等方面实现了信息共享。配送中心是整个流通过程的信息中枢。

2. 配送中心的分类

（1）按内部特性分类

储存型配送中心是指有很强储存功能的配送中心。我国目前建设的一些配送中心，都采用集中库存形式，库存量较大，多为储存型配送中心。瑞士 GIBA—GEIGY 公司的配送中心拥有世界上规模居于前列的储存库，可储存 4 万个托盘；美国赫马克配送中心拥有一个有 163000 个货位的储存区，他们都属于储存型配送中心。

流通型配送中心。流通型配送中心是以暂存或随进随出方式进行配货、送货的配送中心。日本阪神配送中心只有暂存，大量储存则依靠大型补给仓库。

加工配送中心。配送中心是指可以根据用户的需要对配送物进行加工的配送中心。在这种配送中心内，一般有分装、包装、初级加工、组装产品等加工活动。

（2）按流通职能分类

供应配送中心。供应配送中心是指专门为某个或某些客户组织供应的配送中心。配送中心配送的用户有限并且稳定，用户的配送要求范围也比较确定，且用户多为企业型用户。如为大型连锁超市组织供应的配送中心就属于此类。

销售配送中心。销售配送中心是以销售为目的的配送中心。目前，国内外的配送中心多向销售配送中心方向发展。销售型配送中心的客户一般是不确定的，而且客户的数量很大，每一个客户购买的数量较少。

（3）按配送区域的范围分类

城市配送中心。城市配送中心是以某城市为配送范围的配送中心，这种配送中心可用汽车直接配送到最终用户。他们多从事多品种、小批量、多用户的配送。

区域配送中心。区域配送中心的辐射能力和库存准备能力较强，向区域、全国乃至国际范围的用户配送。

3. 影响配送中心选址的因素

（1）产业布局。配送中心的选址首先要考虑产业布局，这是配送中心高效运转的保障。如制造业服务的配送中心选址应在制造企业集中的区域，农副产品配送中心应选在农副产品的生产及加工基地。

（2）货物分布和数量。货物是配送中心配送的对象，因此，配送中心应该尽可能地与生产地和配送区域形成短距离优化。配送中心选址合理，可以减少输送过程中不必要的浪费。

（3）运输条件。物流配送中心应接近交通运输枢纽，使配送中心形成物流过程中的一个恰当的节点。对于一般的物流配送中心，可选在高速公路、国道、快速道路及城市主干道路附近；对于综合型物流配送中心，应尽可能地选择在两种以上运输方式的交汇地。

（4）政策法规。包括产业政策、土地政策等，既要考虑到现在的发展情况，也要考虑今后的扩展空间。

（5）环保要求。配送中心操作过程可能会给周边居民的生活带来影响，对当地交通也会造成较大的干扰，还要考虑周边的人文环境和城市景观的协调程度，以免给社会带来负面影响。

4. 新型电子商务物流配送中心

从物流配送的发展过程来看，在企业经历了以自我服务为目的的企业内部配送中心的发展阶段后，政府、社会、零售业、批发业以及生产厂商都积极投身于物流配送中心的建设。专业化、社会化、国际化的物流配送中心显示了巨大优势，有着强大的生命力，代表了现代科技物流配送的发展方向，新型物流配送中心将是未来物流配送中心发展的必然趋势。

新型电子商务物流配送中心具有以下特点：

（1）自动化作业

物流配送流程自动化是指货物运送规格标准、货物仓储、货箱排列装卸及搬运等按照自动化标准作业，商品按照最佳路线配送等。新型物流配送业务由网络系统连接，当系统的任何一个终端收到一个需求信息的时候，该系统都可以在极短的时间内做出反应，并可以拟订详细的配送计划，通知各环节开始工作。也就是说，新型的物流配送业务可以实现整个过程的实时监控和实时决策，并且这一切工作都是由计算机根据人们事先设计好的程序自动完成的，这与电子商务的自动化、网络化特征相对应。

（2）快速准确反应

新型物流配送中心对上、下游物流配送需求的反应速度越来越快，前置时间越来越短。在物流信息化时代，速度就是效益，电子商务的快捷性特点，使即刻反应、准确送达更成为物流配送的核心竞争力。例如，新型配送中心基于 RFID 技术的仓库管理，改变了传统的仓库管理方式与流程，通过给货物包装贴上关键因素 RFID 标签，在仓库管理的核心业务流程（出库、入库、盘点、库存控制）上实现更高效、精确的管理。其系统运作过程如图 6-3 所示。

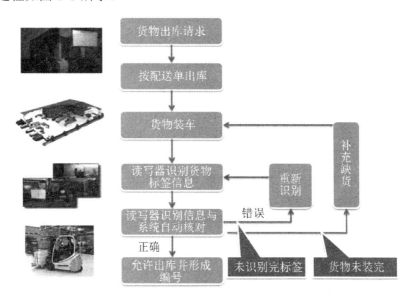

图 6-3 物流配送管理 RFID 系统

（3）整合功能

新型物流配送中心将物流与供应链的其他环节进行整合，形成了以下几种功能：物流渠道与商流渠道的整合；物流环节与制造环节的整合；物流功能的整合；物流渠道之间的整合。

（4）规范化作业

新型物流配送中心强调物流配送作业流程与运作的标准化、程式化和规范化，使复杂的作业简单化，从而大规模地提高物流作业的效率和效益。

（5）系统化目标

不同于传统物流配送仅着眼单个物流配送活动的做法，新型物流配送中心从系统的角度统筹规划整体物流配送活动，不求单个物流配送最佳化，而求整体物流活动最优化，使整体物流配送达到最优化。

（6）市场化经营

新型物流配送经营融入市场机制，无论是企业自己组织物流配送，还是社会物流配送，都实行市场化经营。充分利用市场化这只"看不见的手"指挥调节物流配送，以取得更好的经济效益和社会效益。

建设新型物流配送中心对装备、人员和物流管理水平都有着较高的要求。首先，新型物流配送中心面对的是瞬息万变、竞争激烈的市场以及成千上万的供应厂商和消费者，因此必须配备现代化的物流装备。如电脑网络系统、自动分拣输送系统、自动化仓库、自动旋转货架、自动装卸系统、自动导向系统、自动起重机、商品条码分类系统、输送机等新型、高效、现代化、自动化的物流配送机械化系统。缺乏高水平的物流装备，建设新型物流配送中心就失去了基本条件。其次，建设新型物流配送中心必须配备数量合理的具有物流专业知识的管理人员、技术人员及操作人员，以确保物流作业活动的高效运转。最后，配送中心的管理必须科学化和现代化，只有通过科学合理的管理制度，现代的管理方法和手段，才能确保新型物流配送中心的功能和作用的发挥。

阅读资料 6-1 2020 主流电商的春节物流部署

2020 年春节临近，越来越多的人选择网购年货，而对于消费者关注的春节物流，各大电商都在节前公布了自己的部署和安排。

早在 2019 年 12 月 25 日，京东物流就发布了 2020 年"春节也送货"服务举措：春节期间将依旧保障全国近 300 个城市的照常下单和上门送货服务，在部分核心城市，大年初一也能做到"上午下单、下午送货"。作为业内首家开展"春节也送货"的物流企业，到 2020 年京东物流已经连续八年"全年无休"。国家邮政局公布的数据显示，在 2019 年春节，京东物流等 5 家企业承担了 90% 以上的市场份额，其中京东物流占比最大，成为春节服务的绝对主力。而在 2020 年 1 月 10 日，菜鸟网络也宣布，为了保障消费者在过年期间的网购需求不断档，在 2020 年春节期间，天猫超市、天猫电器城、天猫国际的物流将继续不打烊。其中天猫超市的物流不打烊范围将覆盖全国近 300 个城市。

除此之外，国美安迅物流也宣布：春节期间，国美全国 600 多个城市的 2400 家门店物流服务不打烊，物流不涨价，送装同步将温暖送进用户家中。在苏宁启动 2020 年年货节时，苏宁物流方面也承诺，不打烊、不涨价；在县镇，全国 1500 多家苏宁帮客县镇服务中心，将继续为超 3 万乡镇提供"24 小时送装"服务。

资料来源：物流指闻。

6.4 电子商务物流信息技术

《中华人民共和国国家标准：物流术语》对物流信息技术的定义是：物流各环节中应用的信息技术，包括计算机、网络、信息分类编码、自动识别、电子数据交换、全球定位系统、地理信息系统等技术。

物流信息技术是建立在计算机技术、网络通信技术上的各种技术应用，包括硬件技术和软件技术。物流信息技术具体可以划分为自动识别技术、信息交换技术、电子订货技术和地理分析与动态追踪技术。

6.4.1 自动识别技术

自动识别技术是以计算机技术和通信技术的发展为基础，将数据自动识别、自动采集并且自动输入计算机进行处理。商场的条形码扫描系统就是一种典型的自动识别技术。在物流系统中，基础数据的自动识别与实时采集是其存在的基础，物流产生的实时数据非常密集，数据量非常大。

在现代物流系统中使用的自动识别技术主要有以下几种。

1. 条码技术

条码技术是在计算机应用的基础上产生并发展起来的一种自动识别技术，是现代物流企业最主要的识别手段，是一种对物流中的货物进行标识的方法，在第三方物流企业中得到广泛的应用。除此之外，条形码技术还被广泛地应用于制造企业的供应链管理、库存管理、配送等涉及产品流转的各个环节。条形码的使用大大提高了企业的物流信息化水平，加快了商品流通的速度。

条形码技术具有使用简单、信息采集速度快、可靠性高、设备结构简单、使用成本低、灵活实用等优点，因此是目前世界上应用最广泛的自动识别技术。

目前，条形码技术主要应用在以下几个物流环节：

第一，生产管理。在生产中可应用条形码技术监控生产，采集生产测试数据，采集生产质量检查数据等，条码管理可有序地安排生产计划，监控生产及流向，提高产品下线合格率。

第二，入库管理。产品由生产环节进入流转环节时，物流服务企业或经销商可在产品入库时利用商品上的条形码，录入商品信息，完成产品入库管理，并将商品信息、存放信息存入数据库。

第三，出库管理。产品销售完成后，产品需要从物流企业仓库或经销商处运送至买方，在商品离开仓库时，仓储方可扫描商品上的条码，对出库商品信息进行确认，更改库存数据。对配送的物品进行条码编码，建立自动分拣系统进行分货拣选，可大大提高物流效率。

第四，库存管理。物品入库前进行编码，进出库时读取其条码信息，建立仓储管理数据库，管理者可以随时掌握各类产品进出库和库存情况，及时准确地为决策部门提供有力的参考。比如，大型零售企业通过自动识别技术可以快速、准确地进行库存盘点，有效地提高市场响应速度，降低库存成本。

2. RFID技术

RFID（Radio Frequency Identification，RFID）即射频识别技术，是 20 世纪 90 年代开始兴起的一种自动识别技术。RFID 又称电子标签，是一种通信技术，可通过无线电信号识别特定目标并读写相关数据。RFID 不局限于视线，识别距离比光学系统远。射频识别卡具有读写能力，可携带大量数据，智能化且难以伪造。

典型的 RFID 系统一般由射频电子标签 Tag、读写器、天线及应用系统几部分构成。在实际应用中，电子标签附着于待识别物体上，阅读器（读出装置）在不接触待识别物的情况下读取并识别电子标签中保存的数据，并通过计算机和计算机网络对采集的信息进行处理、存储或远程传送。

射频识别技术具有体积小、信息量大、寿命长、可读写、保密性好、抗恶劣环境强、不受方向和位置影响、识读速度快、识读距离远、可识别高速运动物体、可重复使用等特点，支持快速读写、非可视识别、多目标识别、定位及长期跟踪管理。RFID 技术与网络定位和通信技术相结合，可实现全球范围内物资的实时管理、跟踪与信息共享。

目前，RFID 技术主要应用在以下几个物流环节：

应用于物流器具。由于射频标签价格较高，因此，在物流过程中一般用于可回收托盘、包装箱等物流器具。

应用于生产制造过程。用来实现实时的信息管理，用于生产线准确实时的信息反馈，实现自动控制，从而节省时间和人力。RFID 技术还可以使企业内部的不同生产车间、外部的制造商之间实现无缝的连接，驱动整个供应链的协调一致。不同型号的产品混合编码，通过电子标签内信息的识别，可按加工设备产品的型号完成产品的分类，将产品送入正确的生产线，帮助生产企业提高货物、信息管理的效率。

应用于供应链管理。通过 RFID 技术可使产品及半成品在整个供应链中被精确地识别与跟踪。通过准确、实时的信息反馈，使得生产企业能快速并准确地查到出现问题产品的各种信息。

应用于零售业。商场、超市等渠道终端采用 RFID 技术可以支持商品编码，从而控制商品的库存和避免脱销。

6.4.2 EDI 技术

EDI（Electric Data Interchange）即电子数据交换。它是通过电子方式，采用标准化的格式，利用计算机网络进行结构化数据的传输和交换。EDI 将贸易、运输、保险、银行和海关等行业的信息，用标准格式，通过计算机通信网络，使有关部门和企业之间进行数据处理与交换，并完成以贸易为中心的全部业务过程。

由于本书前文已对 EDI 做过详细的介绍，故在此仅补充一下其在贸易和运输方面的运用。

20 世纪 90 年代初，EDI 主要应用于国际贸易。目前，EDI 在各行各业得到广泛的应用，如商检、税务、邮电、铁路、银行等领域。

在贸易领域，EDI 技术可以将各个贸易伙伴之间的供应、生产、销售、物流等方面有机地结合起来，使这些企业节约成本，利润获得大幅提升。贸易领域的 EDI 业务适用于那些规模较大、具有良好计算机管理基础的制造商和销售商。

在运输领域，通过采用集装箱运输 EDI 技术，可以将各种承运商、运输代理商、港口码头、仓库、保险公司等企业联系在一起，解决传统单证传输模式下处理时间长、效率低下等问题。

在外贸领域，采用 EDI 技术可以实现自动化通关。将海关、商检、卫检部门与企业紧密地联系起来，便于企业完成申报、审批等工作，大大简化了进出口贸易程序，提高了货物通关的速度。

6.4.3 EOS 技术

1. EOS 含义

EOS（Electronic ordering system），即电子订货系统，是不同组织间利用通信网络和终端设备，以在线连接方式进行订货作业与订货信息交换的体系。EOS 能处理从新产品资料的说明直到会计结算等所有商品交易过程中的作业，EOS 涵盖了整个物流过程。

2. EOS 的组成

EOS 系统是指企业间利用通信网络和终端设备以在线联结的方式进行订货作业和订货信息交换的系统。因此，一个 EOS 系统必须有供应商、零售商、计算机系统和网络。供应商主要包括某具体商品的制造者或供应者，如产品生产商、产品批发商等。零售商是指商品的销售者或需求者。计算机系统用于产生和处理订货信息。网络用于传输订货信息，如订单、发货单、收货单、发票等。

3. EOS 的特点

EOS 系统是对企业内部计算机网络应用功能的完善。采用 EOS 系统能及时产生准确的订货信息，并迅速实现零售商和供应商之间的信息传递。EOS 是多个零售商和供应商组成的整体运作系统，电子订货系统在零售商和供应商之间建立起了一条高速通道，使订货过程的周期大大缩短，保障了商品的及时供应，加速了资金的周转。

4. 类型

（1）连锁体系内部的网络型。这种 EOS 系统通常存在于大型连锁机构内部，通过连锁总部的接单电脑系统和连锁门店的电子订货设施传输订货信息。

（2）供应商对连锁门店的网络型。这种 EOS 系统主要包括两种类型，一种是不同连锁体系下属的众多的门店对供应商，由供应商直接处理订单并发货至各连锁门店；另一种是各连锁体系内的配送中心直接向供应商订货，供应商按商品类别向配送中心发货，并由配送中心向连锁门店送货。

（3）标准网络型。这种 EOS 系统是众多零售系统共同使用的 EOS 系统。这种 EOS 系统也包括两种类型，一种是区域性配套的信息管理系统网络；另一种是专业性配套信息管理系统网络。这是高级形式的电子订货系统，必须以统一的商品代码、统一的企业代码、统一的传票和订货的规范标准的建立为前提条件。

5. 配置与使用

第一，硬件配置。要使用 EOS 系统，各销售门店需要具备电子订货终端机、数据机和个人电脑、价格标签及店内码的印制设备等。

第二，确立电子订货方式。常用的电子订货方式有三种：电子订货簿、电子订货簿与货架卡并用及低于安全存量订货法。

6.4.4 GPS/GIS 技术

1. GPS技术

GPS 是 Global Positioning System 的缩写，是利用 GPS 定位卫星，在全球范围内实时进行定位、导航的系统，称为全球卫星定位系统。

GPS 技术的使用可以提供包括定位、导航和测量的空间位置服务。定位作用如汽车防盗、地面车辆跟踪等。导航作用如飞机航路引导和进场降落、智能交通、汽车自主导航及导弹制导等。测量作用主要包括测量时间、速度及测绘等。利用 GPS 定期记录车辆的位置和速度信息可以计算道路的拥堵情况。

2. GIS

GIS 是 Geographic Information System 的缩写，即地理信息系统。它是集计算机科学、地理学、信息科学等学科为一体的新兴边缘科学。它是由计算机硬件、软件和不同的方法组成的系统，该系统设计支持空间数据的采集、管理、处理、分析、建模和显示，以便解决复杂的规划和管理问题。

通过 GIS 技术的使用，可以采集、管理、分析和输出多种地理空间信息。GIS 技术具有区域空间分析、多要素综合分析和动态预测能力。GIS 技术由计算机系统支持进行空间地理数据管理，并由计算机程序模拟常规的或专门的地理分析方法，作用于空间数据，产生有用信息。

阅读资料6-2　京东的可视包裹运输-GIS系统的应用

京东和某提供地图服务的公司合作，将后台系统与地图公司的全球定位系统（GPS）进行关联，在包裹出库时，每个包裹都有一个条形码，运货的车辆也有相应的条形码，出库时每个包裹都会被扫描，同一辆车上包裹的条形码与这辆车的条码关联起来。当这辆车在路上运行时，车载GPS与地图就形成了实时的位置信息传递，与车载GPS系统是一个道理。当车辆到了分拨站点分配给配送员时，每个配送员在配送时都有一台手持的掌上电脑（Personal Digital Assistant，PDA），而这台手持PDA是通过扫描每件包裹的条形码，这个包裹又与地图系统关联，而这个适时位置信息与京东商城的后台系统打通之后开放给前台用户，用户就能实时地在页面上看到自己的订单从出库到送货的运行轨迹。提升用户体验的同时，GIS也提供了物流队伍的实时监控，以及原始的数据以提升整体的物流管理水平。GIS系统使物流管理者在后台可以实时看到物流运行情况，同时，车辆位置信息，车辆的停留时间，包裹的分拨时间，配送员与客户的交接时间等都会形成原始的数据。这些数据经过分析之后，可以给管理者提供更多、更有价值的参考，比如，怎么合理使用人员，怎么划分配送服务人员的服务区域，怎么缩短每单票的配送时间等。通过大量的数据分析，以优化整个配送流程。另外，通过对一个区域的发散分析，可以看到客户的区域构成、客户密度、订单的密度等，根据这些数据进行资源上的匹配。

3. GPS/GIS结合技术

GPS/GIS结合技术可以提供动态的地理空间信息服务，在物流中的应用主要有：

（1）货物位置查询。通过GPS技术实时获取移动目标的位置及运动状态，并能在监控中心和移动目标终端上显示出来，进而可以利用GIS提供的空间检索功能，得到定位点周围的信息，从而实现决策支持。对于调度人员和用户来讲，他们可根据系统提供的参数，随时了解货物当前所处的位置，以及货物到达目的地的时间，便于提前做相应的接货和调度准备。

（2）网络分析。在物流配送过程中，为了达到运输时间或运输成本的最小化，需要计算运输费用最小路径或配送时间最短路径等，GIS的网络分析功能就能满足用户的此项需求，使物流服务商用最少的时间和最低的成本，将货物送到货主手中。

（3）监控导航。通过GPS/GIS技术，用户可查询运输工具运动的实时状态。物流服务公司的监控中心能与运输人员实时通信，并对其进行调度和控制，指引运输人员做相应运输路线的调整，保证最优化运输。

（4）实时调度。通过运输车上配的GPS接收器，可以精确地显示车辆的具体位置。调度管理人员可以根据取货地点，通知最近的司机去取货，大大节省了车辆运转的成本和时间，提高了用户对货物运送的满意程度。

物流系统应用 GIS/GPS 技术，不仅实现了时空数据可视化，更能对实时空间信息进行分析、处理；集成 GIS/GPS 技术的物流配送模式使商品流通更容易实现信息化、自动化和智能化，通过对时空数据的综合统计和分析，为物流管理决策提供强有力的支持，真正做到货畅其流，物尽其用。

本章习题

一、单选题

1. 电子商务的任何一笔交易都由（　　）组成。
   A. 商流、资金流、物流　　　　　　B. 信息流、商流、物流
   C. 信息流、商流、资金流　　　　　D. 信息流、商流、资金流、物流

2. （　　）指由物流的供方、需方之外的第三方去完成物流服务的物流运作方式。
   A. 物流联盟　　　　　　　　　　　B. 供应链
   C. 第三方物流　　　　　　　　　　D. 物流一体化

3. 具有资源集成、价值增值、标准化运营特征的物流模式是（　　）。
   A. 企业自营物流模式　　　　　　　B. 第三方物流模式
   C. 第四方物流模式　　　　　　　　D. 物流联盟

4. （　　）又称电子标签，是一种通信技术，可通过无线电讯号识别特定目标并读写相关数据。
   A. EDI　　　　　　　　　　　　　B. RFID
   C. GIS　　　　　　　　　　　　　D. EOS

5. 配送中心的选址首要要考虑（　　），这是配送中心高效运转的保障。
   A. 产业布局　　　　　　　　　　　B. 货物数量和分布
   C. 运输条件　　　　　　　　　　　D. 政策法规

二、多选题

1. 物流的信息化包括（　　）。
   A. 商品代码和数据库的建立　　　　B. 运输网络合理化
   C. 销售网络系统化　　　　　　　　D. 物流中心管理电子化
   E. 配送中心管理人工化

2. 对物流企业而言，不断提高对客户的（　　）是他们的追求目标。
   A. 服务质量　　　　　　　　　　　B. 信息流量
   C. 服务水平　　　　　　　　　　　D. 业务水平
   E. 营销水平

3. 电子商务物流的三种主要模式是（　　）。

A. 企业自营物流 　　　　　　 B. 第二方物流

C. 第三方物流 　　　　　　 D. 第四方物流

E. 第五方物流

4. 第三方物流的特征包括（　　）。

A. 信息化服务 　　　　　　 B. 个性化服务

C. 专业化服务 　　　　　　 D. 系统化服务

E. 资源集成

5. 电子商务物流配送中心的核心功能是（　　）。

A. 分拣功能 　　　　　　 B. 理货功能

C. 分装功能 　　　　　　 D. 配货功能

E. 送货功能

三、名词解释

1. 物流 　　　　　　 2. 电子商务物流

3. 第三方物流 　　　　　　 4. 配送中心

5. 全球定位系统（GPS）

四、简答及论述题

1. 电子商务对物流业的发展有哪些影响？

2. 企业自营物流主要有哪些优劣势？

3. 条形码技术在物流环节中有哪些应用？

4. 试论述电子商务物流配送的模式。

5. 试论述影响配送中心选址的因素。

案例讨论

顺丰，不做电商局外人

2020 年 2 月，顺丰快递经营数据业绩逆势而上，速运业务量同比上涨 118.89%。同时，顺丰 1 月和 2 月的累计市场份额五年来首次超越韵达、圆通和申通。

"直营"模式运营的顺丰早期由于专注商务件的定位，错过了电商高速发展时期。在竞争此消彼长的环境下，近三年，顺丰都维持着 7.6% 的小规模市场占有率。排名从 2014 年的行业第四降至 2019 年的行业第六。事实上，早在 2013 年 10 月，顺丰就曾高调宣布以"标准件 6 折"的价格杀入电商快递。每个月 2000 票以上的月结客户，可以享受顺丰特惠电商同城件首重 8 元，省内件首重 9 元，省外件首重 10—17 元的优惠。虽然这一价格已经低于顺丰常规定价，但对比之下，同年通达系的单件均价只有 9 元。在顺丰发展电商件的 2014 年，公司的收入虽然增长了 116 亿元，归属母公司的净利润却减少了 13.6 亿元，同比上一年的 18.3 亿元大幅下滑，毛利率也下降了 7.6 个百分点。

2020 年，顺丰 2 月份速运业务总票数达到 4.75 亿票，同比增长 118.89%。1 月和 2 月，其累计市场份额达 15.9%，1—2 月顺丰的速运物流收入累计 198 亿元，同比增长 32%。这一年，顺丰采取两方面行动重新入局电商件市场。特惠专配产品是顺丰的第一个大动作。2019 年 5 月，顺丰为日均货量较大的客户提供特惠专配服务，主攻下沉市场。开展特惠专配后，顺丰的业务量增速 6 月开始明显反弹。8 月，顺丰的业务量增速超过 30%，首次超过行业均值。另一个动作则是顺丰与互联网电商唯品会的合作。2019 年 11 月下旬，唯品会终止旗下自营快递——品骏快递的业务，宣布与顺丰快递达成业务合作，由顺丰公司提供包裹配送服务。订单量上，唯品会全年订单量同比增长 29%，达到 5.66 亿件。顺丰也受益于这一合作。2020 年 2 月，顺丰快递整体份额升至 15.9%，业务量达到 4.75 亿件，同比增长 118.9%，带来收入 86.4 亿元，同比增长 77.3%。

资料来源：腾讯新闻。

? 思考讨论题

请结合案例，分析顺丰快递的成功之道。

第 7 章　网络采购

本章导读

　　本章主要内容包括网络采购的基本概念、形式和与传统采购的区别；网络采购流程；网络采购中供应商的选择；网络采购中应该注意的问题。通过本章学习，读者可以获取全面的网络采购相关知识，了解网络采购与传统采购的异同，从而提升对采购业务的理解。

问题导引

　　网络采购与传统采购有何不同？

　　如何进行网络采购管理？

　　网络采购的流程是什么？

　　如何选择网络供应商？

　　如何保证网络系统的安全性？

　　如何实施网络供应链管理？

知识结构图

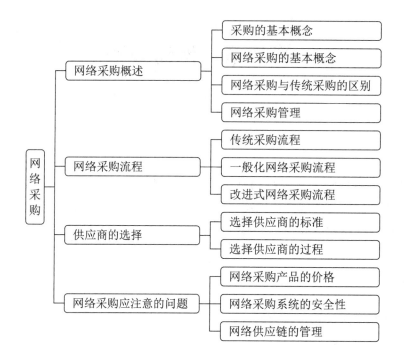

开篇引例

苏宁易购助力政府采购电商化

近年来，随着国家推行电子化采购，政府及企业采购也在进行着从线下到线上的转移。同时，政企采购电商化模式，也将有助于解决公共采购领域质次价高、不透明等问题，让采购更加阳光、透明、高效和便捷。

为顺应政企采购电商化的趋势，2014 年年底，苏宁易购政企频道正式上线。其实在此之前，苏宁易购就已经成为第一批中标的中央政府采购网上商城电商类供应商。从 2015 年开始，苏宁易购先后中标上海、江苏、广州、无锡、莆田等省市级政府采购项目并建立合作关系。同时，与中国联通、国家电网、中储粮、万达、万科、保利地产、兴业银行、洋河集团等央企建立线上采购系统对接。

政企采购一直以来的难点在于商品需求广泛，供应商众多，采购一次商品可能要与上百家供应商联系，仅谈判议价这一过程就非常的烦琐。

苏宁易购政企频道相关负责人表示，苏宁易购作为综合性电商平台，则可以满足政企采购的综合需求，提供一站式整体解决方案，使难题迎刃而解。伴随着苏宁"+商品+渠道+服务"的互联网零售模式的发展，截至 2015 年 6 月，苏宁易购商品库存最小单位（Stock Keeping Unit，SKU）数量达到 1220 万，涵盖大家电、计算机类、通信类、消费类（computer、communication、consumer，统称 3c）电子产品、办公耗材、日用百货、服装箱包、母婴美妆、超市、商旅等品类，可以满足客户在办公采购、员工福利、礼品采购、渠道奖励、市场活动等多方面需求。

据苏宁易购上述负责人介绍，苏宁易购可以为不同类型的政企客户提供定制化的公共采购方案。针对自建采购系统的客户，苏宁易购可以提供应用程序接口（Application Programming Interface，API）系统直连，为客户开放商品、订单、库存、物流等标准服务接口，与客户内部采购系统对接，客户采购人可以通过电脑端、移动端等多种形式登陆采购平台，实现快速下单。针对没有自建采购系统的客户，苏宁易购则帮助其打造专属商品、专属价格、专属下单购物流的线上采购平台，节约采购成本并提升效率。针对中小微企业，苏宁易购则搭建了政企采购频道，其中每月 5 日、20 日定义为企业频道的会员日，聚集绝对优惠爆款商品集中在当日爆发。同时，每月都会精选 500 款企业常用的商品提供企业会员专享价，为企业级采购打造极致的体验。

另据了解，随着苏宁线上到线下（Online To Offline，O2O）模式的深入发展，目前苏宁已经将政企频道和实体门店融合，为客户提供实物展示和体验、一对一推荐、便捷的下单采购以及及时的售后服务。

资料来源：网经社。

7.1 网络采购概述

降低采购成本是企业在激烈的市场竞争中挖掘潜力的重要手段。在当今时代，互联网以其低成本、开放性、全天候、多媒体、交互式等特点，为企业提供了降低采购成本的有效平台，因而备受企业重视。下面就对网络采购的相关知识做一系统的介绍。

7.1.1 采购的基本概念

"采购"二字的本义是指购买者根据自身需要从供应商处购得所需商品的活动。随着全球化竞争的加剧，以及科学技术的迅猛发展，越来越多的企业开始强调资金成本和劳动力成本的最小化，因此，采购不再被视为一项边缘性的工作，而是被提升到战略的高度，甚至被定义为一项新的管理职能，从而成为企业战略资源管理的重要内容。

采购的定义较多，比较有代表性的是美国供应链管理专业协会所推荐的。这个定义由美国供应链展望公司（Supply Chain Vision）创始人凯特·维塔塞克（Kate Vitasek）所提出，Kate Vitasek 认为"采购是企业购买所需物品和服务的职能，包括采购计划、采购活动、存货控制、运输、接受、入库检验等业务活动"。

我国学者赵道致、王振强从战略、运营和作业三个层面给出了更加完善的采购定义，他们提出"在战略层面，采购包括在尽可能大的范围内为企业寻求资源，决定资源获取方式以及选择采购方式；在运营层面，采购包括供应商选择与管理、采购计划、存货控制、价格控制、综合成本控制以及内向运输管理等；在作业层面，采购包括接收、入库验收、货款支付等。采购的目的是要以尽可能低的成本满足企业内、外部客户的需要"。

7.1.2 网络采购的基本概念

网络采购的概念有广义和狭义之分。狭义的网络采购概念主要是指网上采购，是指企业以网络媒体和网络技术为载体，将网上信息处理和网下采购操作过程相结合，通过网络这种成熟、便利的工具寻找资源的采购模式。而广义的网络采购概念则是指基于网络体系和工作流程管理的企业采购解决方案。这种方案将以人工为主的传统采购作业提升为运用互联网技术及相关工具的高度信息化、自动化的采购新方式。广义的网络采购也称为电子采购（Electronic Procurement），本章介绍的网络采购主要是指其广义的概念。

1. 网络采购的形式

荷兰采购和供应链协会的阿尔金（Arjan V. W.）与瑞典林克平大学的尼科莱特（Nicolette L.，2008）将网络采购划分为五种形式，分别是：

（1）电子拍卖（E-Auction）。电子拍卖是通过互联网或者内部网实现的拍卖行为。大多数情况下由买家先出价。电子拍卖的形式多样，要求不一：比如买家可以限制竞价者的数量，决定是否公开竞价者的姓名、限制竞价次数、多方面衡量供应商出价，等等。

（2）电子交易市场（Electronic Marketplaces，EM）。电子交易市场是指买方和卖方通过互联网操作实际交易。电子交易市场也有不同的形式，包括买方市场，卖方市场和中立市场。买方市场是由属于同一行业的买主建立的。卖方市场是由属于同一行业的卖主组建的。中立市场则是由同时为买方和卖方服务的中间商建立的。

（3）有效的消费者回馈（Efficient Consumer Response，ECR）。ECR 是指在同一供应链上的公司紧密合作，以最好的方式满足最终消费者的需求。对消费者的关注可以促使公司优化各种业务流程（例如物流、新产品开发、促销、供应、管理等），所有在链上的合作伙伴都可以大幅度地提高效率并从中受益。四个主要的 ECR 领域是：产品目录管理、物流、信息技术（Information Technology，IT）系统和供应链整合。

（4）联合计划、预测和供给（Collaborative Planning Forecasting and Replenishment，CPFR）。CPFR 是指供应链上的合作伙伴通过电子信息技术交换需求和供给计划，由此可以减少供应链上的缓冲库存，并缩短对最终消费者的交货时间。

（5）供应商关系管理（Supplier Relationship Management，SRM）。供应商关系管理是指通过建立信息系统有效管理与供应商的关系。该管理涉及合同信息、订购信息、已付发票信息、交货信息、供应商表现、价格历史和成本数据。

2. 网络采购的技术支持

网络采购是计算机技术、网络技术、安全技术、密码技术和管理技术等多种技术在电子商务领域的应用，因此要做好网络采购必须依赖以下几种技术。

（1）计算机技术：网络采购全过程的信息传递是离不开计算机的，计算机的硬件性能保证了信息处理的速度，而其软件性能保证了数据的操作。

（2）数据库技术：数据库的作用在于存储和管理各种数据，支持决策，在电子商务和信息系统中占有重要的地位。

（3）金融电子化技术：电子采购过程包括交易双方在网上进行货款支付和交易结算，金融电子化为企业之间进行网上交易提供保证。

（4）网络安全技术：企业通过网络进行采购，在进行合同签订、货款支付过程中，网上信息是否可靠安全是他们关心的内容，而防火墙技术、信息加密与解密技术、数字签名技术等网络安全技术确保整个网络采购过程的顺利进行。

7.1.3 网络采购和传统采购的区别

虽然发展的历史并不长，但是在进入 21 世纪之后，网络采购得到了广泛的应用，越来越多的企业也放弃采取传统的采购模式。德勤咨询公司的高级经理莱恩（Len）曾经提道："在电子商务环境下，传统的采购部门将不复存在，取而代之的将是对供应商加强管理，重点协调与供应商的信息交互，并巩固与供应商的关系。"

1. 网络采购的新特征

（1）竞争战略重点从单纯"物资采购"转向"外部合作资源"获取。传统的采购模式往往把自身的重点放在物资交易上，往往忽略与供应商的战略合作。正因为如此，企业很难与供应商进行系统整合、信息共享，很难分享有效的信息，从而使企业缺乏快速的市场反应能力。

而网络采购流程不仅仅完成了采购活动，而且利用 IT 技术对采购全过程的各个环节进行管理，可以降低成本，整合买家和卖家的资源。随着信息的公开化和透明化，企业和供应商会更容易建立起战略合作关系，长此以往，网络采购活动也会更加密切。

所以，相对于传统的采购模式，网络采购更加看重通过与外部合作来获取资源，更加看重企业与供应商建立起的战略合作关系。

（2）提高流程中的电子商务能力，实现由"为库存采购"向"为订单采购"转移。传统的采购模式中，由于企业缺乏有效的信息共享机制，所以对市场需求以及市场趋势缺乏了解，因此采购部门的采购目的就是补充库存，避免因库存不足造成生产滞后。但是，在很多信息不对称的情况下，企业很可能出现库存积压（市场需求小时）或者无法按照额外订单进行补货（市场需求大时）的情况。

而在网络采购模式下，由于企业可以通过 IT 资源的重新组合和优化，企业和供应商的信息共享和合作能力将得到大幅度的增强，从而实现从"为库存采购"向"为订单采购转移"。但是，这也从另一个方面向企业和供应商提出了更高的要求。

企业必须和供应商建立长期的战略合作伙伴关系，使得采购过程中不需要反复协商和签订合同，从而使采购部门摆脱烦琐的合同管理，将工作重点放在维持供应商关系以及寻找更优秀的供应商上。

企业必须完成与供应商的信息系统整合，通过互联网连接，企业可以影响共享采购计划、制造计划和市场变化等重要信息。

企业必须提高采购的决策流程速度，由于在网络采购情况下，供应商的响应程度会更快，所以需要采购部门准确地根据订单情况选择合适的供应商，提高效率，降低库存积压。

（3）实现价值增值模式的转变，强调在合作导向的流程中实现价值增值。在传统的采购模式中，企业选择供应商的重点在于质量与价格，所以往往关注双方的谈判和讨价还价的能力。在这种模式下，企业和供应商仅仅是买卖关系，价值获取的方式很有限，而且有可能出现因过分追求一次谈判的盈利，而失去一个优秀的合作伙伴的情况，造成长期的利益损失。

而网络采购模式则改变了价值获取途径，通过和供应商建立长远的战略合作，企业能够获得更多除价格以外的利益，比如长期的承诺与质量合作、长期的信息共享、联合开发新产品的机会，等等。企业网站是一个综合性的网络营销工具，在所有的网络营销工具中，企业网站是最基本、最重要的一个。若没有企业网站，许多网络营销方法将无用武之地，企业网络营销的功能也会大打折扣。因此，企业网站是网络营销的基础。

企业网站的网络营销功能主要表现在 6 个方面：品牌形象、产品/服务展示、顾客关系、网上调查、网上合作、网上销售。如果本企业不具备建设独立网站的能力，则通常会选择网上商店模式。建立在第三方提供的电子商务平台上、由商家自行经营网上商店，如同在大型商场中租用场地开设商家的专卖店一样，是一种比较简单的电子商务形式。网上商店既具有通过网络直接销售产品这一基本功能，又是一种有效的网络营销手段。

2. 网络采购的重要性

无论是企业界还是学术界，对于网络采购的重要性都进行了论证。例如，德勤咨询公司的一项调查显示，超过 200 家企业在使用网络采购的最初两到三年内，平均可获得 300% 的回报。在中国，海尔集团在实施电子采购后，采购成本大幅降低，仓储面积减少为原先的一半，降低库存资金约 7 亿元，库存资金周转日期从 30 天降低到了 12 天以下。

总的来说，网络采购的重要性主要体现在以下方面。

（1）降低采购成本。第一，由于网络采购的信息处理和管理都是建立在互联网基础上的，所以企业可以在网上订货，这样就减少了文件处理、通信等交易程序；第二，网络采购可以为企业提供一个更广泛的卖家信息数据库，采购企业可以货比三家，挑选出最适合的供应商；第三，由于网络采购使采购周期变短，企业可以减少库存量，库存成本也可以降低。

（2）缩短采购时间。企业可以直接通过网络交易平台进行竞价采购，无须在不同供应商之间来回奔波，大大提高了采购过程的效率。

（3）增加有效供应商。由于互联网覆盖的广泛性和开放性，大大地扩大了企业的选择范围，企业可以跳出地域、行业的限制，找到更多、更合适的供应商，可获取更多的供应商情报，从而让自己在供求关系中更加有利，另外，由于采购变得更加透明，供应商的竞争积极性也大大提高，这就从另外一个角度提升了采购企业的议价能力。

（4）信息共享，优化供应链。网络可以使企业和供应商进行及时、快捷的信息交流，使企业能够有条件比较、筛选和整合供应商资源，另外，供应商也可以更加了解卖方的需求，调整自己的营销战略，促成更加有效的市场交易。

7.1.4　网络采购管理

网络采购是现代企业普遍采用的采购方式，因此，网络采购管理越来越为学术界和企业界所重视。通过科学的管理，可以促使企业发现网络采购中存在的问题并加以改进，从而提升采购的效率和效益并最终提高企业的市场竞争能力。

1999 年，著名咨询公司凯雷尼（Keraney）通过对 463 家公司的实证调查研究，提出了杰出的采购管理的 8 维模型，将杰出的采购管理分为 8 个维度，分别是：采购和供应战略、采购和供应组织、外包、供应管理、日常采购、绩效管理、信息管理和人力资源管理。他们通过调查发现，领先企业会针对这 8 个维度提出相应的标准活动，如表7-1 所示。通过对杰出采购管理每一个维度的学习与掌握，企业能够更加宏观地分析整个网络采购管理的过程，从而促成更加高效的采购决策。

表 7-1　采购管理 8 个维度

采购管理的维度	标准活动
采购和供应战略	1. 通过发现供应商市场机会，寻求制定公司战略的机会。 2. 根据公司整体采购品种的机会和风险制定采购策略。 3. 主动制定组织、执行和管理采购活动的措施。
采购和供应组织	1. 用集中引导的方法米指导、协调贯穿企业的采购活动，并据此制定采购策略。 2. 调整采购组织结构以适应整体战略。 3. 使用团队方式将采购专家意见纳入公司的核心流程。 4. 将采购决策提交到公司管理层。

续表

采购管理的维度	标准活动
外包	1. 根据市场变化来制定不同的外包策略。 2. 在外包过程中充分接触最终用户，以获得市场知识和购入时机。 3. 有效评估公司内部需求和可供选择的产品，选取总成本最低的解决方案。 4. 严格监督产品规格，减少公司的支出浪费。 5. 识别、挑选具有战略优势的供应商，并与其协商，注重长远的合作。
供应管理	1. 管理与供应商的关系，保证合作关系的支持以及双向学习。 2. 与供应商整合资源，提高合作价值。 3. 开发当前拥有供应方市场所不具备的能力的供应商。
日常采购	1. 日常活动自动化。 2. 减少常规交易的浪费。 3. 重视采购人员的部署，让其从事高附加值的活动。
绩效管理	1. 通过高层管理者的参与来提高采购流程的绩效。 2. 同供应商一起制订采购计划。 3. 在内部实施持续的、正式的流程改进计划。
信息管理	1. 在内部广泛地共享信息，而且也与供应商共享信息。 2. 使用强有力的分析工具辅助绩效管理。 3. 使用最新的信息技术。
人力资源管理	1. 开放内部和外部多种渠道招聘合适的采购人员。 2. 无论是对内部的采购部门还是采购网络整体，都要在提高采购能力和积累采购技巧方面大量投资。

7.2 网络采购流程

采购是买方视角下的一种交易活动，涉及了买卖双方在信息流、物流和资金流三方面的交换，最终实现商品所有权的转移。本节将企业采购活动按是否使用电子网络技术分为传统采购和网络采购两类，并分别讨论其具体的操作流程。

7.2.1 传统采购流程

企业的采购部门和采购人员在进行传统采购活动的过程中不以计算机技术和网络平台为依靠，主要利用当面接洽、电话传真等通信方式选择供应商，并在线下管理采购订单、货物交收和货款支付等事项。

1. 流程简述

首先采购部门要根据企业各部门的需求状况制定采购明细表，企业的采购需求一般来自两个方面：一是直接需求，指采购原材料、设备、零部件等要件的生产型采购；

二是间接需求，指为生产提供支持和服务的通用型采购，如广告、印刷、软件、维修、培训、办公等设备资料的采购。在确定内部采购需求后，采购人员需要大量搜寻供应商的相关信息，并通过面谈或电话会谈等方式商议订单报价和其他交易条件，最终选择合适的供应商。之后，买卖双方订立订单，供应商根据订单规定的货品数量、规格、交货时间、地点、货运方式等要求发出货物，采购企业在收取货物并验收合格后，支付货款，至此一桩采购业务顺利完成。值得注意的是，在付款方式上有些供应商会要求企业提前支付部分或全额货款，因此在操作流程上会有所差异。

2. 对传统采购的评述

传统采购的成本高、效率低。采购部门的所有事项都是人工操作，采购人员不仅要负责整合整个企业的需求，针对不同需求搜集供应商信息，依次谈判议价，还要管理繁复的订单，对每笔订单进行货物验收、支付和记录。同时，由于传统采购的透明度差，且很难搜集到完备、准确的供应信息，企业一般只与一个或少数几个供应商实行洽谈，使得供应商具有较高的议价能力，从而提高了订单的成交价格。传统采购模式已不再适应当今的商业竞争环境，企业将全面实现内外部采购信息管理的电子化和网络化。

7.2.2 一般化网络采购流程

网络采购与传统采购的操作模式大体是相同的，都分为信息流、物流和资金流交换的三个阶段。网络采购的突出特点在于其利用电子技术、网络系统简化和优化了这三个阶段的具体操作方式，实现了企业采购在节约性、准确性、及时性、灵活性、高效性、公平性、控制性和安全性等方面的全面提高。

本节特意区分了一般化采购流程和改进式采购流程，一般化采购主要指初次与某供应商建立交易关系的采购活动，而改进后的采购模式则是指企业与供应商确立长期合作关系后的货物采购程序。

1. 基于卖方系统的网络采购流程

（1）流程简述。作为卖方的供应商建立网站，公布其销售的产品信息或提供的服务内容。采购方通过浏览网站、在线咨询等方式决定最终的供应商，并登录卖方系统拍下订单。采购方一般要提前预付货款，并在验收货物后确认支付。采用这类采购模式的主要是中小型企业和一次性购买企业。

（2）优劣评述。与传统采购相比，基于卖方系统的网络采购在空间上缩短了买卖双方的距离，节省了竞标谈判的时间，减少了对电话、传真等传统通信工具的依赖，基本上达到了无纸化交易。虽然这类网络采购获取的信息更加详细和准确，但采购方仍需要大量地搜寻和汇总不同供应商的信息，或是依次逐个询价或议价，最后进行分析比较。其次，在供应商系统的订购信息不能直接传送至买方的内部信息系统，两者的平台很难实现对接或集成，因此采购企业不得不人工录入和管理订单。再者，采购方需要一次次登录卖方系统进行预付货款、跟踪查询物流信息和最终确认支付的操作。综上，这类采购操作过程仍旧烦琐，需要耗费大量的人力成本，采购效率有待提高。

2. 基于买方系统的网络采购流程

（1）流程简述。基于买方系统的网络采购流程是指由采购方直接建立企业网站，在平台上发布采购消息，供应商登录网站提交其商品信息和报价。采购方将从系统上搜集到的全部供应商信息进行汇总，对比评估最优的供应方案，选择最终的供应商，并借助自身平台生成订单。其后的操作与基于卖方系统的采购流程相同，即验收货物和支付货款，具体采用哪种支付方式则依据订单协议确定。

在买方系统上有一种比较特殊的供应商竞标模式，即反向拍卖。其一般流程为买方在采购平台公开发布详细的采购需求，给出初始最高的投标价，并规定出价梯度；各个供应商通过网络不断提交更低的价格，最终出价最低的供应商竞标成功，获得采购方的产品供应权。反向拍卖颠覆了传统的采购流程，一般适用于供大于求的买方市场。详见图 7-1。

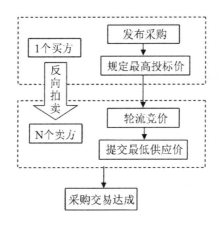

图 7-1　基于买方系统的网络采购流程

（2）优劣评述。买方平台由采购方企业独自建立和维护，需要大量的资金和人力投入，因此该模式比较适合具备强大购买力的大型企业。而且，倘若企业知名度不高，其自身网站发布的采购信息也无法吸引到大批的供应商源。

但其带来的好处也显而易见，首先省略了对供应商信息的大量搜集工作，在采购方自身系统中就能分析、比较所有可能的供应信息。同时企业对采购活动的控制更加便捷和紧密，所有的订单信息、物流跟踪、资金流状况都基于买方平台录入，因而实现了外部信息向内的实时和自动传递。另外，供应商以反向拍卖等公开方式竞标，有效地增加价格竞争的激烈度和透明度，有助于采购方获得最为合理的优惠价格。

3. 基于第三方系统的网络采购流程

（1）流程简述。第三方网络交易平台是第三方采购公司以自身专业化的技能建立，通过提供各种支持和服务，匹配采购双方的需求与供应，使得在线交易达成。企业基于第三方系统的采购方式有两类，分别是搜寻供应信息和发布采购信息。在社会分工日益细分化和专业化的趋向下，消费者对购买的风险感随选择的增多而上升，因而对单向的"填鸭式"营销沟通感到厌倦和不信任。在许多购买活动中，特别是大件耐用消费品的购买中，消费者会主动通过各种可能的渠道获取与商品有关的信息进行比较，以减轻风险感或减小购买后后悔的可能性，增加对产品的信任以及争取心理上的满足感。消费主动性的增强来源于现代社会不确定性的增强和人类追求心理稳定和平衡的欲望。

例如阿里巴巴网站就是一个采购资源高度集中的第三方平台（如图 7-2 所示），企业可以同时采取上述两种采购措施：① 按产品项目、关键字、筛选条件搜索供应信息；② 发布采购产品的询价单。借用平台上"阿里旺旺"沟通工具，买卖双方可以对网上交易流程中双方所享有的权利、所承担的义务、所购买商品的种类、数量、价格、交货期、交易方式、运输方式、违约和索赔等细节进行谈判。一旦确认供应商后，采购方可直接在平台上订货，并通过"支付宝"支付货款和运费。

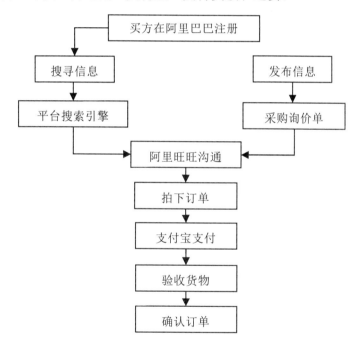

图 7-2　基于阿里巴巴第三方系统的采购流程图

（2）优劣评述。基于第三方系统的采购模式综合了前两类卖方系统和买方系统采购的优点，又恰好弥补了各自的不足。首先，在不需要大量资金和人力投入的前提下提供给采购方一个信息发布的平台，且供应资源充足，因此特别适应中小企业；其次，专业的搜索引擎和洽谈工具可以使得采购方获得最充分、最准确的供应信息；再次，平台的会员注册制度确保了供应商具备真实有效的身份，其信用评价体系也能客观反映出供应商的可靠程度；最后，第三方系统的支付平台也确保了资金流的安全。

但是由于第三方平台独立于买卖双方的内部系统，在订单信息的自动传递上仍存在问题。需要通过实施 EDI，或者建立可扩展的标识语言（Extensible Markup

Language，EML）开放型构架，实现交易信息的共享。

7.2.3 改进式网络采购模式及流程

在与某供应商达成初次交易后，企业会根据采购货品的质量和配套服务的水平对该供应商做出分析和评价，决定是否与之开展长期的业务活动。一旦买卖双方由对抗性关系转变为合作关系，企业的采购流程就将得到改进，省略掉初次或一次性采购活动中繁杂的信息搜集、确定供应商、议价谈判的过程。如果企业所需的货物都由一个或少数几个供应商长期负责供应，那么企业的上游供应链就被整合为一体，采购由外部活动转变为内部供应，供应商和企业共用同一个物料信息管理平台，采购的传统概念和流程将被打破，形成改进式网络采购模式，下面主要以即时制（JIT）采购流程为例进行阐述。

1. 即时制采购流程简述

即时制（Just In Time，JIT）采购模式是指供应商根据企业即时变化的物料需要，确保将正确的货物在正确的时间送抵正确的地点，属于改进式的网络采购。即时制采购采用订单驱动的方式，以顾客需求订单驱动生产订单，以生产订单驱动采购订单，再以物料采购订单驱动供应商的运作，使各类活动得到无缝对接，达到零延迟、零库存和即时响应顾客需求的终极目标。

在即时制模式的采购中，内部信息系统根据企业随时产生的需求自动将采购订单传递给供应商，企业在约定的时间收取货物，采购活动被简化到两个步骤。同时，由于买卖双方长期合作，相互信任，货款可以采用批量结算的方式，也省去了每次验货付款的程序。

2. 即时制采购流程优劣评述

即时制模式的采购对传统采购模式做出了极大的改进，不仅流程优化、操作简便，极大地提高了组织效率，降低了运营成本，还几乎重新定义了企业采购的概念。其优势主要有以下几点。

（1）降低企业成本。首先即时采购不需要在搜集信息、供应商谈判等事项上耗费资金和人力成本；其次物料采用小规模和连续补货的方式配送，直接送到生产车间，最小化了库存成本。

（2）增加信息传递。即时制采购具备广泛信息交换和频繁沟通的特征。买卖双方通过内部信息平台的相互对接实现数据共享，使得两者间的合作更加紧密，各自的订单管理也更加便捷。

（3）建立合作伙伴关系。在即时制下，采购企业和供应商之间可以建立长期合作的伙伴关系，大家相互依赖、相互信任，并且共担风险、共享收益。

（4）增强企业弹性和效率。通过即时采购，企业可以灵活调整生产计划，以适应消费者需求的变化，这在如今动态复杂的竞争市场中显得尤为重要。此外，即时制其实源自日本企业精益管理的概念，强调了供货在数量、质量、时间和地点上的准确性，同时通过缩短补货提前期，消除延迟浪费，全面提高了企业效率。

（5）提高产品质量。一般而言，企业在某一类原材料上只有唯一一个即时供应商。供应商能根据采购方特殊的要求提供定制化的货物，最大限度满足其质量要求。同时，供应商也能够迅速收到买家关于制造和设计问题的反馈，即时做出调整，确保供应的质量。因而高质量的原材料保证了高质量的消费者产品，高质量的产品进一步提升了顾客的满意度和企业的竞争力。

即时制采购模式的主要缺陷在于实施十分困难。

（1）即时制的建立需要基于一种合作的文化，在许多欧美国家，企业之间强调的是竞争关系，注重自身利益，很难达成长期合作。

（2）大多数供应商不具备即时生产、即时供应和准确供应物资的能力，企业需要对供应商进行大量培训。

（3）即时制的实施需要企业员工、管理者和各部门的全面配合：员工需要改变工作习惯，自愿参与到全新采购系统的建立中；管理者则需认同即时采购模式，提供全面支持；除了采购部门的参与，其他部门也要相互合作，实现内部整体需求的即时合并和传递。

（4）即时制采购比传统采购涉及更频繁和更精细的物料运输工作，如何选择合适的运输公司，将其纳入长期合作体系也是需要考虑的问题。

瞬息万变的顾客需求、持续升级的产品与服务、白热化的市场竞争都要求企业具备迅速的动态反应速度和高效的组织执行效率。通过对流程的持续改进，企业采购由传统的线下活动发展成为网络平台上的交易，将漫长的供应商选择过程优化为与供应商建立长期的合作关系。如今，即时制模式的采购已经成为越来越多企业供应链建设的发展目标；未来，基于供应商预测和补给的供应模式将成为采购流程新的改进方向，并实现以消费者为中心，采购方和供应商对库存合作管理。

7.3 供应商的选择

供应商的选择是采购管理工作中最重要的工作之一。选择好的供应商不仅能准时地为企业提供所需物料，还能使企业提高产品性能并节约使用原料。所有这些，对企业的正常生产以及发展都有很大的帮助。

7.3.1 供应商选择标准

选择供应商的标准有许多，根据时间的长短进行划分，可分为短期标准和长期标准。因此在确定选择供应商的标准时，一定要考虑短期标准和长期标准，把两者结合起来，才能使所选择的标准更全面，最终寻找到理想的供应商。

1. 短期标准

选择供应商的短期标准主要有：商品质量、价格水平、交货时间和整体服务水平。采购方可以通过市场调查获得相关供应单位的资料，就这几方面进行比较，依据比较的结果做出正确选择。

（1）产品质量。采购商品的质量符合采购方的要求是采购单位进行商品采购时首先要考虑的条件。对于质量差、价格偏低的商品，虽然采购成本低，但会导致企业的总成本增加。因为质量不合格的产品在企业投入使用的过程中，往往会影响生产的连续性和产成品的质量，这些最终都会反映到总成本中去。相反，质量过高并不意味着采购物品适合企业生产所用，如果质量过高，远远超过生产要求的质量，对于企业而言也是一种浪费。因此，采购中对于质量的要求是符合企业生产所需，要求过高或过低都是错误的。

当然，好的产品不仅单指产品质量合适，还有产品的价格合适，产品的货源稳定和供应保障良好。

（2）成本。采购价格是企业选择供应商的重要条件之一，采购的低价格对降低企业生产经营成本、提高企业竞争力和增加利润作用明显。为了达到压低成本的目的，采购方应对供应商提供的报价单进行成本分析，成本不仅仅包括采购的价格，还包括原料或零部件使用过程中以及生命周期结束后发生的一切支出。虽然采购的价格是构成企业成本的最直接的因素，但是，价格最低未必就是最合适的，因此采购要做的就是找到最合适的质量与价格的统一体。

另外，对于网络采购，对供应商的交货也要有一定的要求。如果选择了交货时间上不能达到要求的供应商，对采购方造成的损失将会是惨重的。此外，由于选择了地理位置过远的供应商而使运输费用增加，也会导致总作业成本和处置成本增加。这里所说的处置成本主要包括下列几项：① 开发成本，即寻找、评选供应商的支出，还应包括订单处理的费用；② 采购价格，即与供应商谈判后购买商品的成本；③ 运输成本，如果国外采购，买方还需要支付运费，甚至保险费；④ 检验成本，即进料检验时所需支付的检验人员的工资以及检验仪器或工具的折旧费用。作业成本包括：① 仓储成本，包括仓库租金，仓管人员的工资、仓储设备的折旧费等费用；② 操作成本；③ 维修成本。

（3）交货时间。供应商能否按约定的交货期限和交货条件组织供货，直接影响企业生产的连续性，因此交货时间也是选择供应商时要考虑的因素之一。企业考虑交货时间时应该注意两个方面，一方面要降低原料的库存数量，另一方面又要降低断料停工的风险，因此采购方要慎重考察供应商的交货时间，以决定其是否能成为公司往来的对象。影响供应商交货时间的因素主要有：① 供应商从取得原料到加工再到包装所需的生产周期；② 供应商生产计划的规划与弹性；③ 供应商的库存准备；④ 所采购原料或零部件在生产过程中所需供应商的库存准备；⑤ 所采购原料或零部件在生产过程中所需要的供应商数目与阶层（上下游）；⑥ 运输条件及能力。供应商交货的及时性一般用合同完成率或委托任务完成率来表示。

（4）整体服务水平。供应商的整体服务水平是指供应商内部各生产环节能够配合采购方的水平，如：各种技术服务项目、方便客户的措施、为客户节约费用的措施等。高服务水平可以保证生产企业不受或尽量少受产品的技术性问题的限制，也可保证采购的产品能物尽所用。评价供应整体服务水平的主要指标有：① 处理订单的速度与准确性；② 采购流程、生产流程、会计流程、后勤支援系统等，企业交易各流程的弹性和健全程度即企业的作业流程愈健全、愈具有弹性，就愈能履行合约的承诺，愈能满足采购方的需求；③ 公司内部人员的责任心与服务水准。

2. 长期标准

选择供应商的长期标准主要在于评估供应商是否能保证长期而稳定的供应，其生产能力是否能配合公司的成长而相对提升，其产品未来的发展方向能否符合公司的需求，以及是否具有长期合作的意愿等。选择供应商的长期标准主要考虑下列 5 个方面。

（1）生产的技术水平。企业的生产能力是供应商能够提供充足货源的保证，只有生产经营能力强的供应商才能使企业不受缺货的威胁。企业的生产能力强表现在：企业生产规模大、历史长、经验丰富、生产设备先进。此外，有高技术水平的保证，供应商提供的产品才能有相对较高的合格率，才能站在技术前沿，不容易被淘汰。企业的高技术水平表现在：企业拥有先进的生产技术，卓越的产品设计能力和开发能力，并且，生产设备（装备）也应相当先进，不使用过时的生产设备，产品的技术含量高。

（2）企业经营能力。企业经营能力是企业对包括内部条件及其发展潜力在内的经营战略的计划、决策能力，以及对企业上下各种生产经营活动的管理能力的总和。企业素质的强弱，是通过企业的经营力集中表现出来的。我们可以根据市场地位、市场占有率、人员技术水平、价格水平与同行业价格水平比较、价格升降率、价格策略适应程度等因素评定企业的经营能力。通过判断企业资产的营运能力，正确地认识我们的供应商从而制定合理得当的采购方案，提高企业的采购水平，获得高质量的原料供应。供应商的竞争优势不仅体现在其产品本身的质量和价格上，还体现在它的供货能力等方面。

（3）供应商质量管理体系是否健全。采购商在评价供应商是否符合要求时，其中重要的一个环节是看供应商是否采用相应的质量体系，比如说是否通过 ISO 9000 质量体系认证，内部的工作人员是否按照该质量体系不折不扣地完成各项工作，其质量水平是否达到国际公认的 ISO 9000 所规定的要求。

（4）供应商内部组织是否完善。供应商内部组织与管理会关系到供应商日后的供货效率和服务质量。一个好的供应商必须具有很好的管理体制，这样才能保证长足的发展优势。如果供应商组织机构设置混乱，采购的效率与质量就会因此下降，甚至会由于供应商部门之间的互相扯皮而导致供应活动不能及时地、高质量地完成。判断供应商管理状况的方法很多，例如可查看企业财务报表。

（5）供应商的财务状况是否稳定。供应商的财务状况直接影响到其交货和履约的绩效，如果供应商的财务出现问题，周转不灵，就会影响供货进而影响企业生产，甚至出现停工的严重危机。因此，采购商需要慎重地考察供应商的财务状况，这是其能否及时稳定供货的保障。

7.3.2 供应商选择过程

1. 分析市场竞争环境

若要建立基于信任、合作、开放性交流的供应链长期合作关系，采购方首先必须分析市场竞争环境。这样做的目的在于找到针对某些产品的市场来开发供应链合作关系。如果已建立供应链合作关系，采购方则需要根据需求的变化确认供应链合作关系变化的必要性，同时了解现有供应商的现状，分析、总结企业存在的问题。

2. 建立供应商选择的目标

企业必须确定供应商评价程序如何实施，而且必须建立实质性的目标。供应商评价和选择不仅仅是一个简单的过程，它本身也是企业自身的一次业务流程重构过程。如果实施得好，就可以带来一系列的利益。一般而言，企业供应商评价的目标包括以下几点。

（1）获得符合企业总体质量和数量要求的产品和服务；

（2）确保供应商能够提供最优质的服务、产品及最及时的供应；

（3）力争以最低的成本获得最优质的产品和服务；

（4）淘汰不合格的供应商，开发有潜力的供应商，不断推陈出新；

（5）维护和发展良好的、长期稳定的供应商合作伙伴关系。

3. 建立供应商评价标准

供应商评价指标体系是企业对供应商进行综合评价的依据和标准，是反映企业本身和环境所构成的复杂系统的不同属性的指标，是按隶属关系、层次结构有序组成的集合。不同行业、企业，不同产品需求和环境下的供应商评价应是一样的，不外乎都涉及几个可能影响供应链合作关系的方面。

4. 成立供应商评价和选择小组

供应商的选择，绝不是采购员个人的事，而是一个集体的决策，企业必须建立一个由各部门有关人员参加的小组以控制和实施供应商评价，进行讨论决定。供应商的选择涉及企业的生产、技术、计划、财务、物流、市场等部门。评价小组必须同时得到制造商企业和供应商企业最高领导层的支持。

5. 制定全部的供应商名单

通过供应商信息数据库以及采购人员、销售人员或行业杂志、网站等媒介渠道，了解市场上能提供所需物品的供应商。

6. 供应商参与

一旦企业决定实施供应商评选，评选小组必须与初步选定的供应商取得联系，确认他们是否愿意与企业建立供应链合作关系，是否有获得更高业绩水平的愿望。所以，企业应尽可能早地让供应商参与到评选的设计过程中。

7. 评价供应商的能力

为了保证评估的可靠性，评价供应商的一个主要工作是调查、收集有关供应商的生产运作等各个方面的信息。在收集供应商信息的基础上，就可以利用一定的工具和技术方法对供应商进行评价。对供应商的评价共包含两个程序：一是对供应商进行初步筛选；二是对供应商进行实地考察。

8. 选择供应商

在综合考虑多方面的重要因素之后，就可以给每个供应商打出综合评分，选择出合格的供应商。

9. 实施供应链合作伙伴关系

在实施供应链合作伙伴关系的过程中，市场需求将不断变化。企业可以根据实际情况的需要及时修改供应商评选标准，或重新对供应商进行评选。在重新选择供应商的时候，应给予新旧供应商以足够的时间来适应变化。

7.4　网络采购应注意的问题

除了供应商的选择，网络采购还应注意以下问题：网络采购产品的价格、网络采购系统的安全性、网络供应链的管理等，下面分别予以介绍。

7.4.1　网络采购产品的价格

之所以在本节强调网络采购产品的价格，是因为在互联网时代，企业的定价策略必须做出相应改变。信息技术的发展，使得网络市场中商品定价更复杂，同时改变了厂商的定价模式。此外，由于消费者权力的增加，他们在一定程度上拥有了商品的定价权。在互联网环境中，特别是当人们将互联网作为信息渠道时，商品定价增加了透明度。

1. 网络采购能够节约的成本

（1）网络的便利性。网络是一周 7 天、全天 24 小时处于运行状态的。采购商随时可以上网搜索、购物、娱乐或者浏览网页，而且可以用各种网络设备上网。电子邮件使得网络用户之间无论何时何地都可以相互交流。

（2）网络的快捷性。企业借助互联网可以实现一站式购物，这为采购商提供了便利。美国的汽车商城（AutoMall）网络公司已经与许多公司合作，使得采购者可以在该网站比对、了解汽车售价、款式以及汽车制造商的信息。

（3）节约库存成本。网络采购的及时性可以及时地弥补库存的不足，这样就减少了企业的平均库存量，从而节约库存成本。

2. 网络采购花费的成本

网络采购在节省成本的同时，企业要负责购买网络设备、购入昂贵的客户关系管理软件、还要雇用专门的人员负责回复电子邮件，增加网络"帮助""常见问题回答"的功能。企业还要开发和维护网站，开发网络上的客户，这些都需要花费大量的成本。

3. 网上定价的影响因素

（1）市场结构。经济学家将市场分为完全竞争市场、垄断竞争市场、寡头垄断市场和完全垄断市场。对于网络采购商来说，这种市场结构划分是非常重要的，如果市场是完全竞争市场，采购商就可以控制采购的价格；而如果市场是完全垄断市场，采购商就只能听任卖方随意制定价格。

（2）网上购物代理。一些电子商务公司提供价格比较，为采购商比较商品价格，进而为采购商以最低价购买所需商品提供了方便。阿里巴巴、慧聪网都提供这种服务。

（3）商品的价格弹性。网络定价往往价格弹性更大，一旦价格下降，采购数量就会迅速增加；一旦价格上升，采购数量又会迅速减少。在网络上，采购商对价格会更敏感。

（4）价格变化频率。网络市场比实体市场价格变化更灵活，主要有以下几方面原因：第一，网上零售商必须制定具有吸引力的价格来赢得竞争优势；第二，购物代理网站提供给采购者的价格信息也可能促使参与竞争的企业调整价格；第三，厂商可以利用网站数据库随时调整商品价格；第四，网络市场中厂商可以提供多种数量折扣；第五，网络市场中厂商很容易见机行事，厂商会根据需求在网站上随时调整商品价格以应对竞争。

7.4.2 网络采购系统的安全性

网络采购是一个基于网络体系的企业采购解决方案，其安全机制的核心是客户端与服务器之间的相互认证、安全通信，以及传输信息的机密性、完整性和不可否认性。

1. 客户端与服务器认证

传统的网络认证模式无法确保客户端与服务器之间的相互认证以及安全通信。为了避免攻击者冒名申请采购单和审批采购单必须要实现服务器对客户身份的认证，同时为了防止攻击者恶意破坏，客户端也需要对服务器进行认证并且实现安全通信。

（1）信息的机密性、完整性以及不可否认性。网络采购系统网中的洽谈模块为企业和客户提供了网上会谈的平台。在会谈过程中需要通过网络多次传输电子合同，因此必须着重考虑洽谈双方身份的真实性以及传输合同的有效性。合同的有效性包括其在传输过程中不被伪造、篡改，即合同的机密性、完整性，以及确认合同发送者的真实身份，即合同修改者或者签署者身份的不可否认性。

（2）加密与数字签名。为了保证电子合同的机密性，采购商使用对称加密算法加密合同，同时为了保证对称加密算法的有效实施，使用接收者数字证书中的公钥加密对称算法中的会话密钥以及初始化向量，与密文一同形成数字信封。为了保证电子合同的完整性并且提高实施数字签名的速度，对合同进行散列运算，形成数字摘要。为了保证电子合同的不可否认性，对合同的数字摘要实施数字签名。

2．系统安全管理

权威机构统计表明：网络信息安全事件大约有 70%以上的问题都是管理方面的原因造成的，系统安全管理对于实现电子采购系统安全至关重要。

电子采购系统的所有构成要素（包括系统内部的计算机、网络、信息资源、各级系统管理者和系统使用者，系统外部的法律、道德、文化、传统、社会制度等方面的内容）都是其安全管理的对象，系统安全管理贯穿于电子采购系统设计和运行的各个阶段。在系统设计阶段，在软硬件设计的同时，需要规划出系统安全策略；在工程设计中，应按安全策略的要求确定系统的安全机制；在系统运行阶段，应执行安全机制所要求的各项安全措施和安全管理原则，并经风险分析和安全审计来检查、评估，不断补充、改进、完善安全措施。

7.4.3 网络供应链的管理

1．网络供应链管理的内涵

网络供应链管理是利用以互联网为核心的信息技术进行商务活动和企业资源管理的方式，它的核心是高效率地管理企业的所有信息，帮助企业创建一条畅通于客户、企业内部和供应商之间的信息流，并通过高效率的管理、增值和应用，帮助企业准确地定位市场、扩展市场、提供个性化的服务、不断提高客户的忠诚度，加强与供应商的合作，促使企业采购过程科学化，提高企业内部管理效率，从而提高企业的产品销售量，降低成本，获得更大的效益。

传统业务的供应链（见图 7-3）因其对市场反应速度缓慢而显示出局限性，建立基于电子商务的网络供应链对传统企业是迫在眉睫的大事。网络供应链则通过互联网将企业的内部资源（人、财、物、技术、设备、信息、时间）和外部资源（如上游的供应商和协作商、下游的分销商和客户以及银行、认证中心、配送中心等相关机构）有效地整合在一起（见图 7-4），满足传统企业利用全社会一切市场资源快速、高效地进行生产经营的需求，实现对企业的动态控制和各种资源的集成和优化，进一步提高效率并在市场上获得竞争优势。建立网络供应链主要应考虑互联网、信息技术和企业内、外部资源的整合。网络供应链管理把企业的全部经营活动融入电子商务之中，把企业的经营活动分为内部信息化和外部电子商务两个部分。具体而言，传统企业应在业务流程重组（Business Process Engineering，BPR）的基础上，在企业内部实施企业资源计划（Enterprise Resource Planning，ERP），在此基础上实施电子商务，从而实现网络供应链管理的高效率和最优化。

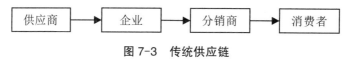

图 7-3　传统供应链

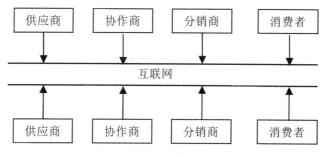

图 7-4　网络供应链

2. 企业资源计划（ERP）

企业资源计划是一套高级的管理信息系统，实质上是企业信息化的系统工程，包括企业所有事务处理（内部事务和外部事务）实现电子化，以便更好地适应电子商务时代网络供应链管理的需求。企业资源计划是一个高度集成的系统，包括了企业的内部所有功能集成（人力资源+财务+销售+制造+采购+库存+质量+成本+任务分派），是企业内部电子商务的核心。企业资源计划的实施可实现对企业的动态控制和对各种资源的集成和优化，进一步提高效率和在市场上获得竞争优势，适应了企业在电子商务时代市场竞争的需要。

随着国际互联网／企业内部网／企业外部网（Internet／Intranet／Extranet）技术不断发展，尤其是基于全球广域网（World Wild Web）的信息发布和检索技术、Java 跨网络操作系统计算技术及公共对象请求代理结构（Common Object Request Broken Architecture，CORBA）网络分布式对象技术的有机结合，导致了 ERP 系统的体系结构从客户机／服务器（C／S）的主从结构向灵活的多级分布结构的重大演变，使得企业管理软件系统的网络体系结构跨入第三阶段，即浏览器／服务器（B／S）体系结构。它同时兼备了集中处理模式和 C／S 结构体系的分布协同处理模式的优点。同时由于 Java 语言"一次开发，到处运行"的特点，又彻底解决了跨平台问题。ERP 通过企业的电子商务网站，与企业外部电子商务可以实现无缝集成，共同构成了网络供应链管理的核心。

本章习题

一、单选题

1. 网络采购的实质是（　　　）。

    A. 购买商品　　　　　　　　　　B. 购买服务

    C. 电子采购　　　　　　　　　　D. 政府采购

2. 反向拍卖通常由（　　　）参与竞价。

    A. 众多卖方　　　　　　　　　　B. 众多买方

    C. 单一卖方　　　　　　　　　　D. 单一买方

3. 在阿里巴巴上采购属于（　　　）。

    A. 基于买方系统的网络采购流程

    B. JIT 网络采购流程

    C. 基于第三方系统的网络采购流程

    D. 基于卖方系统的网络采购流程

4. 下列构成网络供应链核心的是（　　　）。

    A. 物料需求计划　　　　　　　　B. 制造资源计划

    C. 能力需求计划　　　　　　　　D. 企业资源计划

5. 下列属于改进式网络采购流程的是（　　　）。

    A. 基于买方系统的网络采购流程

    B. JIT 网络采购流程

    C. 基于第三方系统的网络采购流程

    D. 基于卖方系统的网络采购流程

6. 下列不属于网络采购优点的是（　　　）。

    A. 减少采购成本　　　　　　　　B. 提高采购便利性

    C. 优化供应链　　　　　　　　　D. 提高了对采购人员的要求

二、多选题

1. 以下属于网络采购的形式是（　　　）。

    A. 电子拍卖　　　　　　　　　　B. 有效的消费者回馈

    C. 电子交易市场　　　　　　　　D. 供应商关系管理

    E. 上门采购

2. 网络采购的技术支持包括（　　　）。

    A. 计算机技术　　　　　　　　　B. 金融电子化技术

    C. 数据库技术　　　　　　　　　D. 移动网络技术

    E. 网络安全技术

3. 以下属于采购管理 8 个维度的是（　　　）。

 A. 采购与供应战略   B. 外包

 C. 人力资源管理   D. 绩效管理

 E. 信息管理

4. 网上定价的影响因素包括（　　　）。

 A. 市场结构   B. 网上购物代理

 C. 价格变化的频率   D. 商品的价格弹性

 E. 网络平台

5. 选择供应商的短期标准包括（　　　）。

 A. 产品质量   B. 成本

 C. 生产的技术水平   D. 交货时间

 E. 交货地点

三、名词解释

 1. 电子交易市场   2. 网络采购

 3. 网络供应链管理   4. 有效的消费者回馈

 5. 企业资源计划

四、简答及论述题

 1. 网络采购与传统采购的区别主要有哪些？

 2. 网络采购的主要特征有哪些？

 3. 请简述网络采购的重要性。

 4. 请简述基于第三方系统的网络采购流程。

 5. 请论述供应商选择的过程。

案例讨论

鞍钢集团的"互联网+采购"

2015 年 12 月 25 日，鞍钢集团电子超市正式上线运行。使用单位可以在电子超市上直接对物料进行评价，从而为采购决策提供依据，这标志着鞍钢集团"互联网+采购"迈出重要一步。

2015 年 8 月，鞍钢集团攀钢矿业兰尖铁矿采矿车间职工张晋在给鞍钢集团公司领导的信中提到通过网络采购落实车间成本主体责任和提高采购效率等建议。鞍钢集团公司董事长、党委书记张广宁高度重视，做出关于借助网络实施阳光采购的重要批示。企业有阳光采购的需要，员工有参与企业管理的热情，正是基于这样的双重契机，9 月初，鞍钢集团启动"电子超市"信息化项目建设，旨在提高采购工作透明度和职工参与度，充分发挥规模采购优势，实现竞争充分、公开透明、手段有效、监督到位的采购管理目标。

　　该电子超市打破采购组织间的供应商壁垒、物料标准不统一壁垒，对鞍攀两地区域内采购资源进行协同，形成规模采购优势，实现采购效益最大化。不仅如此，电子超市利用供应商仓储实现企业零库存管理，减少物资存货资金占用，降低财务成本。电子超市除具备商品展示功能，采购组织和使用单位还可对物料质量、使用状况、服务情况进行后评价，这种评价机制既提高使用单位对采购工作的参与度，强化了工厂（车间、作业区）成本主体责任；也能倒逼供应商提高产品质量和服务质量，自主降价，有利于形成供应商间的有效竞争。

　　目前该电子超市有 25 家供应商提供的 1433 个物料品种目录，商品明码标价，品种规格、供应商等信息一目了然。电子超市通过公开招标的形式确定采购价格与供应商，并将物料的品种、规格、型号、价格、物料图片、供应商等信息在平台展示，采购组织、使用单位对物料进行查询和评价，提高采购工作透明度，实现阳光采购。电子超市通过信息公开，强化了职工、采购组织、监管部门的监督，不仅提升采购物资的安全性，还提升了采购行为的安全性。

　　资料来源：中国经济导报。

　　❓ 思考讨论题

结合本案例，谈谈"互联网+采购"的未来发展趋势。

第8章　网络营销

本章导读

　　网络营销是电子商务最重要的应用，也是本课程学习的重点。本章主要讲述网络营销的含义与内容、网络营销策略、网络广告、网络消费者行为分析、网络营销的方法等。通过对本章的学习，读者可以对网络营销有一个全面的了解，从而为今后从事相关实践奠定基础。

问题导引

　　网络营销和电子商务的区别是什么？

　　网络营销的策略有哪些？

　　如何进行网络消费者行为分析？

　　如何进行网络广告创意？

　　常见的网络营销方法有哪些？

知识结构图

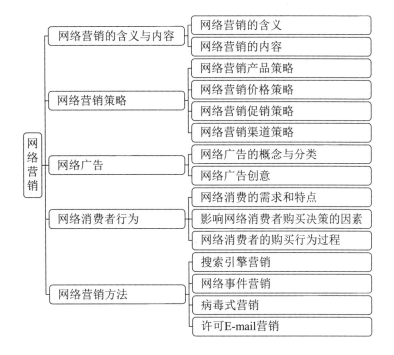

开篇引例

头条搜索上线

随着智能手机的普及，搜索引擎也迎来了时代的变局，根据百度 2014 年第三季度的财报，百度移动端流量首次超过 PC 端。这一阶段，搜索引擎已经向移动端发力。

2014 年 4 月，移动搜索引擎"神马搜索"诞生，这款搜索引擎是优视科技公司（UC）与阿里巴巴共同打造的产品。背靠阿里巴巴和 UC，神马搜索的发展速度很快，上线一周后，UC 优视董事长兼首席执行官俞永福就宣布，神马移动搜索月活跃用户已突破 1 亿人，在国内移动搜索市场上用户渗透率突破 20%。

数据显示，截至 2015 年 3 月，在移动搜索领域，神马搜索的市场份额达到 13.35%，位列第二。排在首位的百度搜索市场份额达 79.61%，搜狗搜索以 5.8%排列第三。

2016 年，"竞价排名"危机爆发，百度一时间成为众矢之的。为此，百度进行了大幅度整改，控制商业推广信息占比不超过 30%，加强对"商业推广"字样的标注强度。当年，百度的营收增速下滑到了 6%，而 2015 年其营收增速超过 30%。

到了 2018 年，在移动搜索领域，神马搜索和搜狗搜索的市场份额均有较大提升。神马搜索占据 2018 年中国移动搜索市场 22.3%的份额，搜狗搜索占到了 13.5%，百度的市场份额为 62.2%。

近两年，百度开始押注人工智能和信息流。信息流曾是今日头条起家的基础，崛起于移动互联网时代的今日头条，在利益上与百度有了越来越多的碰撞。2019 年 8 月，头条搜索悄然上线，这显然属于直抄百度的后路。

有媒体对百度搜索和头条搜索进行了对比，从页面布局来看，头条搜索主要以移动搜索为主。目前，头条搜索在内容的丰富度上不及百度。

今日头条作为挑战者，曾让腾讯头疼不已。不过，在搜索领域，不少人认为，头条搜索目前很难撼动百度的地位，毕竟技术挑战难度依然很大，而且在这条搜索引擎的大河里，有不少沉没者。

资料来源：艾瑞网。

8.1 网络营销的含义与内容

8.1.1 网络营销的含义

网络营销（Online Marketing 或 E-Marketing）是指以现代营销理论为指导，以国际互联网为基础，利用数字化信息和网络媒体的交互性来满足消费者需求的一种新型市场营销方式。可见，网络营销的实质仍然是市场营销，是传统的营销方式在网络时代的变革与发展。

与传统营销相比，网络营销具有可以降低营销成本、突破市场的时空限制、满足消费者的个性化需求、提供更好的购物体验、实现与消费者的实时互动等优点，因而成为当前最受企业重视的主流营销方式。

8.1.2 网络营销的内容

网络营销涉及的范围较广，所包含的内容也较为丰富。与传统营销相比，网络营销的目标消费者和营销手段均有所不同，因此，网络营销活动的内容也有很大的差异。具体来说，网络营销的内容主要包括以下几个方面。

1. 网络市场调查

网络市场调查是开展网络营销活动的前提和基础，也是企业了解市场、准确把握消费者需求的重要手段。网络市场调查是指企业通过互联网，针对特定营销任务而进行的调查活动，主要包括调查设计、资料收集、资料处理与分析等方面。网络市场调查的重点是充分利用互联网的特性，提高调查的效率和改善调查效果，以求在浩瀚的网络信息资源中快速获取有用的信息。

2. 网络消费者行为分析

网络消费者是伴随着电子商务的蓬勃发展而产生的一个特殊消费群体，这类群体的消费行为有着自身的典型特征。因此，企业开展网络营销活动前必须深入了解网络消费者不同于传统消费者的需求特征、购买动机和购买行为模式。网络消费者行为分析的内容主要包括分析网络消费者的用户特征、需求特点、购买动机、购买决策等。

3. 网络营销策略制定

为实现网络营销目标，企业必须制定相应的网络营销策略。与传统营销相似，网络营销策略也包括产品策略、价格策略、渠道策略和促销策略 4 个方面，但企业在具体制定时应充分考虑互联网的特性、网络产品的特征和网络消费者的需求特点。例如，企业在制定网络营销的价格策略时，通常可以对某些在线体验类产品，如在线培训、远程医疗、虚拟旅游、游戏等采取免费或部分免费的价格策略。

4. 营销流程改进

与传统营销相比，网络营销的流程发生了根本性的变化。利用互联网，企业不仅可以实现在线销售、在线支付、在线服务等，还可以通过网络收集信息并分析消费者的特殊需求，以生产消费者需要的个性化产品。例如，美国著名的李维斯（Levi's）公司，就是利用互联网为消费者量身定做个性化产品的典范。消费者可以在李维斯公司的网站直接输入所需服装的尺寸、款式和喜欢的颜色等信息，有了这些信息公司就可为其量身定做，从而使消费者的个性化需求得到满足。

5. 网络营销管理

营销管理是企业为了实现营销目标而采取的计划、组织、领导和控制等一系列管理活动的统称。传统营销管理的许多理念和方法虽然也适用，但网络营销依托全新的网络平台开展营销活动，难免会遇到新情况和新问题，如网络消费者的隐私保护问题以及信息安全问题等，这些都要求企业必须做好有别于传统营销的网络营销管理工作。

8.2 网络营销的策略

网络营销策略是指开展网络营销的企业为实现营销目标而采取的对企业内部的因素，包括对生产要素、经营要素等可控要素的把握和利用。一般包括产品（Product）策略、价格（Price）策略、分销（Place）策略和促销（Promotion）策略 4 个方面，下面分别进行介绍。

8.2.1 网络营销产品策略

1. 网络营销中的产品

（1）实体产品。实体产品是指具有物理形态的、人们可以通过视觉和触觉感觉到的产品。网络营销是市场营销方式的一种，从理论上说任何一种实体产品都可以通过这种方式进行交易，但在实践中仍有少数产品因物流成本太高等原因而不适合在网上销售。

（2）虚拟产品。虚拟产品一般是无形的，即使表现出一定的形态也是通过其载体体现出来的。例如，计算机软件是以有规则的数字编码存储在磁盘上，磁盘是软件的载体。在网络上销售的虚拟产品分为软件和服务两大类，包括各种软件、视听产品、电子书籍、在线培训网络游戏等。相比较实体商品，虚拟产品更适合在网上销售。

2. 网络营销产品的特性

（1）产品性质。在电子商务发展的早期，网上销售的产品大多是虚拟产品、图书、电子产品等。后来随着网络技术、安全技术、物流技术等的发展以及人们消费观念的改变，一些最初人们认为不适合在网上销售的产品，如汽车、地产、生鲜冷食等均实现了在线销售。尤其是当前线上到线下（Online To Offline，O2O）模式的兴起，打通了线上与线下的瓶颈，大大地拓展了网络营销产品的范围。但网络营销的产品还是会受到一些自身属性的影响。一般来说，标准化的产品、易于保存和运输的产品、数字化的产品、远程服务等尤为适合在网上销售。

（2）产品质量。网上购物使得消费者在购买时无法亲身体验商品而只能是依靠商家提供的文字、图片、视频等介绍，无法做到"眼见为实"。因此，在虚拟的网络世界里，要想取得消费者的信赖，商家所售的产品质量必须能够得到保障，要经得起消费者的评价。因为基于网络的特性，一旦产品失信于消费者，商家的"恶名"就会广为传播，这些商家也必将被消费者所抛弃。

3. 网络营销产品策略的内容

产品是企业开展网络营销活动的基础，产品策略直接影响并决定着企业营销活动的成败。网络营销产品策略主要包括新产品开发策略、产品生命周期策略、产品组合策略、品牌策略等。

网络营销的产品策略与传统营销的产品策略所应用的基本理论是一致的。不同之处在于制定网络营销的产品策略时加入了互联网思维。如在新产品研发过程中可以充分利用网络平台的互动性，倾听客户的心声，甚至可以邀请客户共同参与到产品的研发、设计过程之中。此外，在电子商务时代，商品的生命周期更短、更新换代更快，这就对企业制定网络营销产品策略提出了新的挑战。

8.2.2 网络营销价格策略

1. 网络营销产品的价格特征

与传统营销的产品价格相比，网络营销的产品价格具有如下一些新的特征。

（1）低价位。网络经济是直接经济，因为减少了交易的中间环节，所以能够降低网上销售商品的价格。另外，由于网络信息的共享性和透明性，使得消费者可以方便地获得商品的价格信息，因此要求企业必须要以尽可能低的价格向消费者提供产品和服务。如果产品的定价过高或降价空间有限，那么该产品不太适合在网上销售。

（2）消费者主导。消费者主导定价是指消费者通过充分的市场信息来选择购买或定制自己满意的产品或服务，同时以最小代价（产品价格、购买费用等）获得这些产品或服务。在网络营销过程中，消费者可以利用网络的互动性与卖家就产品的价格进行协商，这使得消费者主导定价成为可能。

（3）价格透明化。在网上，产品的价格是完全透明的。网络消费者足不出户，通过搜索引擎或专门的比价软件，就可轻松获得不同商家对同一产品的报价。如果电商所售的产品没有价格优势，就会失去对消费者的吸引力。

2. 网络营销的定价策略

（1）免费定价策略。面对浩瀚无边的网络信息海洋，注意力无疑是最为稀缺的资源。因此，经济学家提出了"注意力经济""眼球经济"的概念。很显然，免费是吸引消费者"注意力"或"眼球"的一大利器。

免费定价是指企业以零价格的形式将产品（服务）的全部或是部分无偿提供给消费者使用的定价方式。免费定价策略主要有 4 种形式：完全免费、限制免费（一定时间内或一定次数内免费提供产品，如网络杀毒服务）、部分免费（部分内容免费，部分内容收费，如研究报告的数据）和捆绑式免费（在购买产品后，其附属的一些东西免费，如正版软件附带的小软件），从成本的角度分析，免费定价策略适合复制成本几乎为零的数字化产品和无形产品。

（2）新产品定价策略。新产品定价策略关系到新产品能否顺利地进入市场、能否在市场立足以及能否为目标消费者所接受和认可等，所以制定正确的新产品定价策略至关重要。在网络营销实践中，可供选择的新产品定价策略主要有撇脂定价策略、渗透定价策略和满意定价策略。

（3）折扣定价策略。折扣定价策略是指企业对现行定价做出一定的调整，直接或间接地降低价格，以争取顾客，扩大销量。网上的折扣定价策略可采取数量折扣、现金折扣、季节折扣、功能折扣和时段折扣等多种形式，其实质是一种渗透定价策略。

（4）差别定价策略。差别定价策略是指企业根据消费者、销售区域等方面的差异，对同一种产品或服务设置不同的价格，以达到获取最大利润的目的。

（5）拍卖定价策略。网上拍卖是指网络服务商利用互联网技术平台，让商品所有者或某些权益所有人在其平台上开展以竞价、议价方式为主的在线交易模式。实施拍卖定价策略具有一定的风险性，因为这样做有可能会破坏企业原有的营销渠道和定价策略。比较适合网上拍卖定价的是企业的库存商品或二手商品。当然，如果企业希望通过拍卖展示来吸引消费者的关注，这种定价方式也适用于部分新产品。

（6）定制定价策略。定制定价是指企业为生产的买方定制产品所制定的价格。采用这种定价策略，每一个商品的价格会因消费者的独特需求而不同。例如，电脑组装企业完全根据用户的指定配置来提供产品，所以每台电脑的定价自然是由配置的高低来决定。

（7）使用定价策略。所谓使用定价，是指消费者只需根据使用次数进行付费，而不需要完全购买产品。企业采取这种定价策略有助于吸引消费者使用产品，扩大市场份额。使用定价策略比较适合虚拟产品，如计算机软件、音乐、电影、电子出版物和游戏等。

（8）品牌定价策略。品牌是影响产品定价高低的重要因素，如果产品具有良好的品牌形象，就可以制定较高的价格。例如，名牌产品采用"优质高价"的策略，既增加了盈利，又让消费者在心理上获得极大的满足。

8.2.3 网络营销渠道策略

1. 网络营销渠道概述

营销渠道是实现商品从商家交换至消费者的通道。对于从事网络营销的企业来说，熟悉网络营销渠道的结构，分析、研究不同网络营销渠道的特点，合理地选择网络营销渠道，无疑会大大促进产品的销售。

网络营销既可采取直接渠道，也可采取间接渠道策略开展营销活动。两者各有利弊，下面分别进行介绍。

2. 网络直接渠道

网络直接渠道又称网络直销，是指开展网络营销的企业不经过任何中间商而直接通过网络将产品销售给消费者的营销模式。

（1）网络直接渠道的优点。① 降低商品售价。由于没有中间商赚差价，网络直销可以有效地降低交易费用，从而为企业降低产品售价提供保障。② 及时获取消费者的反馈信息。开展网络直销的企业可以通过网络及时了解消费者对产品的意见和建议，并可针对这些意见和建议改进产品质量和提高服务水平。

（2）网络直接渠道的缺点。网络直接渠道的缺点主要在于由于企业自身能力所限，很难建立为消费者所关注的销售平台，因而销量有限。当前我国企业自建的销售网站不计其数，然而除个别行业和部分特殊企业外，大部分网站访问者寥寥无几，营销效果平平。

3. 网络间接渠道

网络间接渠道又称网络间接销售，是指开展网络营销的企业通过网络中间商将产品销售给消费者的营销模式。

（1）网络间接渠道的优点。① 可以利用网络中间商的强大分销能力迅速覆盖市场并提高销量。② 提高交易的成功率。网络产品交易中介机构的规范化运作，可以降低交易过程中的不确定性，从而提高交易的成功率。

（2）网络间接渠道的缺点。网络间接渠道销售的缺点也很明显，如容易受制于中间商，市场反馈信息不如直接渠道通畅，中间商的存在提高了产品的售价使得产品缺乏竞争力等。

8.2.4 网络营销促销策略

1. 网络促销的概念及特点

（1）网络促销的概念。促销是指企业为了激发消费者的购买欲望，影响他们的消费行为，为扩大产品销售而进行的一系列如宣传报道、说服、激励、联络等促进性工作。企业的促销策略实际上是对各种不同促销活动的有机组合。与传统促销方式相比，基于国际互联网的网络促销有了新的含义和形式，它是指利用现代化的网络技术向虚拟市场传递有关产品和服务的信息，以启发需求，引起消费者的购买欲望和购买行为的各种活动。

（2）网络促销的特点。① 虚拟性。在这个环境中，消费者的消费行为和消费理念都发生了巨大的变化。因此，网络营销者必须突破传统实体市场和物理时空观的局限性，采用全新的思维方法，调整自己的促销策略和实施方案。② 全球性。虚拟市场的出现，将所有的企业，无论其规模大小，都推向了全球市场。传统的区域性市场正在被逐步打破，因此，企业开展网络促销活动所面对的将是一个全球化的大市场。③ 发展变化性。这种建立在计算机与现代通信技术基础上的促销方式还将随着这些技术的不断发展而改进。

2. 网络营销促销的形式

传统营销的促销形式主要包括网络广告、网络公关、人员推销和销售促进等方式。与之相比，网络营销的促销形式更为丰富，除了包括上述方式之外，还包括网络事件促销、电子邮件促销、网络软文促销、O2O 促销等。

8.3 网络广告

伴随着互联网的兴起与迅猛发展，数字媒体已成为继语言、文字和电波之后出现的新的信息传播载体。数字媒体的发展极大地改变了人们的生活，也对传统的广告活动产生了深远的影响。广告领域的变化主要体现在网络广告异军突起，逐渐取代传统广告成为主流的广告形式。

8.3.1 网络广告的概念与分类

1. 网络广告的概念

网络广告是指以数字代码为载体，以国际互联网为传播媒介，以文字、图片、音频、视频等形式发布的广告。通俗地讲，网络广告是指广告主为了实现促进商品交换的目的，通过网络媒体所发布的广告。网络广告诞生于美国，1994 年 10 月 14 日，美国著名的连线（Wired）杂志推出了网络版的 Hotwired（www.hotwired.com），其主页上开始有 AT&T 等 14 个客户的广告横幅。这是广告史上里程碑式的一个标志。继 Wired 之后，许多传媒如美国的有线电视网 CNN、《华尔街日报》等，无论电视、广播，还是报纸、杂志，也都纷纷上网并设立自己的网站，将自己的资料搬上网络。在刊登信息、在提供网络浏览服务的同时，也在网络媒体上经营广告。自此，网络广告作为一种新的广告形式而逐渐为人们所熟知。

虽然网络广告的与传统广告一样，其最终的目标都是实现商品的交换，但与传统广告形式相比，网络广告以数字代码为载体，采用先进的电子多媒体技术设计制作，通过互联网广泛传播，因而具有良好的交互功能。

2. 网络广告的分类

（1）按钮广告

按钮广告是从旗帜广告演变而来的一种网络广告形式，通常是一个链接到公司的主页或站点的公司标志（Logo），用户点击后即可阅读广告。按钮广告一般面积较小，放置位置灵活。按钮广告的不足在于其被动性和有限性，用户需要主动点击才能了解到有关企业或产品更为详尽的信息。

（2）旗帜广告

旗帜广告是常见的网络广告形式，又名"横幅广告"，是互联网上最为传统的广告形式。网络媒体通常在自己网站的页面中分割出 2 厘米×3 厘米、3 厘米×16 厘米或 2 厘米×20 厘米的版面（视各媒体的版面规划而定）发布广告，因其像一面旗帜，故称为旗帜广告，如图 8-1 所示。旗帜广告允许广告主用简练的语言、独特的图片介绍企业的产品或宣传企业形象。

图 8-1　旗帜广告

（3）文字链接广告

文字链广告是以一个词组或一行文字导论形式展现，用户点击后可以进入相应的广告页面。文字链广告的安排位置灵活，它可以出现在页面的任何位置，可以竖排也可以横排。这是一种对浏览者干扰最少的网络广告形式，但对用户的吸引力有限。

（4）网络视频广告

网络视频广告是目前较为流行的一种广告形式，可分为传统的视频广告和用户自发制作的视频广告。传统的视频广告是指直接将广告客户提供的网络视频在线播放，相当于将电视广告放到网上。而用户自发制作的视频广告是用户自制的原创广告，通过网络平台尤其是移动端网络平台进行展示，以传播广告信息。我们在微信和各类短视频平台上经常可以看到这种类型的广告。

在互联网下的定制营销思维与传统定制营销思维有了明显的不同，追求快速、专注、口碑和极致的用户体验，推崇让用户来定义产品或服务、快速响应用户需求、以互联网为工具传递用户价值等开放理念。在市场竞争日益激烈的情况下，定制营销思维的运用可以帮助企业获得市场的有利地位，在互联网时代，没有定制营销思维的企业必将被市场淘汰。在当今这个产品越来越趋向同质化的时代，人们对于能切合自身个性化需求的定制产品有着明显的倾向。企业应当抓住这个机遇，逐步实现产品的定制化，为用户提供更加优质的用户体验，从而增加企业盈利。

（5）主页广告

主页广告指企业将所要发布的信息内容分门别类地制作成主页，放置在网络服务商的站点或企业自己建立的站点上。主页广告可以详细地介绍企业的相关信息，如发展规划、主要产品与技术、产品订单、售后服务、战略联盟、年度经营报告、主要经营业绩、联系方式等，从而让用户全面地了解企业及企业的产品和服务。

（6）分类广告

分类广告又被称为主动广告，它不同于我们日常在电视、报刊上所看到的广告，分类广告不主动强加给受众。如 58 同城网上有众多的分类广告，大都与老百姓的生活密切相关，如出租、出售、家政、搬迁、招聘、二手货买卖等商品信息。

（7）弹出窗口式广告

弹出窗口式广告是指打开网站后自动弹出的广告。该类广告具有一定的强迫性，无论用户单击与否，广告都会出现在用户面前。该类广告被广泛用于品牌宣传、产品促销、招生或咨询等活动。但需要注意的是，由于弹出窗口式广告大多具有强制性，用户对其较为反感，一般都会主动屏蔽该类广告。

（8）其他形式的网络广告

定向广告是指网络服务商利用网络追踪技术搜集整理用户信息，按年龄、性别、职业、爱好、收入、地域分类储存用户的 IP 地址。然后利用网络广告发布技术，向不同类别的用户发送内容不同的广告，从而达到精准投放的目的。

关键字广告是充分利用搜索引擎资源开展网络营销的一种手段，属于按点击次数收费的网络广告类型。关键字广告有两种基本形式，一是关键字搜索结果页面上方的广告横幅可以由客户买断。这种广告针对性强，品牌效应好，点击率高。二是在关键字搜索结果的网站中，客户根据需要购买相应的排名，以提高自己的网站被访问的概率。

墙纸广告把广告主所要表现的广告内容体现在墙纸上，并将墙纸放在具有墙纸内容的网站上，供感兴趣的人进行下载。

赞助式广告分为 3 种赞助形式：内容赞助、节目赞助、节日赞助。赞助式广告形式多样，广告主可对自己感兴趣的网站内容或网站节目进行赞助。

网络广告除了以上类别外，常见的还有浮动广告、定向广告、关键字广告、墙纸广告，以及伴随着 APP 的出现而诞生的启动页广告、信息流广告、积分广告、下拉刷新广告；随着微信的出现而诞生的朋友圈广告、公众号底部广告、文中广告、视频贴片式广告、互选广告与小程序广告等。

8.3.2 网络广告创意

网络广告要吸引用户，应是生动的、能够抓住人视线的、有趣味的并且让人无法拒绝的。网络广告要形成突破，必须依靠卓越的创意。网络广告创意需注意以下几点。

1. 营造强有力的视觉冲击效果

网络信息浩如烟海，如果广告不具有强大的视觉冲击力，必然不能为目标受众所关注。因此，广告创意者一定要创作能瞬间吸引受众注意的广告作品，以便引起受众的兴趣。

2. 传递简单易懂而又有趣的信息

当今社会生活节奏加快，网民的时间越来越碎片化，如果广告内容冗长或是晦涩难懂，又或是平淡无奇，都将难以吸引网络用户。事实上，简单易懂而又有趣的广告更容易被受众关注。为什么抖音上的很多广告都不让我们反感？因为这些广告很短而又非常有趣，很难让我们厌烦。当然，这也与抖音强大的后台算法有关，它可以根据用户的喜好进行精准的广告推荐。

3. 适度的曝光率

网络用户的一个基本特点是"喜新厌旧"，即用户的关注度会随着广告投放时间的增加而降低。因此，当某一则广告的曝光率达到某种程度后出现下降倾向时，企业就必须考虑更换该广告。

4. 发展互动性

随着网络技术的发展，未来的网络广告必定朝着互动性方向发展。广告创意者如能在网络广告中增加游戏活动功能，则点击率会大大提高。索尼在线的娱乐站发布的凯洛格仪器公司的网络游戏广告，以一组面向儿童的游戏为特色，其中一个游戏参加后玩家有机会赢得一盒爆米花。发布这则广告后，凯洛格主页的访问量增加了 3 倍，访问时

间增加了 2 倍，该广告的浏览率高达 14.5%。

8.4 网络消费者行为

8.4.1 网络消费的需求特点和趋势

网络消费是一种全新的消费方式，与传统的消费方式相比，网络消费需求呈现如下的特点和趋势。

1. 回归个性化消费

在早期手工作坊式生产阶段，企业无法对商品进行标准化的大规模批量式生产。在这一时期，消费者获得的商品是定制化的，消费方式属于个性化消费。工业革命之后，机器生产取代了手工生产，现代工厂代替了手工作坊，工业化和标准化的生产方式使得个性化消费被湮没于大量低成本、单一化的商品洪流之中。然而，消费者对个性化消费的追求永远都是客观存在的。互联网的迅速普及以及现代制造技术的高速发展，使得企业满足消费者个性化消费需求成为可能。因此，在网络时代，个性化消费再度成为消费的主流。

2. 消费需求的差异化明显

消费需求的差异是始终存在的，但当前网络消费者之间的需求差异比任何一个时期都要明显。这是因为网络营销没有地域上的界限，消费者可能来自本国市场，也可能来自地球另一端的某一个国家或地区。地域、民族、宗教信仰、收入水平以及生活习俗上的差异造就了网络消费者较大的需求差异。因此，从事网络营销的企业要想取得成功，就必须认真思考这种差异性，应该针对不同消费者的需求差异，采取有针对性的方法和措施。

3. 消费者获取的商品信息更加充分

消费主动性的增强来源于现代社会的不确定性和人类追求心理稳定和平衡的欲望。网络消费者在做出购买决策之前，可以通过互联网主动获取欲购买商品的信息并进行比较，从而做出最佳的购买决策。

4. 对购买方便性的需求与对购物乐趣的追求并存

购买便利性是影响消费者购买行为的一个重要原因。一般而言，消费者的购买成本除了货币成本外，还有体力成本、精力成本等。购物中心无论离消费者有多近，总不及在网上购物方便。网络为消费者提供了便利的交易平台，也促使消费者对便利性有了更高的追求。此外，现代人生活方式的改变，使人与人之间面对面的沟通越来越少，为保持与社会的联系，减少心理孤独感，人们愿意花费大量的时间进行网络社交。因此在网上购物，消费者除了能够满足购物需求，还能排遣寂寞。

5. 价格是影响消费心理的重要因素

互联网经济是直接经济，由于大量中间环节的减少以及销售终端费用的下降，网上销售的绝大多数商品的价格都要低于线下售价，这也是吸引消费者网上购物的重要原因。

6. 网络消费需求的超前性和可诱导性

电子商务构建了一个全球性的虚拟大市场，在这个市场中，最先进和最时尚的商品会以最快的速度与消费者见面。具有创新意识的网络消费者很容易接受这些新商品。从事网络营销的企业应当充分发挥自身的优势，采用多种促销方法，启发、刺激网络消费者的新需求，唤起他们的购买兴趣，诱导网络消费者将潜在的需求转变为现实的需求。

8.4.2 影响网络消费者购买决策的因素

网络消费者的购买决策除了受个人因素，如个人收入、年龄、职业、学历、心理、对网络风险的认知等因素的影响之外，还受到网购商品的价格、购物的便利性、商品的选择范围、商品的时尚性与新颖性等因素的影响。

1. 消费者的个人因素

网上购物与传统购物方式有不同的特点。要实现网上购物，消费者需要一定的软硬件基础，同时也需要消费者具备一定的网络知识。一般来说，年轻的、高学历的、高收入的、对网络风险有着正确认知（受消费者网络知识、学历、职业等因素影响）的消费者更倾向在网上购物。不过随着网络的不断普及，越来越多的消费者加入了网购的群体。

2. 商品的价格

一般来说，价格是影响消费者心理及行为最主要的因素，即使在今天消费者收入普遍提升的时代，价格的影响仍然是不可忽视的。只要商品价格降幅超过消费者的心理预期，消费者通常就会迅速采取购买行动。网络的开放性和共享性使得消费者可以第一时间方便地获得众多商家最新的报价信息，因而在同类商品中价格占优势的商家更能得到网络消费者的青睐。

3. 购物的便利性

购物的便利性是影响网络消费者购物的重要因素之一。这里的便利性是指消费者在购物过程中能够节省更多的时间成本、精力成本和体力成本。当前，拥挤的交通、陈列杂乱无序的购物场所耗费了消费者宝贵的时间和精力，商品的多样化使得消费者眼花缭乱，而假冒伪劣商品又使消费者难以辨别。因此，消费者迫切需要一种全新的、快速而又方便的购物方式，而网上购物恰好适应了消费者的这种需求。在网上购物模式下，消费者可以坐在家中与卖家达成交易，足不出户即可获得所需的商品或服务。网上购物顺应了现代社会消费者对便利性的追求，因而为越来越多的消费者所接受。

4. 商品的选择范围

商品的选择范围也是影响消费者购物的重要因素。在网络平台上，消费者挑选商品的范围大大拓展。网络为消费者提供了多种搜索工具，借助搜索工具，消费者可以方便快速地获得所需商品的信息，通过比较和分析，消费者很容易做出最终的购买决策。

5. 商品的时尚性与新颖性

追求商品的时尚性与新颖性是许多网络消费者重要的购买动机。这类消费者特别重视商品的款式、格调和流行趋势。他们是时髦的服饰、新潮的数码商品的主要购买者。因此，时尚、新颖的商品更能激发这类网络消费者的购买欲望。

8.4.3 网络消费者的购买行为过程

与线下购买行为类似，网络消费者的购买行为在实际购买之前就已经开始，并且延长到购买后的一段时间，有时甚至是一个较长的时期。具体的购买行为过程大致可分为诱发需求、收集信息、比较选择、购买决策和购后评价等不同的阶段。

1. 诱发需求

消费者购买行为的起点是诱发需求，这种需求是在内外因素的刺激下产生的。传统的营销理论认为，诱发需求的因素是多方面的：有人体内部形成的生理刺激，如冷暖饥渴等，也有外部环境所形成的心理刺激等。

对于网络营销来说，诱发需求的动因只能局限于视觉和听觉。文字的表述和图片、声音的配置成为诱发网络消费者购买的直接动因。从这方面来讲，网络营销想吸引消费者具有相当高的难度。这就要求从事网络营销的经营者注意了解与自己商品有关的实际需求和潜在需求，了解在不同时间段消费者产生这些需求的程度，了解这些需求是由哪些刺激因素诱发的，进而采取相应的促销手段去吸引更多的消费者，诱导他们的需求。

2. 收集信息

需求被唤起之后，每个消费者都希望自己的需求能得到满足。所以，收集信息、了解行情成为消费者购买过程的第二个阶段。在这个阶段消费者的主要工作就是收集商品的有关资料，为下一步的比较选择奠定基础。

消费者在网上购买的过程中，主要通过互联网收集商品信息。与传统购买方式不同，消费者在网上收集购买信息具有较大的主动性。一方面，消费者可根据已了解的信息，通过互联网跟踪查询；另一方面，消费者又在网上浏览中寻找新的购买机会。

3. 比较选择

比较选择是购买过程中必不可少的阶段。消费者对通过各种渠道收集而来的资料进行比较、分析、研究，从而了解各种商品的特点及性能，从中选择最为满意的一种。一般来说，消费者的综合评价主要考虑商品的功能、质量、可靠性、样式、价格和售后服务等。通常，消费者对一般消费品和低值易耗品较易选择，而对耐用消费品的选择比较慎重。

网上购物不直接接触实物，因此网络消费者对商品的比较主要依赖于企业对商品的描述，包括文字的表述、图片的展示和视频的介绍等。企业对自己的商品描述得不充分，就不能吸引众多的消费者。如果过分夸张地描述，甚至带有虚假的成分，则可能永久地失去消费者。对这种分寸的把握，是每个从事网络营销的企业都必须认真考虑的。

4. 购买决策

网络消费者在完成对商品的比较选择后，便进入购买决策阶段。购买决策是指网络消费者在购买动机的支配下，从两件或两件以上的商品中选择一件满意商品的过程。

购买决策是网络消费者购买活动中最主要的组成部分，基本上反映了网络消费者的购买行为。与传统购买方式相比，网络消费者的购买决策有许多独特之处。一方面，网络消费者理智动机所占比重较大，而感情动机的比重较小，这是因为消费者在网上寻找商品的过程本身就是一个思考的过程。网络消费者有足够的时间仔细分析商品的性能、质量、价格和外观，从而从容地做出自己的选择。另一方面，网上购买受外界影响较小。消费者通常是独自上网浏览、选择，受身边人的影响较小。因此，网上购物的决策较之传统的购买决策要快得多。

网络消费者在决定购买某种商品时，一般必须具备 3 个条件：第一，对企业有信任感；第二，对支付有安全感；第三，对商品有好感。所以，树立企业形象，提升支付的安全保障，改善商品物流方式以及全面提高商品质量，是每个参与网络营销的企业必须重点抓好的 4 项工作。

5. 购后评价

消费者购买商品后，往往通过使用对自己的购买行为进行检验和反省，重新考虑这种购买是否正确、效用是否满意、服务是否周到等问题。这种购后评价往往决定了消费者今后的购买动向。

8.5 网络营销方法

为实现网络营销的目标，企业可采用多种营销方法，如搜索引擎营销、网络事件营销、病毒式营销、大数据营销、短视频营销、直播营销、微信营销、APP 营销、许可电子邮件（E-mail）营销、二维码营销等，其中一些方法是伴随着移动互联网的发展而兴起的，本书将在移动营销一章进行介绍。

8.5.1 搜索引擎营销

1. 搜索引擎营销的含义与特点

（1）搜索引擎的含义

搜索引擎营销（Search Engine Marketing，SEM）是基于搜索引擎平台，通过一整套技术和策略，利用人们对搜索引擎的依赖和使用习惯，在人们检索信息的时候尽可能地将营销信息传递给目标客户的一种营销方式。搜索引擎营销要求以最少的投入，获得最大的来自搜索引擎的访问量，并产生相应的商业价值。用户通过搜索引擎进行信息搜索是一种主动表达自己真实需要的方式，因此搜索与某类产品或某个品牌相关的关键词的用户就是该产品或品牌所寻找的目标客户或潜在目标客户，这也是搜索引擎应用于网络营销的基本原理。

（2）搜索引擎营销的特点

搜索引擎营销的实质就是通过搜索引擎工具向用户传递他所关注对象的营销信息。与其他网络营销方法相比，搜索引擎营销有以下特点。

① 用户主动创造营销机会。搜索引擎营销和其他网络营销方法最大的不同点在于，在这种方法中用户主动创造了营销机会。以关键字广告为例，只有用户输入了关键字，相关广告才在搜索结果中出现。

② 以用户为主导。搜索引擎检索出来的是网页信息的索引，而不是网页的全部内容，所以这些搜索结果只能发挥引导的作用。在搜索引擎营销当中，使用什么搜索引擎、通过搜索引擎检索什么信息完全是由用户自己决定的，在搜索结果中点击哪些网页也取决于用户的判断。这种以用户为主导的搜索引擎营销，极大地减少了营销活动对用户的干扰，贴合了网络营销的基本思想。同时，以用户为主导的这种特点使搜索者的访问更有针对性，从而使搜索引擎营销可以产生很好的营销效果。

③ 按效果付费。搜索引擎营销是按照点击次数来收费的，而展示则是不收费的。这意味着企业的广告只有被用户检索到并点击后才会产生费用，而用户的点击则代表用户对该广告展示的产品或服务具有一定的兴趣。因此，这种按效果付费的方式更为合理、科学，避免了企业广告费的无效投入。

④ 分析统计简单。企业借助搜索引擎开展营销活动，可以很方便地从后台看到广告每天的点击量、点击率，有利于企业分析营销效果，优化营销方式。

⑤ 用户定位精准。搜索引擎营销在用户定位方面表现突出，尤其是搜索结果页面的关键词广告，它与用户检索所使用的关键词高度相关，从而提高营销信息被关注的可能性，最终达到增强网络营销效果的目的。

除此之外，门槛低、投资回报率高、动态更新、使用广泛等都是搜索引擎营销的特点。

但需注意的是，搜索引擎营销的效果表现为网站访问量的增加而不是销量的直接增加，其目的是提高访问量，至于访问量最终是否可以转化为收益，不是搜索引擎营销可以决定的。要想提高销量，企业还要做好各方面的工作。

2. 搜索引擎营销的模式

搜索引擎营销追求高性价比，以最少的投入，获得最大的来自搜索引擎的访问量，并产生相应的商业价值。搜索引擎营销模式主要有以下几种。

（1）登录分类目录

登录搜索引擎的方法比较简单，只需要按照搜索引擎的提示逐步完成即可。通常网站登录搜索引擎需要提供网站名称、网站地址、关键词、网站的描述和站长联系方式等信息。大部分的搜索引擎是要对收到的信息进行人工审核。管理员在收到用户提交的信息后会访问网站，判断用户所提交的信息是否属实，所选择的类别是否合理，并决定是否收录该网站。登录审核通过后，搜索引擎数据库更新后会显示收录信息。

搜索引擎登录有免费登录分类目录和付费登录分类目录之分。免费登录分类目录是传统的网站推广手段。目前多数搜索引擎都已开始收费，只有少数搜索引擎可以免费登录。但网站访问量主要来源于少数几个重要的搜索引擎，即便企业登录多个低质量的搜索引擎，网络营销效果也一般。搜索引擎的发展趋势表明，免费搜索引擎登录的方式将逐步退出网络营销舞台。

付费登录分类目录与免费登录分类目录相似，只是网站交纳费用后才可以获得被收录的资格。一些搜索引擎提供的固定排名服务，通常也是在收费登录的基础上展开的。此类搜索引擎营销与网站设计本身没有太大关系，主要取决于费用。因此，一般情况下，只要交费，信息都可以被登录。但与免费登录分类目录一样，这种付费登录搜索引擎的营销效果也正日益降低。

（2）搜索引擎优化

搜索引擎优化（Search Engine Optimization，SEO）是通过对网站栏目结构和网站内容等基本要素的优化设计，提升网站对搜索引擎的友好性，使得网站中尽可能多的网页被搜索引擎收录，并且在搜索中获得好的排名，进而在搜索引擎的自然检索中吸引尽可能多的潜在用户。具体来说，可以采取以下优化措施。

① 关键词优化。在搜索引擎中检索信息都是通过输入关键词来实现的，它是整个网站登录过程中最基本也是最重要的一步，是网页优化的基础。然而，选择关键词并非一件轻而易举的事，要考虑诸多因素，如关键词与网站内容的关联性、词语间组合排列的合理性、与搜索工具要求的符合度、与热门关键词的区分度等。

② 网站栏目结构优化。网页级别（Page Rank，PR）是谷歌搜索排名算法中的一个组成部分。PR 值越高，说明该网页在搜索中的排名越靠前。网站内容不完善会导致网站结构散乱，不利于提高 PR 值，并会影响搜索引擎收录。尽管网站结构问题在中小型站点中并不突出，但对于存在较多二级域名的大型网站来说，网站结构非常重要。

③ 网页优化。静态网页是指网页文件中没有程序，只有 HTML 代码，一般以 .html 或 .htm 为后缀名的网页。静态网页内容在制作完成后不会发生变化，任何人访问都显示一样的内容，如果需要内容产生变化就必须修改源代码，然后再上传到服务器。静态网页都有一个固定的 URL，且网页 URL 以 .htm、.html、.shtml 等常见形式为后缀，不含有动态网页的"？"。而搜索引擎一般不会从一个网站的数据库中访问全部网

页，搜索引擎蜘蛛也不会抓取网址中"？"后面的内容，所以采用静态网页的网站在开展搜索引擎营销时，需要做一定的技术处理才能适应搜索引擎的要求。

④ 内部链接优化。网站的内部链接，简称网站内链，是指在一个网站域名下的不同内容页面之间的互相链接，内链可以分为通用链接和推荐链接。合理的内链布局有利于提升用户体验和搜索引擎蜘蛛对网站的爬行索引效率，利于网站权重的有效传递，从而增加搜索引擎的收录与提升网站权重。内部链接的优化，包括相关性链接、锚文本链接、导航链接等的优化。如果网站有两个以上的域名，要避免两个或更多域名同时指向一个空间。因为搜索引擎可能会认为这是网页复制，从而收录其中一个 URL，将另一个 URL 列为复制站点。当网站存在复制站点时，搜索引擎会认为网站有作弊的嫌疑，这对网站排名极为不利。

（3）关键词广告。关键词就是用户输入搜索框中的文字，其形式多样，可以是中文、英文或中英文混合，长度可以是一个字、两个字、三个字，甚至是一句话。根据搜索目的不同，关键词大致可以分为导航类关键词、交易类关键词和信息类关键词。

关键词广告是当用户利用某一关键词进行检索时在检索结果页面会出现与该关键词相关的广告内容的一种搜索引擎营销手段。关键词广告是在用户检索特定关键词时，才出现在搜索结果页面的显著位置的，其针对性比较强，被认为是性价比较高的网络营销方式，发展较快。

用户通过关键词在互联网搜索引擎中查找相关信息，这些相关信息能否被找到和关键词的选择、使用分不开。搜索引擎公司通过分析用户使用关键字、词、句的内容和种类及频率，可以分析用户的搜索行为，发现用户感兴趣的信息。

关键词广告的形式比较简单，不需要复杂的广告设计过程，因此极大地提高了广告投放的效率。同时，较低的广告成本和门槛使得个人店铺、小企业也可以利用关键词广告推广。关键词广告通常采用点击付费计价模式，广告主只为被点击的广告付费。

关键词广告还有一种竞价排名的方式，即将出价高的关键词排在前面，这为经济实力比较强而且希望排名靠前的网站提供了方便。关键词广告可以方便地进行管理，并随时查看流量统计。传统的搜索引擎优化中，缺乏关键词流量分析手段，并不能准确统计所有访问者来自哪个搜索引擎，以及使用的关键词是什么。付费的关键词广告可以提供详尽的流量统计资料和方便的关键词管理功能，企业可以根据自身的营销策略更换关键词广告。

此外，基于网页内容的网络广告是关键词广告搜索引擎营销模式的进一步延伸，这使得广告载体不仅可以是搜索引擎搜索结果的网页，还可以延伸到合作伙伴的网页。

8.5.2　网络事件营销

随着信息技术与互联网的不断发展，网络已经成为汇集民意的新渠道。在网络这一传播媒介的协助下，网络事件营销方式成为企业及时、有效、全面地向大众宣传产品或服务的新型营销模式。

1. 网络事件营销的含义

网络事件营销（Internet Event Marketing，IEM），是指企业通过策划、组织和利用具有新闻价值、社会影响及名人效应的人物或事件，以网络为传播载体，吸引媒体、社会团体和消费者的兴趣与关注，以求提高企业或产品的知名度、美誉度，树立良好品牌形象，并最终促成产品或服务销售的一种新型的营销模式。

2. 网络事件营销的特征

（1）网络事件营销投入少、产出大。网络事件营销利用现代社会非常完善的传播媒介进行传播，达到宣传企业的目的。由于所用的传播媒介都是免费的，所以这种营销方式的投入成本较低。如果企业能够提出好的创意并选择合理的时机开展网络事件营销，不仅可以得到较高的回报，还可以迅速提升企业、品牌的知名度。

（2）网络事件营销影响面广、关注度高。互联网的及时性和普及性使得信息传播的速度和广度都大为提升。事件一旦被关注，借助互联网的口碑传播效应，可以引发极高的社会关注度，甚至可由网络事件上升到被其他媒体关注的事件。

（3）网络事件营销具有目的隐蔽性。企业策划的网络事件营销都有商业宣传的目的，但一般情况下该目的是隐蔽的，大量高明的网络事件营销都隐藏了自己的推广意图，让消费者根本感觉不到该事件的目的是产品推广。

（4）网络事件营销具有一定的风险性。网络事件营销是一把"双刃剑"。由于传播媒介的不可控性及事件接受者对事件理解程度的不确定性，网络事件营销很可能引起公众的反感和质疑，使企业不仅达不到营销的目的，反而可能面临生存危机。例如，肯德基的"秒杀门"事件（注：2010 年 4 月 6 日，肯德基中国公司推出"超值星期二"三轮秒杀活动，64 元的外带全家桶只要 32 元，于是在全国引发消费者的购买热情。但当消费者拿着从网上辛苦"秒杀"回来的半价优惠券，却被肯德基单方面宣布无效。与此同时，公司发表声明称，由于部分优惠券是假的，所以取消优惠兑现。消费者认为是肯德基欺骗了大家，网友称肯德基这次陷入了"秒杀门"），不仅没有达到企业推广的目的，还暴露了企业信息化建设不足、危机处理能力欠缺、不能与公众进行良好沟通等缺陷。

3. 网络事件营销策划

"水可载舟，亦可覆舟"，网络事件营销可以让企业"一夜成名"，也可能使企业"一夜败北"。网络媒体传播速度快、范围广、关注度高的特性，造就了网络事件营销的独特优势，利用网络事件营销可以有效地提高企业、品牌的知名度。但由于网络媒体及消费者的接受度等存在不可控的风险，也可能引起消费者对企业、品牌的反感。"凡事预则立，不预则废"，在实际的营销过程中，企业应该细致策划网络事件营销活动，以发挥网络事件营销的作用。

（1）良好的创意

良好的创意是网络事件营销成功的首要条件。近些年，很多成功的网络事件营销都有较好的创意。它们通过"唱反调"、制造悬念等方式引起网民的广泛关注，提高了相关企业的知名度。"吃垮必胜客"事件营销就是一个非常值得我们学习的案例。

前些年，一则"吃垮必胜客"的帖子一度在网上热传。该帖主要用于对水果蔬菜沙拉的高价表示不满，并提出了许多盛取食物的"秘籍"。随着帖子的点击量和转载量的急速上升，必胜客的客流量迅速增长。其实，这不过是必胜客为了吸引更多的客户而发起的一场成功的网络事件营销活动。

有一位网友这样在网上留言："我当时马上把帖子转发给我爱人了，并约好了去必胜客'一试身手'。到了必胜客，我们要了一份自助沙拉，并马上开始按照帖子里介绍的方法盛取沙拉。努力了几次，终于发现盛沙拉用的夹子太大，做不了那么精细的搭建工艺，最多也就搭 2—3 层，不可能搭到 15 层。"

真正装满那么多沙拉的热心网友，会在网上发帖，介绍自己"吃垮必胜客"的成功经验，甚至有网友从建筑学角度，用 11 个步骤来论述如何"吃垮必胜客"。

"吃垮必胜客"事件抓住了公众的好奇心理，许多消费者看到帖子都纷纷前往必胜客一探究竟。其结果可以想象，随着帖子点击量的急速上升，必胜客的客流量迅速增加，这一事件营销达到了出奇制胜的效果。

（2）把握网民关注的动向

网络事件营销想做到有的放矢，就必须把握好网民关注的动向。大多数网民具有较强的好奇心，喜欢关注新奇、反常、有人情味的事件。

（3）抓住时机，善于借势

所谓"借势"，是指企业及时地抓住广受公众关注的事件、社会新闻等，结合企业或产品的宣传目的而开展的一系列相关活动。企业如果可以充分调动公众的好奇心，网络事件营销取得成功的概率会更大。如果企业自身不具备引起社会关注的新闻价值，需要采用借势的手段，利用已有关注度的事件，将公众及新闻媒体的视线吸引到本企业。

（4）诚信为本

"巧妇难为无米之炊"。企业的行为会影响企业的信誉，企业要采取实际行动，用事实说话，为公众做实事，网络事件的传播才"有米下锅"。因此，网络事件营销策划，必须做到实事求是，不弄虚作假，才能真正让公众信服。这是企业进行网络事件营销的基本原则。恶意的炒作会严重影响网络事件营销的效果，损害企业的社会形象。

8.5.3 病毒式营销

1. 病毒式营销的概念

病毒式营销是一种常用的网络营销方法，其原理是利用口碑效应、网络的快速传播功能让企业所要传递的营销信息在互联网上像病毒一样迅速扩散。病毒式营销常被用于网站推广、品牌推广、为新产品上市造势等营销实践中。需要注意的是，病毒式营销成功的关键是要关注用户的感受。

2. 病毒式营销的特点

病毒式营销是通过自发的方式向用户传递营销信息，因此它有一些区别于其他营销方式的特点与优势。

（1）推广成本低。病毒式营销与其他网络营销方式最大的区别就是它利用了用户的参与热情，由用户自发地对信息进行二次传播，这样原本应由企业承担的推广费用就转嫁到了外部媒体或用户身上，他们充当着免费的传播媒介，因此大大节省了企业的广告宣传费用。

（2）传播速度快、传播范围广。在当今的网络社会，信息传播极为迅速，几乎所有信息都可以做到实时传播。而且随着自媒体的兴起，网民对感兴趣的信息可借助博客、微博、微信、短视频平台等进行转发，相当于无形中组建了一个强大的"信息传播大军"，因而能大大地拓展信息传播的范围。

（3）效率高、更新快。病毒式营销广告的信息传递者是"身边的人"，相比大众媒体广告，病毒式营销广告更容易被大众接受，因此病毒式营销广告传播的效果更好。

同时，由于病毒式营销的信息传递者对"病毒"的记忆与关注，所以随着信息传递过程的继续，最开始的传播力已经慢慢转化为购买力，而新一波的"病毒"也会相继而来，因此在整个病毒式营销的过程中，不仅有旧营销信息的传递，还有营销信息的转化与新营销信息的接力，信息更新速度相比大众媒体广告更快。

3. 病毒式营销的策划

病毒式营销策划的核心是制造能迅速吸引眼球的话题。只有话题足够新鲜、有趣，才能激起网络用户的兴趣和转发的热情。病毒式营销的话题有很多种，常见的有 3 种，分别是情感性话题、利益性话题和娱乐性话题。

借情感性话题营销是指开展病毒式营销的企业以情感为媒介，从受众的情感需求出发，寓情感于营销之中，激发他们的消费欲望，并使之产生心灵上的共鸣。例如，前些年异军突起的白酒江小白，就是靠一手漂亮的营销"情感牌"赢得了消费者，尤其是青年消费者的心，如图 8-2 所示。江小白的情感营销，总是让人们心里充满了温情。

我在杯子里看见你的容颜，
却已是匆匆那年。

图 8-2　江小白的情感营销

借利益性话题营销是指开展病毒式营销的企业以引人注目的利益话题来激起受众的关注和参与热情。例如，2018 年 9 月 29 日，支付宝官方微博推出了一个转发"中国锦鲤"的活动，支付宝会在转发该条微博的网友中抽出 1 位"中国锦鲤"。奖品包括鞋包服饰、化妆品、各地美食券、酒店等的优惠券。2018 年 10 月 7 日，支付宝从 300 万左右转发者中抽出了唯一的"中国锦鲤"。这位幸运者获得了"中国锦鲤全球免单大礼包"。而后，在"双 11"即将到来之际，支付宝官方微博再次发文宣布从转发者中抽取 1 名用户帮还 1 年花呗，该条微博的转发量也很多。

借娱乐性话题营销是指开展病毒式营销的企业将娱乐元素融入话题中，通过营造轻松、愉快的氛围来增强受众的黏性，并最终促进产品的销售。例如，七喜通过融合一系列热门话题的极具趣味的视频，对七喜当时"开盖有奖""中奖率高达 27%"等活动进行了生动的演绎，牢牢抓住了观众的视线。其视频在优酷、土豆、校内网、开心网、微博等各大视频及社交网站被大量转发，取得了很好的营销效果。面对市场上众多大品牌饮料产品的竞争，七喜扬长避短，突出自身特色，在视频中通过传递"中奖率高"的这一信息使得消费者一下子就能记住七喜，与其他品牌进行了有效区分。随后，七喜通过视频续集的方式进行深度营销，大幅提升了品牌知名度，七喜当年的销售额也一举进入饮料行业的前三甲。

4. 病毒式营销的实施过程

病毒式营销的实施一般都需要经过规划整体方案、创意和营销方案设计、制造话题和选择信息传播渠道、发布和推广话题、对营销效果进行总结和分析等阶段，下面就对每一阶段的具体工作做简要介绍。

实施病毒式营销的第一步是规划整体方案。在这一阶段，企业需制定病毒式营销的总体目标，拟订实现目标的计划，设立相应的组织部门并配备所需的人员。

实施病毒式营销的第二步是创意和营销方案设计。创意要具有独特性和原创性，人云亦云或是跟风抄袭等，不仅难以激发起受众的兴趣，甚至会让人反感和厌恶。因此，病毒式营销对创意人员有着很高的要求。在这一阶段的另外一个任务是设计营销方案。病毒式营销不是只抛出话题，而是要从多方面综合考虑，设计出全面、具体的营销方案。要制定应对不同情况的营销措施。例如，当话题发布后，激起了受众强烈的兴趣并引发大量转发，此时企业就应该制定对应的方案，借势营销，最大化营销效果。

实施病毒式营销的第三步是制造话题和选择信息传播渠道。病毒式营销的话题在前文中已经做过介绍，在制造话题时要融入情感、利益和娱乐等元素，这样更容易获得受众的关注。在选择信息传播渠道时，企业要考虑哪些是目标受众最易接触的平台，是论坛、QQ、微博、博客、微信，还是短视频平台等，然后从中进行选择。当然，企业也可采取组合策略，充分利用各种信息传播渠道。

实施病毒式营销的第四步是发布和推广话题。发布和推广话题要选准时机，要尽可能吸引有影响力的名人和业界领袖参与话题。

实施病毒式营销的第五步是对营销效果进行总结和分析。通过对营销效果进行总结和分析，企业可以发现问题，适时调整病毒式营销的策略，进而为下一次开展营销活动提供有益的借鉴。

8.5.4 许可 E-mail 营销

1. 许可 E-mail 营销的概念

电子邮件（E-mail）是一种利用计算机通过电子通信系统进行书写、发送和接收的信件，是一种利用电子手段进行信息交换的通信方式。电子邮件结合了电话通信和邮政信件的优势，既能像电话一样快速地传送信息，又能像邮政信件一样具备收件人信息、邮件正文等。同时用户利用 E-mail，也可以免费收到大量的新闻、专题邮件等，实现轻松的信息搜索。正是由于使用简单、投递迅速、形式多样、传递快捷、易于保存等特点，电子邮件被广泛应用。

凡是利用 E-mail 开展营销活动的商业行为都可以称为电子邮件营销，但未经用户许可而大量发送的电子邮件通常被称为垃圾邮件。发送垃圾邮件开展营销活动是一种违法的商业行为，很容易招致用户的反感。而许可 E-mail 营销则是在用户允许的情况下，通过电子邮件的方式向目标用户传递有价值信息的一种网络营销手段。用户允许商家发送电子邮件是开展许可 E-mail 营销的前提。因此，一些网站在用户注册成为会员或申请网站服务时，就会向用户询问"是否愿意接受本公司不定期发送的产品的相关信息"，或者提供一个列表供用户选择希望收到的信息，在用户确定后，才可以在提供服务的同时附带一定数量的商业广告。

许可 E-mail 营销具有成本低、快速实施、目标精准、主动出击等优势，因此自诞生之日起，就被众多开展网络营销的企业所重视。

2. 许可 E-mail 营销的两种基本方式

按照 E-mail 地址资源所有权的划分，许可 E-mail 营销可分为内部列表许可 E-mail 营销和外部列表许可 E-mail 营销这两种基本的方式。两者各有其侧重点和优势，并不矛盾，必要时企业可以同时采用。

　　内部列表就是平时所说的邮件列表，包括企业通过各种渠道获取的各类用户的电子邮箱地址资源（更具体的可以是用户的注册信息）。内部列表许可 E-mail 营销就是在用户许可的前提下，营销者利用注册用户的邮箱地址开展的 E-mail 营销。外部列表是指专业服务商或者其他可以提供专业服务的机构提供的电子邮箱地址资源，如专业的 E-mail 营销服务商、相同定位的网站会员资料、免费邮件服务商等。外部列表许可 E-mail 营销就是在用户许可的前提下，营销者利用专业服务商提供的电子邮箱地址资源开展的电子邮件营销。

　　内部列表许可 E-mail 营销和外部列表许可 E-mail 营销各有优势。表 8-1 分别从主要功能、投入费用、用户信任程度、用户定位程度、获得新用户的能力、用户资源积累情况、邮件列表维护和内容设计、许可 E-mail 营销效果分析 8 个方面对两种方式进行了比较。

表 8-1　内部列表许可 E-mail 营销和外部列表许可 E-mail 营销的比较

比较项目	内部列表许可 E-mail 营销	外部列表许可 E-mail 营销
主要功能	顾客关系、顾客服务、品牌形象、产品推广、在线调查、资源合作	品牌形象、产品推广、在线调查
投入费用	相对固定，主要是日常经营和维护费用，与邮件发送量无关，用户数量越多，平均费用越低	没有日常维护费用，营销费用由邮件发送量、定位程度等决定，发送数量越多费用越高
用户信任程度	用户主动加入，对邮件内容信任程度高	邮件为第三方发送，用户对邮件内容的信任程度取决于服务商的信用、企业自身的品牌、邮件内容等因素
用户定位程度	高	取决于服务商邮件列表的质量
获得新用户的能力	用户相对固定，对获得新用户效果不显著	可针对新领域的用户进行推广，吸引新用户能力强
用户资源积累情况	需要逐步积累，规模取决于现在已有的用户数	在预算许可的情况下，可进行多方合作，快速积累用户
邮件列表维护和内容设计	需要依靠自己的专业人员操作	由服务商专业人员负责，可对邮件发送、内容设计等提供相应的建议
许可 E-mail 营销效果分析	由于是长期活动，较难准确评估每次邮件发送的效果，需长期跟踪分析	有服务商提供专业分析报告，可快速了解每次活动的效果

　　内部列表许可 E-mail 营销以少量、连续的资源投入获得长期、稳定的营销资源，外部列表许可 E-mail 营销则是用资金换取临时性的营销资源。内部列表许可 E-mail 营销在顾客关系和顾客服务方面的效果比较显著，外部列表许可 E-mail 营销可以根据需要选择投放给不同类型的潜在用户，因而在短期内即可获得明显的效果。

3. 实施许可 E-mail 营销需要注意的问题

在实施许可 E-mail 营销时，企业需要注意以下具体问题。

（1）针对已有用户信息，分类整理用户邮件资料，按照其消费习惯，制定个性化的营销信息并定期沟通联系。

（2）充分把握任何可以获取用户电子邮箱地址的机会，如以打折优惠作为获得用户电子邮箱地址的条件。

（3）正确使用许可邮件列表，采用"内部期刊""信息简报"等形式定期发送最新活动通知、促销信息等。

（4）与用户充分沟通，由用户确定收邮件的频率与邮件的类型。

（5）在用户生日或节日时发送祝福邮件，拉近与用户的关系。

（6）奖励优秀用户。好用户值得特殊的礼遇，企业可发送邮件告知他们专享的优惠等。

4. 许可 E-mail 营销的主题设计技巧

邮件主题能让用户了解邮件的大概内容或最重要的信息，是企业许可 E-mail 营销最直观的体现。一个好的邮件主题应能够引起用户的兴趣，进而令其决定阅读邮件正文。设计许可 E-mail 主题时应掌握如下的技巧。

（1）要把邮件最重要的内容体现在邮件主题上。通过邮件主题，用户就能确定这封邮件是不是他感兴趣的，内容对他有没有价值，进而决定是否要打开邮件详细阅读。即使用户不打开邮件，通过邮件主题，企业已经把最重要的信息传达给用户了。

（2）主题要明确，要和邮件内容相关联。一般来说，发件人中除了显示发件人名称和电子邮箱地址之外，很难容纳更为详尽的信息，而用户对发件人的信任还需要通过邮件主题来进一步强化。将邮件主题的空间留出一部分来推广品牌是很有必要的，尤其是在用户对于企业品牌的信任程度不高的情况下。因此邮件主题一定要明确，与邮件内容一定是相关联的。

（3）邮件主题尽量要完整地体现品牌或者产品信息。有独特价值的产品、信息或者令人印象深刻的品牌出现在邮件主题中时，用户即使不阅读邮件内容也会留下一定的印象。

（4）邮件主题应含有丰富的关键词。除了加深用户的印象外，添加关键词也是为了让用户易于检索收件箱中的邮件，因为部分用户收到邮件后并不一定马上对邮件中的信息做出回应，有些人甚至时隔多日之后才突然想起曾经收过的某个邮件中含有自己需要的信息。

（5）邮件主题不宜过于简单或过于复杂。尽管没有严格的标准来限制主题的字数，但应尽量将其保持在合理的范围之内，这样的主题既能反映比较重要的信息，又不至于在邮件主题栏默认的宽度内无法展示有价值的信息。

（6）邮件主题要有吸引力。是否阅读邮件，完全取决于收件人的个人意愿。因此，在保证信息明确和完整的前提下，企业还要注意邮件主题对用户是否有吸引力。例如，当当网在开学前发给用户的邮件主题："开学季"所有教材教辅一律"满 100 元减 50 元"就非常有吸引力。

5. 许可 E-mail 营销邮件内容设计技巧

如果说许可 E-mail 营销中邮件主题的作用在于吸引用户，那么邮件内容的作用则是说服用户。为了达到最终的营销目标，设计许可 E-mail 营销邮件的内容时，企业应掌握如下的技巧。

一是目标要一致。这里的一致是指许可 E-mail 营销的目标应与企业总体营销战略相一致，因此邮件内容应在既定目标的指引下进行设计。

二是内容要系统。一些开展许可 E-mail 营销的企业不能从整体上对邮件内容进行规划，发给用户的邮件内容或过多，或过少，或经常改变行文风格，让用户觉得这些邮件之间没有什么系统性、联系性，进而会怀疑邮件的真实性。经常发送这样的邮件很难培养用户的黏性，久而久之就会削弱许可 E-mail 营销提升品牌形象的效果，并且影响许可 E-mail 营销的整体效果。

三是内容来源要稳定。许可 E-mail 营销是一项长期任务，必须有稳定的内容来源，这样才能确保按照一定的周期发送邮件。邮件内容可以是自行撰写、编辑或者转载的，无论哪种来源，都需要保持相对稳定性。不过应注意的是，邮件列表是一个营销工具，并不仅仅是一些文章或新闻的简单汇集，企业应将营销信息合理地安排在邮件内容中。

四是内容要精简。内容过多的邮件不会受到欢迎。首先，用户邮箱空间有限，占用空间太多的邮件会成为用户删除的首选对象；其次，接收或打开较大的邮件耗费的时间也较多；最后，太多的信息让用户很难一下子接受，反而降低了许可 E-mail 营销的有效性。

五是内容要灵活。邮件内容应在保证系统性的前提下，根据企业营销目标的调整而做相应的改变。同时，企业也要根据用户消费行为和偏好的变化改变邮件内容的写法。

六是选择最佳的邮件格式。邮件常用的格式包括纯文本格式、HTML 格式和富媒体格式，或者是这些格式的组合。一般来说，采用 HTML 格式和富媒体格式的邮件内容丰富，表现形式多样，视觉效果会更好；但存在文件过大，需要发送链接或附件，导致用户在客户端无法直接阅读邮件内容等问题。到底哪种邮件格式更好，目前并没有定论，如果可能，企业最好给用户提供不同内容格式的选择。

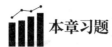 本章习题

一、单选题

1.（　　）策略主要是指在新产品上市之初制定较低的价格，利用低价格迅速占领市场，以阻止竞争对手进入，进而谋取优势的市场地位。

    A. 撇脂定价　　　　　　　　　B. 满意定价

    C. 渗透定价　　　　　　　　　D. 随行就市

2. 在（　　）上投放广告，覆盖面广、针对性强、目标精准，而且按效果收费，性价比高。

    A. 网络黄页　　　　　　　　　B. 企业主页

    C. 门户网站　　　　　　　　　D. 搜索引擎网站

3. 针对消费者的常见的（　　）方式包括赠送促销、折扣促销、优惠券促销、积分促销、网络会员促销、网络抽奖促销等。

    A. 网络广告　　　　　　　　　B. 网络关系营销

    C. 网络营业推广　　　　　　　D. 网络公共关系

4. 以下哪一项不属于网络消费的需求特点？（　　）

    A. 价格是影响消费心理的重要因素

    B. 对购买方便性的需求与对购物乐趣的追求并存

    C. 消费需求的差异化明显

    D. 消费者需求逐渐趋同

5. 目前最大的中文搜索引擎是（　　）。

    A. 搜狗　　　　　　　　　　　B. 360 综合搜索

    C. 百度　　　　　　　　　　　D. 雅虎

6. 病毒式营销与其他营销方式的最大区别是（　　）。

    A. 利用了目标受众的参与热情　　B. 利用了发起者的积极性

    C. 利用了网络媒体的开放性　　　D. 利用了网络媒体的公平性和便捷性

二、多选题

1. 以下属于网络促销特点的有（　　）。

    A. 虚拟性　　　　　　　　　　B. 全球性

    C. 区域性　　　　　　　　　　D. 发展变化性

    E. 相对固定性

2. 网络营销的策略包括（　　）。

    A. 价格策略　　　　　　　　　B. 渠道策略

    C. 促销策略　　　　　　　　　D. 产品策略

E. 定位策略

3. 网络消费者的购买行为过程包括（　　）。

A. 诱发需求
B. 收集信息

C. 比较选择
D. 购买决策

E. 购后评价

4. 下列属于网络事件营销特征的有（　　）。

A. 投入少、产出多
B. 影响面广、关注度高

C. 隐蔽的目的性
D. 具有一定的风险性

E. 无风险、回报率高

5. 设计许可 E-mail 营销邮件内容应掌握的技巧包括（　　）。

A. 目标要一致
B. 内容要系统

C. 内容来源要稳定
D. 内容要精简

E. 内容要灵活

三、名词解释

1. 网络营销
2. 网络广告

3. 搜索引擎营销
4. 网络事件营销

5. 许可 E-mail营销

四、简答及论述题

1. 影响网络消费者购买决策的因素有哪些？

2. 如何开展网络事件营销策划？

3. 许可 E-mail 营销邮件内容设计的技巧有哪些？

4. 试论述网络事件营销应该注意哪些问题。

5. 试论述病毒式营销的策划与实施。

案例讨论

穿越故宫来看你

2016 年 7 月，一个《穿越故宫来看你》的 H5 页面在微信朋友圈中传播开来。页面中一个萌萌的皇帝形象吸引了不少网友，唱着 Rap，配合着又蹦又跳舞蹈不停地进行自拍、刷朋友圈、QQ 互动等，见图 8-3。

图 8-3 《穿越故宫来看你》广告截图

该页面是故宫创新大赛一幅"宣传广告"，目的是让更多有创意人的参与大赛，通过文化创新扩大故宫在新时代的影响力。故宫，作为我国历史优秀的皇家宫殿，移动互联网时代一改"迟暮老者"的公众形象，展现出逆生长的"萌"，更加适合了年轻人的"口味"。

随着移动互联网的发展，微信、微博、APP 等新媒体的广泛使用，故宫成立了自己的文创团队，用移动互联网思维，开发适合"互联网+"时代的传播方式。除了《穿越故宫来看你》这样富有创意的 H5 页面宣传方式外，还有微信、微博、APP 等众多方式。充分利用移动工具、移动广告的优势，来打造故宫别具一格的"魅力"。

如微信公众平台"故宫淘宝"上一篇名为《雍正：感觉自己萌萌哒》的文章，成为第一篇阅读量 10 多万的爆款文章。

官方微博"故宫博物院"拥有 770 多万粉丝，一条微博转发量高达万次。2017 年 7 月 1 日发布的一条"你好，七月"的微博，被转发了一万多次。高转发量的原因是配图——一只站在紫禁城宫灯上的喜鹊，却被微博网友们称为"穿校服的披发少女"。与此同时，与"故宫出品"有关的系列 APP 也大受欢迎。

多种形式的移动广告给故宫的文创产品带来了巨大的收益。据统计，2016 年，故宫博物院研发的文创产品已经超过 9 000 件，各种渠道的销售收入总额突破 10 亿元。2017 年，故宫博物院出品了 9 170 种文创产品、上百个系列，收益可观。

然而，在故宫官方看来，移动互联网最大的作用不是带来了多少经济效益，而是弥补博物馆服务能力不强的劣势，让更多的年轻人通过文物感受到了中国传统文化的博大精深，创造了更大的社会收益。

资料来源：刘海燕，陆亚文. 移动营销[M]. 北京：人民邮电出版社，2018 年，第 188 页。

❓ 思考讨论题

故宫 H5 广告为何能在社交网络迅速走红？给我们的启示是什么？

第 9 章　移动电子商务

本章导读

移动电子商务（M-Commerce）由电子商务（E-Commerce）的概念衍生出来，是移动通信网、互联网、IT 技术和手持终端设备技术发展的产物，它突破了互联网的局限，扩张了电子商务的领域，是一种全新的电子商务模式。本章主要介绍了移动电子商务的含义、优势、技术、应用以及移动营销等内容。其中移动营销是本章学习的重点。

问题导引

什么是移动电子商务？

移动电子商务有何特点？

移动电子商务主要应用在哪些方面？

移动营销有何特点？

你所知道的移动营销方法有哪些？

知识结构图

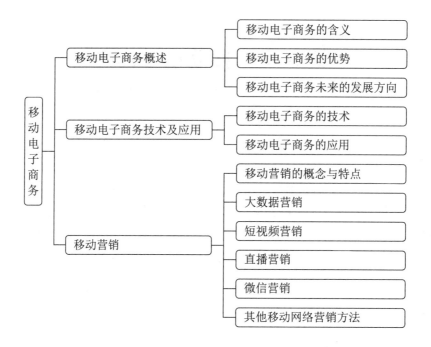

开篇引例

云南白药携手阿里妈妈开展大数据营销

日化行业的全民化特质，导致了其长期以来的粗放式、放养式营销形态，但在行业总体增长进入瓶颈期以后，日化品牌如何通过差异化营销模式破解行业僵局，实现二次飞跃？

2017 年 6 月至 9 月，阿里妈妈携手日化行业的领先品牌——云南白药，开展了一系列以大数据为引擎，以阿里生态为舞台的营销行动，通过加热度、挖深度、拓广度三大模式，翻开了日化行业创新营销的新篇章。

2017 年 6 月，云南白药牙膏官方旗舰店全新开业，有别于过往新店开业对品牌声量和短期成交的关注，白药一开始就着眼于"如何通过新店开业营销，为品牌有效沉淀长期营销优势"这一焦点，开展了系列传播行动。

经过深度挖掘品牌特色，"化明星粉丝为店铺粉丝"成为撬动本次新店开业的关键发力点，基于阿里大数据，通过对全淘用户搜索、浏览、购买、分享行为的深度挖掘，阿里妈妈为云南白药牙膏量身定制了"明星粉丝"人群包，在淘内为云南白药牙膏精心筛选了黄晓明、井柏然两位代言人的粉丝人群，同时通过"帮爱豆上头条"的明星比拼形式创新互动机制，激发迷妹们的踊跃参与，在短短数天内，就为新店制造了过亿曝光，吸引了超过 75 万迷妹踊跃参与互动，为新店"借"来了超过 30 万粉丝，为新店的长期营销打下了良好基础。以明星带热度和粘度，阿里妈妈与云南白药牙膏一起探索并优化了"大数据+明星"赋能新店开业的全新营销形态，为行业树立了全新的标杆。

2017 年 8 月，借《春风十里不如你》在优酷热播，白药与《春风十里》作者冯唐合作，推出了春风十里旅行套装，以此为契机，云南白药集团和阿里妈妈开始了品牌价值深度变现的探索之旅。

通过淘内数据与优酷数据深度打通，阿里妈妈在优酷抓捕了《春风十里》的所有观影人群，并通过身份识别标记比对，对他们进行了淘内重触达，在大数据营销上迈出了关键一步。同时，通过对飞猪、优酷、捉猫猫等阿里系资源的深度整合，阿里妈妈为云南白药牙膏量身定制了媒体矩阵；对商旅人群、娱乐人群和行业人群进行了深度渗透。

传播效果：以联名品牌合作款产品为引爆点，通过大数据对品牌兴趣人群、牙膏类目兴趣人群、冯唐粉丝人群、《春风十里》观影人群在淘内进行精准触达，品牌 8 月总销量同比去年增长超过 50%，环比增长超过 25%。

2017 年 9 月，云南白药牙膏与知名财经作家吴晓波合作，开展了以"齿久清新益起来"为主题的关爱西藏儿童公益活动。如何让公益场景与电商场景深度整合，将公益影响力在淘内最大化变现，成为云南白药牙膏和阿里妈妈认真思考的课题。

以西藏公益活动为契机，阿里妈妈助力云南白药牙膏整合了淘宝品牌欢聚日、大牌狂欢日、99 品牌欢聚盛典等淘系最优质活动资源，进行了一场长达半个月，以"遇见童年，益起欢聚"为主题的大型公益主题促销活动，通过定制公益套装、买一赠一公益促销福利、咸鱼名人公益拍以及"回到童年"公益 AR 互动，云南白药牙膏与聚划算、天猫超市、闲鱼、优酷等淘内平台进行了深度合作，打造了一个专属于云南白药的"超级品牌月"。

在大数据层面，配合公益主题，阿里妈妈首次应用大数据智能算法，基于用户淘内搜索和购买行为，为云南白药牙膏定制了公益人群包，助力品牌在活动期间，最大化覆盖了淘内的品牌和公益高意向人群。

传播效果：通过大数据，阿里妈妈让云南白药牙膏的公益主题促销活动与淘内公益人群完美对接，助力品牌 9 月销量猛增，再创新高，并强力带动云南白药牙膏 9 月在淘内的市场份额显著提升。

以大数据为催化剂，阿里助力云南白药牙膏公益行动和电商大促完美融合，并深度对接阿里生态，进行了一次"生态级"的品牌大促，把节点大促场景，拓展到了全新的广度。

资料来源：艾瑞网。

9.1 移动电子商务概述

在移动信息技术的推动下，移动电子商务正经历跨越式的发展，在网络应用中的地位越发重要。使用手机进行网络支付、网上购物、手机导航和各种娱乐消费预定的网民大幅度增长，带动了整体互联网移动电子商务的发展。

9.1.1 移动电子商务的含义

移动电子商务（M-Commerce），顾名思义就是"移动"与"电子商务"的合称。具体是指利用智能手机、掌上电脑等无线终端进行的 B2B、B2C、C2B、C2C 及 O2O 等电子商务活动。

移动电子商务是互联网技术、移动通信技术、短距离通信技术和其他信息技术的相互融合，可以使商务活动不受时间、地点、人员的限制，实现随时随地、线上与线下的采购与销售、在线电子支付，以及各种交易、商务、金融活动和相关的配套服务活动等。

移动电子商务是对传统电子商务的有益补充，它具有商务活动及时、身份认证便利、信息传递实时、移动支付便捷等特点。随着无线通信技术的发展，智能移动终端性能的提升，移动电子商务的应用领域不断拓展与创新，由最基本的移动支付，扩展到商务活动的各个环节。例如，用户可以直接利用移动设备进行网上身份认证、账单查询、网络银行业务办理、互联网电子交易、无线医疗、接受基于位置的服务等。

9.1.2 移动电子商务的优势

相比于传统的电子商务，移动电子商务具有以下优势。

1. 不受时空限制

移动设备的便捷性和不断增长的普及率，使得用户可以借助智能移动终端在任何时间、任何地点，根据自身需要联接互联网，进行网络购物等各种商贸活动。

2. 个性化服务

每个人的移动设备都会根据自身的使用习惯进行个性化的设置，在网络上浏览信息，进行购物都会留下个人的使用痕迹和消费习惯。因此移动电子商务的运营商、服务商，可以更有针对性地对个人的兴趣、喜好、消费习惯进行分析，依托大数据技术进行信息挖掘和处理，从而为用户提供更有针对性的个性化服务。

3. 及时地获取信息

随着国家大力推进互联网城市建设，各家移动运营商无线上网数据流量费的不断降低，很多人的移动设备都是全天 24 小时在线。而微信、微博等社交媒体的大量普及使得人们对于信息的获取变得及时和便捷。

4. 基于位置的服务

移动设备终端的特性之一是其具有定位功能，这样随着使用者位置的变化，可以提供基于位置的各种相关信息和服务，这也为移动电子商务的开展提供了极大的方便。比如基于位置的地图导航，基于位置的外卖订餐，基于位置的共享单车搜索等。

5. 便捷的网上支付

传统的网络支付，需要为电脑浏览器安装各种银行和网站插件，有的还需要插上 U 盾等硬件设备才能进行。移动设备终端的私密性、便捷性摒弃了这些烦琐的步骤，依托支付宝、微信支付和各家银行的手机银行 APP 客户端，网络支付变得前所未有的快捷和方便。

6. 便于用户身份确认

用户消费信用问题一直是影响传统电子商务发展的一个问题，而移动电子商务因与用户的手机进行了绑定，手机号也被认证，这样就使用户身份更便于确认，相对于传统的电子商务更加安全可靠。

9.1.3 移动电子商务的发展方向

1. 移动化

移动电子商务的本质是电子商务的移动化，利用越来越先进的智能移动终端设备，在手机或平板电脑等移动端可以实现等同于电脑端的商务活动，将移动端与电脑端整合起来，互为融合发展。用户连接互联网的方式已经逐步从电脑端扩展到移动端，移动互联网逐渐渗透至餐饮、购物、住宿、交通出行等各行各业。

2. O2O 化

从线上到线下将是未来移动互联网电子商务发展的主流方向。由于电子商务的商家和买家处于屏幕的两端，产品和服务只能通过网页介绍而缺乏实体的感受，因此线下的体验正好能弥补这一点。消费者线上下单，线下体验产品和服务，将二者完美融合，将是移动电商发展的一个方向。让消费者与产品服务深度接触，消费者会愿意分享自己亲身参与的精彩体验。

3. 社交化

我们每天使用手机最多的功能就是社交联络，移动电商加入社交互动的元素，将社交场景和用户进行对接，可以更牢地抓住品牌的忠实用户，形成粉丝经济，商家和消费者良好的互动能扩大用户群，吸引潜在用户从而扩大营销规模。在移动社交媒体上，消费者能第一时间收到商家的营销优惠信息，而商家也能随时了解消费者的需求，这样商家与消费者之间的联系就变得更加紧密。

4. 智能化

随着科学技术不断发展进步，无论是软件还是硬件都在取得长足的发展。依托 5G

时代更快的网络速率，未来我们可以在移动端实现全景虚拟现实技术的应用，使消费者参与到更为逼真的商家营销互动中，而不仅仅是现在的直播互动。人工智能的发展可以让我们使用语音进行地图搜索与导航，通过智能穿戴设备实时监控自己身体的各项生理指标以便获得健康咨询，这些都会让我们的生活更加美好。

9.2 移动电子商务技术及应用

9.2.1 移动电子商务的技术

移动电子商务的发展离不开相关技术的支持。在这些技术中，最基本的是移动网络技术和移动应用开发技术，下文将分别对这两类技术进行简要介绍。

1. 移动网络技术

（1）无线应用协议

无线应用协议（Wireless Application Protocol，WAP）最早是由摩托罗拉、诺基亚和爱立信等公司倡导和开发的，它的提出和发展是基于在移动中接入互联网的需要。WAP 是开展移动电子商务的核心技术之一，它提供了一套开放、统一的技术平台，使用户可以通过移动设备很容易地访问和获取以统一的内容格式表示的互联网或企业内部网信息和各种服务。通过 WAP，手机可以随时随地、方便快捷地接入互联网，真正实现不受时间和地域约束的移动电子商务。

（2）蓝牙技术

蓝牙（Blue Tooth）是一种短距离无线电技术，是由爱立信、IBM、英特尔、诺基亚和东芝等公司于 1998 年 5 月联合推出的一项短程无线连接标准。该标准旨在取代有线连接，实现数字设备间的无线互联，以便确保大多数常见的计算机和通信设备之间可方便地进行通信。蓝牙作为一种低成本、低功率、小范围的无线通信技术，可以使移动电话、个人电脑、个人数字助理、便携式电脑、打印机及其他计算机设备在短距离内无须线缆即可进行通信。

（3）移动 IP技术

移动 IP（Mobile Internet Protocol，移动互联网协议）是由互联网工程任务小组（IETF）在 1996 年制定的一项开放标准。它的设计目标是能够使移动用户在移动自己位置的同时无须中断正在进行的互联网通信。通俗地说，移动 IP 技术就是让计算机在互联网及局域网中不受任何限制地即时漫游。

（4）3G、4G、5G技术

3G 即第三代移动通信技术（The 3rd Generation mobile communication technology）的简称。与第一代移动通信技术（即 1G）、第二代数字手机通信技术（即 2G）相比，

3G 技术主要是将无线通信和国际互联网等通信技术全面结合，以此形成一种全新的移动通信系统。3G 技术能同时传送声音和数据信息，被广泛应用于视频通话、手机电视、无线搜索、手机音乐等领域。

4G 即第四代移动通信技术（The 4th Generation mobile communication technology）的简称。4G 集 3G 与无线局域网（WLAN）为一体，可以在一定程度上实现数据、音频、视频的快速传输，功能比 3G 更先进。4G 主要应用于高清视频、实时视频传输、云端游戏、多方视频通话、移动支付、云应用、3D 导航、智能家居、智能汽车、物联网、车联网等领域。

5G 即第五代移动通信技术（The 5th generation mobile communication technology）是最新一代蜂窝移动通信技术，5G 的性能目标是提高数据速率、减少延迟、节省能源、降低成本、提高系统容量和实现大规模设备连接。5G 网络的主要优势在于，数据传输速率远远高于以前的蜂窝网络，最高可达 10Gbit/s，是之前网速的 100 倍。5G 网络的另一个优点是较低的网络延迟（更快的响应时间）。5G 的网络延时间低于 1 毫秒，而 4G 的网络延迟时间为 30—70 毫秒。由于数据传输更快，网络延时更短，5G 技术将使未来的万物互联变为现实。

2. 移动应用开发技术

目前主流的移动应用开发方式有三种：原生 APP（Native APP）、网页 APP（Web APP）和混合型 APP（Hybrid APP）。

（1）原生 APP

原生 APP 是在智能手机的操作系统（如 iOS、Android 和 Windows Phone）基础上用原生程序编写的第三方移动应用程序。原生 APP 的优势主要是兼容能力和访问能力更好，拥有更佳的用户体验和更好的交互界面。缺点是不同平台需要开发不同的程序，开发成本和维护成本较高。

（2）网页 APP

网页 APP 开发即是一种框架型 APP 开发模式（H5 APP 框架开发模式），该开发具有跨平台的优势，该模式通常由"H5 云网站"＋"APP 应用客户端"两部分构成，APP 应用客户端只需要安装应用的框架部分，而应用的数据则是每次打开 APP 的时候，去云端获取数据呈现给手机用户。网页 APP 开发费用低，维护更新较为方便简单，但是用户体验较差，页面跳转迟缓，页面交互动态效果不灵活，若企业的核心功能不多，APP 需求侧重于信息查询，浏览等基础功能，也可以选择网页 APP。

（3）混合型 APP

混合型 APP 是指半原生半网页的混合类 APP，同时采用网页语言和程序语言进行开发，通过不同的应用商店进行打包分发，用户需要下载安装使用。原生 APP 兼具 Native APP 良好的用户交互体验和网页 APP 跨平台开发的优势，在开发过程中使用网页语言，所以开发成本和难度大大降低。

9.2.2 移动电子商务的应用

移动电子商务的应用可以分为两部分，即个人应用和企业应用。个人应用是指以个体为对象接入到互联网，以获得各种信息和服务为目的，如定位服务、娱乐服务、即时通信服务等活动；企业应用是指企业的移动信息数据服务、网络营销和广告推送服务、物流跟踪服务等与企业日常生产经营行为相关的活动。

移动电子商务作为一种新型的电子商务方式，利用了移动无线网络的优点，是对传统电子商务的有益补充。尽管目前移动电子商务的开展还存在安全与带宽等很多问题，但是与传统的电子商务方式相比，移动电子商务具有诸多优势，在如下领域里得到了广泛的应用。

1. 移动办公

移动办公可以满足很多商旅人士的商务需求，只需要无线网络，一台智能手机或是笔记本电脑就能实现不受时间和场地限制的移动办公，配合丰富的移动通信软件，还可以实现视频通话、电话会议等专业商务活动，而手机端的办公软件，邮件客户端也为商旅沟通增加了便利。由于手机用户增长迅速，用户在外出的情况下对保持即时通信（Instant Messaging，IM）和持续在线有很强的需求。如腾讯手机 QQ、微信、新浪微博等。移动电子商务新推出的即时信息通信业务逐渐向多媒体方向发展，而传统的短信、彩信等正逐渐被移动即时通信软件所取代。

2. 移动出行

现代人的出行有多种交通工具选择。无论是飞机、火车，还是长途汽车，都可以通过手机进行移动购票。通过手机浏览车次、余票量，选择购买并网络支付是非常简单和方便的。而乘坐公交、地铁以及骑行共享单车甚至可以通过手机直接扫描二维码即可，移动电子商务的应用大大方便了我们的出行。

3. 移动娱乐

移动娱乐业务主要满足用户对休闲娱乐的需求。用户可以通过移动网络或 APP 浏览新闻、听音乐、看视频、刷微博。用户还可以在无线移动平台上实现多人连线的游戏，无线游戏继承了手机离线游戏即开即用、操作简单便捷的特点，又进一步被赋予了网络游戏人人交互的特点而显得更具挑战性、刺激性和真实感。得益于网络资费的降低，地铁上用手机刷连续剧或者联机游戏的年轻人随处可见。

4. 移动金融

移动金融是指使用移动智能终端及无线互联网技术处理金融企业内部管理及对外产品服务等问题。主要业务包括移动银行、移动支付、移动证券等。

（1）移动银行

移动银行提供金融和账户信息的移动访问。用户可以使用他们的手机访问账户余额信息、支付账单并利用 APP 进行转账。移动银行提供的服务包括查询、转账、汇款、缴费、手机支付、银证转账、外汇买卖等。

（2）移动支付

在移动金融应用中，最有前景的移动金融应用模式是移动支付业务。移动支付是指进行交易的双方以一定信用额度或一定的金额存款，为了某种货物或者服务，通过移动设备从移动支付商处兑换得到代表相同金额的数据，以移动终端为媒介将该数据转移给支付对象，从而清偿费用进行商业交易的支付方式。移动支付所使用的移动终端可以是手机、具备无线功能的平板电脑、移动 POS 机等。

（3）移动证券

移动证券是基于移动通信网的数据传输功能来实现用手机进行信息查询的新一代无线应用炒股系统，可以让一个普通手机成为综合性的处理终端。移动证券是一种移动电话增值业务，能让证券从业人员和股民享受通过手机浏览实时行情、查看各项技术指标、进行专家咨询、查阅图表分析、实现快速交易等证券专业化服务。

5. 移动购物

借助移动电子商务，用户能够通过其移动通信设备进行网上购物。用户利用移动设备可以进行快速搜索、比较价格、加入购物车、订货下单和查看订单状态等操作。现在用手机端进行网络购物的比例已经超过了电脑端，传统购物模式通过移动电子商务得到了改变。甚至，用户可以使用安装有"支付宝"或"微信支付"等安全支付软件的移动设备，在线下商店里或自动售货机上进行购物消费。

6. 移动医疗

目前在全球医疗行业采用的移动应用解决方案，可基本概括为：无线查房、移动护理、药品管理和分发、条形码病人标识带的应用、无线语音、网络呼叫、视频会议和视频监控。可以说，病人在医院经历过的所有流程，从住院登记、发放药品、输液、配液/配药中心、标本采集及处理、急救室/手术室，到出院结账，都可以用移动技术予以优化。因为移动应用能够高度共享医院原有的信息系统，并使系统更具移动性和灵活性，从而达到简化工作流程，提高整体工作效率的目的。

7. 基于定位的移动商务

基于定位的移动商务是指运用有全球定位系统（GPS）或"北斗"等定位功能的设备或类似技术（如广播或移动基站的三角定位）找到用户的位置，根据用户的位置来交付产品或服务。基于定位的服务对于消费者和企业都具有很强的吸引力，从消费者和企业的角度来看，定位提供了安全性、便利性。从供应商的角度来看，基于定位的移动商务为更精确地满足顾客需求创造了机会。

（1）位置查询业务。主要包括确定用户位置、相互查询位置、与用户当前位置有关的各种生活、交通、娱乐、公共设施等信息服务。

（2）目标定位业务。指对手机用户进行定位，对手机用户的位置进行实时监测和跟踪，使被监控对象一目了然地显示在监控中心的电子地图上。应用在一些专业领域推出的服务上，包括救援定位服务、看护服务、车辆调度、物流管理、位置广告、公司内部管理等。

（3）基于定位的广告。如果商家能够即时了解到移动用户所处的位置和偏好或上网习惯，他们就可以将面向特定用户的广告信息精准地发送到目标用户的移动设备上。如根据定位可以通知潜在的购物者其所处位置附近的商店和餐馆的信息。利用 APP 将信息呈现到用户的手机上，随着网速的不断提升，包括文字、图片、视频片段等内容丰富的广告将针对特定用户的需求、兴趣和倾向生成。

9.3 移动营销

移动营销是移动电子商务环境下将移动通信和互联网二者结合起来进行的营销活动，是网络营销在移动互联网技术支持下的延伸，是移动电子商务最重要的应用。本节首先介绍移动营销的概念和特点，接下来重点介绍几种常见的移动营销新方法。

9.3.1 移动营销的概念和特点

1. 移动营销的概念

随着移动互联网的发展，智能移动设备的普及，移动营销正成为最重要的线上营销方式之一。企业使用微信公众号、官方微博、APP、直播等移动程序进行品牌传播、产品宣传和推广销售。移动营销是指利用智能移动终端，通过互联网和无线通信技术，在企业和消费者之间进行产品和服务的交易过程。主要包括产品的销售、产品信息的宣传推广、企业品牌形象的推广、客户服务等内容。

2. 移动营销的特点

移动营销的特点可以用"4I"模型来概括，即分众识别、即时信息、互动沟通和个性化。

分众识别（Individual Identification）移动营销基于手机进行一对一的沟通。由于每一部手机及其使用者的身份都具有唯一对应的关系，并且可以利用技术手段进行识别，所以商家能与消费者建立确切的互动关系，能够确认消费者是谁、在哪里等问题。

即时信息（Instant Message）移动营销传递信息的即时性，为企业获得动态反馈和互动跟踪提供了可能。当企业对消费者的消费习惯有所觉察时，可以在消费者最有可能产生购买行为的时间发布产品信息。

互动沟通（Interactive Communication）移动营销"一对一"的互动特性，可以使企业与消费者形成一种互动、互求、互需的关系。这种互动特性可以甄别关系营销的深度和层次，针对不同需求识别出不同的分众，使企业的营销资源有的放矢。

个性化手机的属性是个性化、私人化、功能复合化和时尚化的，人们对于个性化的需求比以往任何时候都更加强烈。利用手机进行移动营销也具有强烈的个性化色彩，所传递的信息也具有鲜明的个性。

9.3.2 大数据营销

1. 大数据营销的概念

大数据营销是通过大数据技术，对从多个平台获得的海量数据进行分析，帮助企业找到目标客户，并以此为基础对广告投放的内容、时间及形式进行预测与安排，从而实现广告精准投放的营销过程。按照大数据处理的一般流程，大数据技术可以分为大数据采集技术、大数据存储和管理技术、大数据分析技术和大数据应用技术四类。

社交网络的扩张使得数据急速增长，将用户在社交网络中的行为轨迹串联并进行分析，就可以了解用户的行为习惯，理解用户的需求。例如亚马逊通过从用户身上获得的大量数据研发了个性化推荐系统，根据用户的购物喜好，为其推荐具体的书籍等产品及感兴趣的内容。

2. 大数据营销的特征

大数据带来的营销变革日益凸显，与传统营销相比，大数据营销具有以下特征。

（1）全样本调查

大数据技术的发展，使得人们对从移动终端、网站等采集的数据进行分析，从中获取有价值的信息成为现实。在大数据时代，商务数据分析可以对所采集的全部数据进行分析，不再使用抽样调查的方式，这降低了数据处理的难度，能够有效减少抽样自身存在的误差，避免以偏概全。

（2）数据化决策

英国学者舍恩伯格和库克耶在其经典著作《大数据时代》一书中强调，大数据时代探索的不是"为什么"的问题，而是"是什么"的问题。在大数据时代，事物之间的因果关系已不是数据分析的重点，识别需求才是信息的价值所在。大数据营销将让一切消费行为与营销决策数据化，最终形成一个营销的闭环体系，即消费—数据分析—营销活动—效果评估—消费。预测分析成为大数据营销的核心。全面、及时的大数据分析，能够为企业制定营销决策提供有力的支撑，从而提高企业的竞争力。

（3）强调时效性

在网络时代，网民的消费行为和购买方式极易在短时间内发生变化。在网民需求最大时及时进行营销非常重要。大数据营销企业泰一传媒（AdTime）对此提出了时间营销策略，它可通过技术手段充分了解网民的需求，并及时响应每一个网民当前的需求，让网民在决定购买前及时接收到商品广告。

（4）个性化营销

个性化营销（Personalization Marketing，PM），即量体裁衣，是指企业面向消费者，按照其特殊要求制作个性化产品的新型营销方式。互联网提供了大量消费者的数据，企业可以利用这些数据，制定精准的营销策略。对于既有消费者，企业可以通过分析所采集到的信息，推断其购物偏好或倾向，进而进行定制化推送。同时，企业也可以根据消费者不同的特性对其进行细分，然后用不同的方式向这类消费者进行定向的精准营销。而对于潜在消费者，企业可以根据大数据分析获得消费者对产品特性的倾向，进而对产品精确定位、改善产品，进行有针对性的营销，使潜在消费者真正成为企业客户。

3. 大数据+网络社交媒体营销

随着社会化媒体的盛行，顾客对于企业的营销影响在日益扩大。当今，顾客通过网络媒体平台，对产品信息的反馈比以往更加及时、全面。近些年盛行的社交媒体，如微博、微信逐渐显示出其对于营销的作用。企业应利用大数据技术分析顾客的需求，并以此为依据，结合网络社交媒体做好营销活动。下面以常用的微信、微博、E-mail、移动端 APP 为例进行介绍。

（1）大数据+微信

大数据的迅猛发展对当下的网络营销产生了巨大的影响，也催生了微信的数据营销价值。由于微信拥有海量用户，微信平台会产生海量的数据。因此，微信对商家的营销有着巨大的作用。在这方面，小米手机的"9：100 万"的粉丝管理模式值得商家学习。

"9：100 万"的粉丝管理模式，是指小米手机的微信账号后台客服人员有 9 名，这9 名员工的工作是每天回复 100 名万粉丝的留言。

每天早上，当 9 名小米微信运营工作人员在计算机上打开小米手机的微信账号后台，看到后台用户的留言，他们一天的工作也就开始了。其实小米自己开发的微信后台可以自动抓取关键词回复，但小米的客服人员还是会进行一对一的回复，小米通过这样的方式大大地提升了用户的忠诚度。

此外，这种模式还使得小米的营销成本、客户关系管理成本降低。过去，小米开展活动前通常会群发短信，发 100 万条短信会产生 4 万元的成本。

（2）大数据+微博

微博营销是利用微博平台实现企业信息交互的一种营销方式，是企业借助微博这一平台开展的包括企业宣传、品牌推广、活动策划及产品介绍在内的一系列市场营销活动，具有成本低廉、针对性强且传播速度快、灵活和互动性强等特点。在微博中，每一个粉丝都是企业潜在的营销对象。企业可以通过微博平台向粉丝传播企业文化、产品信息，树立良好的企业形象和产品形象。微博平台具有庞大的用户群体，为企业开展微博营销提供了坚实的基础。

（3）大数据和 E-mail

E-mail 营销是在用户许可的情况下，通过 E-mail 的方式向目标用户传递信息的一种营销手段，具有操作简单、应用范围广、成本低、针对性强等特点。企业常通过 E-

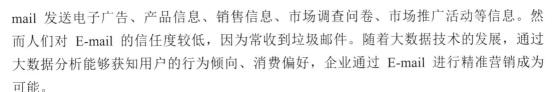

mail 发送电子广告、产品信息、销售信息、市场调查问卷、市场推广活动等信息。然而人们对 E-mail 的信任度较低，因为常收到垃圾邮件。随着大数据技术的发展，通过大数据分析能够获知用户的行为倾向、消费偏好，企业通过 E-mail 进行精准营销成为可能。

如今，已有越来越多的企业采用电子邮件开展产品的网络推广和客户的维护服务，精准的 E-mail 营销是互联网时代企业制胜的利器。

（4）大数据和移动端 APP

根据亿邦动力网发布的数据，2018 年"双 11"当天，移动购物 APP 行业日活跃用户人数为 6.58 亿人，同比增长 31.3%。超 6000 万用户在"双 11"当天 0 点抢购商品，同时在中午 12 点、晚上 8 点用户规模达到高峰。此外，2018 年"双 11"当天，手机淘宝、拼多多、京东的日活跃用户人数分别达到 4.6 亿人、2.2 亿人和 9687 万人。

目前，大数据结合移动端营销的方式主要有微店、微商、APP、代购等，天猫、亚马逊、京东等各大电商都纷纷推出自己的移动端 APP。根据爱媒网发布的数据，2019 年我国移动电商交易额达 6.76 万亿元，我国移动电商用户的消费习惯逐渐形成。传统电商巨头纷纷布局移动电商领域，众多新型移动电商购物平台不断涌现。

现在很多商家在营销中加入了明显的移动端色彩，有的商家推出"PC 端+移动端+线下门店"等多渠道购物方式，进行线下线上联动营销，包括推出支付宝支付、微信支付等移动支付形式，既在一定程度上减缓了顾客排队等候的苦恼，还使得商家的营销服务更加新颖。

大数据+移动端 APP 营销大大降低了企业的广告宣传费用和运营成本。企业若想方便地与顾客进行"一对一"的交流，只需开发一款 APP 或者注册微信公众号，进而精准定位消费群体，细分各个消费群，在精准定位的基础上实现对消费者的个性化服务，让消费者获得满意的购物体验。此外，很多商家还推出了"百度春晚搜红包""微信红包"等活动，鼓励用户在手机上抢红包，以增加自身人气。同时，商家还开展团购活动，鼓动消费者邀请自己的朋友参与。在这个过程中，越来越多的消费者关注商家的公众号、下载商家的 APP，商家获得更多的用户信息，以后可以用短信等形式向消费者推送产品信息，确保与用户的长期联络。

当前通过手机购物的消费者越来越多，商家应该努力把移动端营销活动作为重点，从而实现真正的精准营销。同时，在大数据时代，手机成了产生大数据的重要终端，商家在移动端的营销布局变得越来越重要。

9.3.3 短视频营销

在如今移动互联网兴起的时代，短视频因创作门槛低、操作简单、互动和社交属性强、易于传播分享等特点而迅速成为一种新兴的网络营销载体，短视频营销也因此呈现出爆发的增长态势。

1. 短视频及短视频营销的概念

（1）短视频的概念。短视频是指在各种新媒体平台上播放的、适合在移动状态和短时间休闲状态下观看的、高频推送的、时长从几秒钟到几分钟不等的视频，短视频是一个相对的称谓，与之对应的是长视频。长视频的时长一般不低于 30 分钟，主要由专业的公司制作完成，其特点是投入大、成本高且拍摄时间较长。长视频涉及的领域广泛，典型的表现形式是网络影视剧。长视频的传播速度相对较慢而且社交属性较弱，但短视频则与之有很大的不同。首先为了充分利用用户的碎片化时间，短视频的时长一般都较短。其次，短视频的创作门槛低，非专业人士也能制作，非常有利于网络用户的积极参与。最后，短视频的内容聚焦于技能分享、幽默搞笑、时尚潮流、街头采访、公益教育等大家都感兴趣或关心的话题，很容易被用户观看和分享，因而传播速度快、社交属性强。

（2）短视频营销的概念。短视频营销是指企业或个人借助短视频平台，通过发布内容优质的短视频来吸引粉丝、推广品牌、宣传产品等，进而促进产品销售的营销活动。作为随移动互联网发展并借助短视频兴起而诞生的一种新型的网络营销方式，短视频营销具有成本低、目标精准、互动性好、传播迅速、冲击力强，以及营销效果容易预测和评估等优势，因而在当前的网络营销实践中被越来越广泛地采用。未来短视频营销将成为碎片化信息时代的主流营销形式。

2. 短视频营销的模式

短视频的营销模式主要有广告植入式、场景式以及情感共鸣式等。广告植入式营销比较好理解，即在短视频中植入广告，传播给目标受众，以实现宣传品牌和促进销售等目的的一种营销方式。场景式营销是指实施短视频营销的企业，通过在短视频中营造特定的购物场景，给用户带来身临其境的感受，并在线与感兴趣的用户实时互动，从而达到营销目的的一种新的网络营销方式。情感共鸣式营销是指企业从消费者的情感需求出发，借助短视频引发用户产生情感共鸣与反思，从而实现寓情感于营销之中的一种营销方式。例如，中国人有着很深的乡愁情结，因为乡愁不仅仅是人们对家乡的怀念之情，而且还蕴含着人们对过去美好的时光、情景的怀念之情。一些企业借助乡愁题材创作短视频，将购买家乡产品塑造为人们寄托乡愁的象征，很好地将产品与思乡之情融为一体，极大地提升了用户的购买欲望。

3. 短视频营销的实施流程与策略

（1）短视频营销的实施流程

短视频营销的实施主要包括以下流程。第一步是确定营销目标，并在基于对产品和市场竞争环境、市场定位、市场细分和目标市场选择分析的基础上制定短视频营销计划和营销策略。第二步是选择发布短视频的平台。在选择发布平台时应全面分析平台的定位、用户规模、用户黏性、使用者特征和运营模式等，以便从中遴选出最适合本企业产品开展短视频营销的平台。第三步是制作短视频。这一阶段的具体工作包括设计短视频创意、短视频策划、短视频脚本撰写及短视频的拍摄和视频的后期剪辑等。第四步是传播短视频，除了在短视频平台上发布短视频外，还要充分利用其他途径广泛传播短视频，以提高短视频的曝光率，争取吸引到更多的目标受众观看。第五步是做好粉丝的拓展与维护工作。可以采取组建粉丝交流社区、与粉丝在留言区互动、有奖转发等多种方式增加粉丝黏性。最后一步是对短视频数据进行分析，包括分析短视频被平台推荐的情况、用户点击观看的次数、完播率和用户的点赞、评论和转发的情况等。这些数据是企业今后改进和优化短视频营销的重要依据。

（2）短视频营销的策略

短视频营销是一种全新的营销方式，有着鲜明的特点。在开展短视频营销活动时，有以下三种策略可供选择。

① 与关键意见领袖（Key Opinion Leader，KOL）深度合作，进行定向营销。这是指以 KOL 的品位和眼光为主导，进行选款和推广，在相关社交平台上吸引流量，依托庞大的粉丝群体进行定向营销。时下的年轻人热衷于"种草"（分享推荐某一商品的优秀品质，以激发他人购买欲望）、"拔草"（消除购买欲望），而 KOL 的意见就是他们主要的"种草来源"，KOL 与品牌的深度合作也往往能提示其带货能力。

比如，圣罗兰（YSL）在其秋冬系列口红上市期间，邀请了 10 位腾讯微视的 KOL 为新口红拍摄分享"种草"类短视频，并将 10 个 KOL 的视频做成微视合集，利用闪屏形式进行推广，带来了很高的商业转化率。

KOL 通过为品牌背书，或者在其视频中进行深度植入，可以加大品牌的曝光，推动受众对产品的关注，加深受众对品牌的信任度与好感度。

② 构建话题属性，推动短视频社交。短视频发展至今，功能逐渐强大，单向的传播已经满足不了受众的需求，具有话题属性更能激发他们的兴趣。如果品牌抓住这样的机遇，让受众充分参与到品牌的创意中，不仅可以让品牌的影响力得以延续；还推动了短视频社交的发展。

③ 鼓励用户参与互动，使品牌形象更易深入人心。随着短视频平台的崛起，用户的注意力已经从文字、图片过渡到了视频。微信也推出了小视频功能，这说明短视频时代已经到来。认识到这一趋势后，小米手机在美拍里鼓励用户"卖萌"，而且要求极其简单，只需要用户发"卖萌"短视频并加话题"＃卖萌不可耻"即可参与，同时要求用户关注小米手机的美拍官方账号。在短短几天内，"＃卖萌不可耻"的美拍相关视频播放量就突破了 1000 万次。

通过激发美拍用户积极创造内容，品牌的形象更能深入人心，为小米手机的品牌营销起到了强有力的曝光效果。

而在微视平台上，小米手机同样发布了几个短视频。这些短视频都具备一个共同点：将产品融入创意，这样会引发受众更多的联想。比如，用品牌名称来做联想创意。这些创意短视频不仅吸引了消费者的注意，同时也增强了小米品牌与用户群体的互动。

因为短视频这一载体的特殊性，短视频营销的角色不再拘泥于以往的品牌或者代言人的桎梏。它的角色既可以是品牌，也可以是话题的发起者、参与者，因此品牌的植入更加自然和隐性，也给品牌留下了广阔的营销发挥空间。在形式和内容上，短视频较之于传统图文，形式更丰富。在千禧一代的网络目标受众中，这种新兴的媒体形式更易抓取他们被日益分散的注意力，并吸引他们参与营销。

短视频营销有一个巨大的优势是其传播范围广，在保持自身长处的同时，充分吸收了其他媒体的特点，成为集百家之长的新兴营销载体，是整个互联网和移动互联网生态链的重要一环。

对企业或品牌来说，在实操过程中如果能打造出足够有创意的案例，完全可以实现"单点投放、全网裂变"的传播效果。持续化、深度化地投入短视频营销，相信会有更多的企业、品牌从中获利。

但同时，无论是何种形式的营销，其前提都是依靠好的内容。所以在短视频领域，内容精品化将是一个长期趋势，另外，在市场趋势下，短视频如何与其他业态融合发展，如何通过多种多样的玩法实现营销效果的最大化，是品牌方需要思考的问题。

9.3.4 直播营销

随着网络直播的兴起和流行，网络直播营销逐渐成为当前广受重视的新型网络营销方式。不仅电子商务企业积极开展网络直播营销，一些传统的企业也纷纷采取这种营销方式来推动产品的销售。

1. 网络直播和直播营销的概念

（1）网络直播的概念

网络直播是最近几年兴起的一种高互动性视频娱乐方式和社交方式，具体形式有游戏直播、才艺直播、电视剧直播、电影直播和体育直播等。借助网络直播平台，网络主播可以将现场制作的视频实时传输给目标受众并与目标受众进行互动、交流。网络直播具有直观形象、互动性强等优点，已成为如今大众娱乐消遣、获取信息的重要途径之一。

我国网络直播的发展经历了起步期（2005—2013 年）和发展期（2014—2015 年）之后，在 2016 年迎来了爆发期，各种网络直播平台如雨后春笋般涌现出来。在爆发期这一阶段，网络直播向泛娱乐、"直播+"演进，其巨大的营销价值开始显现。

（2）直播营销的概念

网络直播营销是指开展网络直播的主体（企业或个人）借助网络直播平台，对目标受众进行多方位产品展示，并与用户进行互动、交流，通过刺激消费者的购买欲望，引导消费者下单，从而实现营销目标的一种新型网络营销方式。一般来说，直播营销包括场景、人物、产品和创意四个要素。其中场景是指营销直播的环境和氛围；人物是指直播者，即主播，主播可以是一个人也可以是多人；产品即营销直播中所要展示和推介的对象，可以是家电、食品、服饰等实体商品，也可以是游戏、服务等无形商品；创意是指企业在开展直播营销时要有创造性的想法和新颖的构思，并以此来吸引目标受众。

2. 直播营销的优势

作为一种新型的网络营销方式，直播营销具有门槛低、投入少、覆盖面广、直达目标用户、营销反馈直接、能够营造场景式营销和沉浸体验式营销效果等诸多优势。

直播营销的门槛低、投入少，只需要借助智能手机和其他能够上网的终端设备，任何人都可以通过直播平台开展适合自己的营销活动。借助网络的传播，直播营销可以覆盖任何网络所及的地域，大大地拓展了营销的范围。在直播营销过程中，主播可以充分展示企业的实力，全面介绍产品的性能与优点，传递企业所能给予的优惠，以及现场演示产品的使用方法等，从而有效地打消用户的疑虑，增强其购买的欲望。直播营销能够为用户打造一种身临其境的场景化体验。例如，用户在观看旅行直播时，只需目光跟随主播的脚步，就能直观地感受到旅游地的自然风光、人文景观、景区设施、酒店服务等。这极大地激起了用户的旅游欲望。另外，直播营销是一种双向互动式的营销模式，主播可以和用户在线实时交流，既能及时解答用户的疑问，增进与用户之间的友好关系，又能倾听用户的意见和建议，从而为今后更好地开展直播营销奠定良好的基础。

3. 主要的直播营销平台

直播平台主要包括专业垂直直播平台、短视频直播平台、电商直播平台和综合视频直播平台等。根据月活跃用户人数和直播平台的影响力来分类，截至 2020 年 3 月，排名前二十的直播平台可以分为三个梯队。其中第一梯队为淘宝、抖音和快手，平台类型以社交媒体、综合电商和视频平台为主；第二梯队为微博、拼多多、西瓜视频、京东、小红书和哔哩哔哩，平台类型以社交媒体、综合电商和视频平台为主；第三梯队为虎牙直播、花椒直播、斗鱼直播、YY、苏宁易购和蘑菇街，平台类型以专业垂直直播平台为主。

4. 直播营销的方式与活动实施

（1）直播营销的方式

根据"直播吸引点"划分，直播营销的常见方式包括名人或"网红"营销、利他营销、才艺营销、对比营销和采访营销等。上述营销方式的特点各异，适用于不同的产品、营销场景和目标用户。企业在选择直播营销方式时，需要站在用户角度，挑选或组合出最佳的直播营销方式。下面就对上述直播营销方式进行简要的介绍。

① 名人或"网红"营销。名人和"网红"的一举一动都会受到粉丝的关注，因此当名人或"网红"出现在直播间中与粉丝互动时，关注度较高。例如，关注度较高的某知名演员在 2020 年 5 月 14 日晚走进淘宝直播间，进行首次带货直播（见图 9-1），短短 3 个小时的直播时间里，累计观看人数超过 2100 万人，最高单品浏览人次达 393 万次，商品售罄率达 90%，交易总额超过 1.48 亿元。

图 9-1　某知名演员直播带货现场

一般来说，这种直播营销方式投入高、出货量大，这需要企业有充足的经费预算并有很强的备货能力。但是，有时高投入也未必能带来高产出。例如某企业花费 60 万元直播费请某名人代言，结果仅仅卖出价值 5 万元商品，而且还有一部分卖出去的商品被退货，企业损失惨重。因此企业应在预算范围内尽可能选择最贴合产品及消费者属性的名人进行合作。

② 利他营销。直播中常见的利他行为是进行知识和技能分享，以帮助用户提升生活技能或动手能力。利他营销主要适用于美妆护肤类及时装搭配类产品，如某淘宝主播经常使用某品牌的化妆品向观众展示化妆技巧，让观众在学习美妆知识的同时，增加产品曝光度。

③ 才艺营销。直播是才艺主播的展示舞台。才艺营销适用于围绕才艺所使用的工具类产品，如钢琴才艺表演需要使用钢琴，钢琴生产企业则可以与具有钢琴演奏才华的主播合作开展营销活动。

④ 对比营销。对比营销是指通过与上一代产品或主要竞品做对比分析，直观展示产品的优点，从而说服消费者购买所推荐的产品。对比营销是一种非常有效的营销方式，在直播营销时被广泛采用。

⑤ 采访营销。采访营销指主持人采访名人嘉宾、路人、专家等，以互动的形式，通过他人的立场阐述对产品的看法。采访名人嘉宾，有助于增加产品的影响力；采访专家，有助于提升产品的权威性；而采访路人，有利于拉近他人与观众之间的距离，增强观众的信赖。

（2）直播营销活动的实施

直播营销需要系统的策划，合理地安排各阶段活动。在直播营销之前，企业应首先确定营销目标并拟定直播营销计划，接下来是设计直播方案，然后是进行在线直播，最后是对活动效果的评价和总结。在直播过程中，主播需要掌握好直播开场、直播过程和直播结尾的技巧。比如，在直播开场时可以通过讲述有趣的小故事或提出引人深思的小问题，激起大家的兴趣，促进主播与观众间的互动，为直播活动营造良好的氛围。在直播环节，主播除了全方位展示产品之外，还应设计一些抽奖、赠送礼物等活动来回馈观众，以活跃气氛，提升直播间的人气。在直播活动结束之前，主播应再次引导观众采取行动购买产品和关注企业，并约定下一次观看直播的时间。需要注意的是，从某种角度来说，直播营销的实质是粉丝营销，因此在营销活动的全程中都应做好吸引粉丝和维护粉丝的工作。

9.3.5 微信营销

根据 2020 年 1 月 9 日发布的《2019 年微信数据报告》，我国 2019 年微信月活跃用户超过 11 亿人。作为时下热门的社交信息平台、移动端的一大入口，微信已经不仅是聊天工具，它正在演变成为一大商业交易平台，其对营销行业带来的颠覆性变化开始显现。

1. 微信营销的含义

微信是腾讯公司 2011 年推出的一个为智能终端提供即时通信服务的免费应用程序，从最初的社交通信工具，发展为连接人与人、人与商业的平台。微信营销是一种创新的网络营销模式，主要利用手机、平板电脑中的移动端 APP 进行区域定位营销，并借助微官网、微信公众平台、微会员、微推送、微活动、微支付等开展营销活动。

2. 微信营销的方法与技巧

（1）微信营销的方法

微信营销平台主要包括微信个人账号、微信公众平台两大部分。其中，微信公众平台又包含了订阅号、服务号、企业号及小程序，同时微信还支持接入第三方应用，

① 微信个人账号营销。开展微信个人账号营销首先要注册微信账号。只要有手机号或者 QQ 号，就可以免费注册。注册之后要注意对个人账号进行装饰，以提高客户的信任度与好感。开展微信个人账号营销的关键是拥有一定数量的微信好友。可以通过通讯录导入、扫描二维码、搜索添加好友等方式添加好友。也可以通过微博、知乎、社群等媒介宣传自己的微信账号，吸引目标客户主动添加你为好友。同时，还可以建立专门的微信群，在群里面进行商品信息推送，通过群内好友相互介绍，找到目标客户。开展微信个人账号营销要充分发挥微信朋友圈的功能，可以将其作为推送商品的一个重要窗口。同时要注意多与微信好友沟通，建立与他们的友好关系，以便达成交易。在他们购买商品之后一定要加强售后服务，以使客户满意，进而再次购买。

② 微信公众平台营销。微信公众平台相当于一个自媒体平台，个人和企业均可申请公众平台账号。在公众平台上个人或企业可以通过群发信息、图片、语音、视频和图文等信息来和特定用户进行沟通、互动，从而进行营销和宣传。

企业可以利用微信公众平台开展营销活动，通过后台的用户分组和地域控制，实现精准的产品信息推送。企业或个人通过申请微信服务号，利用二次开发展示商家微官网、微会员、微推送、微支付、微活动、微报名、微分享、微名片等，微信公众平台营

销已经形成了一种主流的线上线下微信互动营销方式。目前，微信公众平台主要包括服务号、订阅号、企业号和小程序四种类型。由于微信小程序是在服务号、订阅号及企业号之后推出的，在使用上与其他公众账号有所不同，并且一经推出就成为商家抢占市场份额的营销利器。

③ 微信接入第三方应用。微信开放接口是微信 4.0 版本推出的新功能，应用开发者可通过微信开放接口接入第三方应用，并且可以将应用的 LOGO 放入微信附件栏中，让微信用户方便地在会话中调用第三方应用进行内容选择与分析。例如，消费者将企业自建网络的内容分享到微信中，由于微信用户彼此间具有亲密的关系，当企业自建网络中的商品被某个用户分享给其他好友后，相当于完成了一个有效到达的口碑营销。常用的第三方接口有微信商城、微社区、腾讯风铃等。受篇幅所限，本书不再具体介绍。

（2）微信营销的技巧

① 吸引粉丝，拉动宣传。微信营销的核心就是用户价值。高质量的粉丝不仅可以转化为企业的利润，还有可能成为企业品牌的代言人，对企业进行宣传。企业可以充分利用老顾客、二维码关注有礼物、微信会员卡等功能尽可能多地吸引潜在用户。

② 社交分享，激励转发。企业要充分利用用户分享的力量，学会激励用户在朋友圈分享、转发。同时，企业应该注意提高产品及服务的质量，只有好的产品及服务，才会不断地被微信用户分享及评论，使产品被更多的消费者所关注。

③ 个性推荐，吸引用户。如何吸引用户，对企业来说至关重要。企业可以通过微信分组功能和地域控制，对用户进行精准的消息推送。例如，当用户去陌生城市旅游或者出差，企业可以根据用户签到的地理位置，推荐就近商家信息。商家还可以根据海量的客户信息，利用大数据分析工具，分析用户的购物习惯，进行更加精准的营销。

④ 互动营销，如火如荼。微信平台具有基本活动会话功能，通过一对一的推送，可以与粉丝开展个性化的互动。企业根据用户的需求发送品牌信息，可使品牌在短时间获得一定的知名度。

⑤ 遍地撒网，重点捞鱼。企业可以采用多渠道宣传推广方式。首先，可以利用内部推广。即通过企业的员工向外进行微信推广，激活每个员工的社交关系网络，有效利用内部资源。其次，可以通过线上推广。例如，可以利用博客、QQ 群、微博、微商、第三方平台等发布商家信息，并且可以附带二维码，加强品牌的宣传推广。最后，还可以利用线下资源进行推广。

⑥ 促销活动，优惠不断。商家可以通过微信平台定期开展优惠活动，发放优惠券，开展转发有奖、抽奖活动来促进销售。

⑦ 内容为主，妙趣横生。如果微信内容有趣、实用、贴近用户生活，并能引起用户自发分享的欲望，微信营销就成功了一半。因此在开展微信营销时，写好微信的内容十分关键。

3. 微信营销应注意的问题

微信营销已成为一种重要的营销方式，但不同于传统营销，不能过于注重企业品牌的推广。在发布信息时，内容要有趣实用、贴近生活，切不可纯粹地推销产品，否则容易引起他人厌恶，从而失去信任。在微信营销过程中，应注意以下几点：① 装饰好自己的微信，使之完整、有趣。② 注重粉丝质量。只有高质量的粉丝才有价值，才能转化为企业利润。③ 推送长度适中，且实用、有趣的信息。④ 适度营销。一味地群发消息，会令人厌恶。群发过多无聊内容，就是骚扰用户。因此，企业不必滥用群发功能，只需在适当的时候利用群发功能提醒用户即可。⑤ 不可道德绑架或奖励用户把信息分享到朋友圈。⑥ 不可将朋友圈当成营销工具。如果在朋友圈中发的内容带有广告的性质，或者将朋友圈当成营销工具，往往会引起朋友的反感甚至厌恶，不但起不到营销的作用，反而会失去朋友。⑦ 不能乱发广告。人们添加微信号或关注公众号是因为对该号所发布的产品本身感兴趣，而不是为了看广告。因此，不可乱发广告，也不可发与微信号无关的内容。⑧ 及时回复用户信息。及时互动是微信营销的一大优点，可以与消费者通过微信进行有效的沟通。⑨ 不可一味只专注于微信营销。与传统营销相比，微信营销具有互动、快捷、成本低等诸多优势，但并不意味着微信营销是万能的。对于企业来讲，营销是多元的，只有打组合拳，才能招招见长。比如，将线上线下、微博与微信、微电影与微信等进行结合。

9.3.6 其他移动网络营销方法

1. APP营销

（1）APP 营销的概念

APP 是英文单词 Application 的简写，是指在智能手机上安装的应用程序。按照不同的划分标准，APP 可分为多种类型。如按照内容划分，可分为工具游戏类、网站移植类和品牌应用类；按照收费模式划分，可分为收费类、免费类及收费+免费类。企业在开展 APP 营销时，第一步就要应考选择何种类型的 APP。

APP 营销则指企业利用 APP 将产品、服务等相关信息展现在消费者面前，利用移动互联网平台开展营销活动。

因为智能手机相对于传统计算机而言操作方式较为简便快捷，即使对计算机不熟悉的人，也能够快速熟练地使用智能手机，这也就促进了 APP 的快速发展。APP 包含图片、文字、视频、音频等各种丰富的元素，同时相对于网页端具有信息精练清晰的特点，所以受到越来越多人的欢迎。

（2）APP 营销的特点

① APP 营销的成本低，尤其是宣传成本低。APP 营销的成本比传统的电视、报纸广告，甚至网络营销的成本都要低，企业只需开发一个适合本企业的 APP 投放到应用市场，等待用户下载安装使用即可。

② 用户对 APP 的使用持续性强。好的 APP 会在应用市场上下载数量靠前，能够赢得更多更好的用户口碑，形成良性互动，让企业的 APP 营销开展得更加顺利。用户使用 APP 时的体验好，就会一直使用下去并成为习惯，同时还有可能向身边的人推荐。这样，企业的营销就能在用户使用 APP 的过程中实现。

③ APP 能够为企业销售人员提供有力支持。除了针对消费者的 APP 外，企业还有专为销售人员开发的辅助销售类 APP。销售人员可以利用这类 APP 程序进行商品库存、物流等信息的查询，从而能更好地服务消费者，促进企业销售活动的开展。

④ APP 包含的信息全面而广泛。APP 对企业商品信息的展示是全面的，不仅包括详细的商品介绍、尺寸等规格参数，包装售后等服务信息，还包括消费者对商品的各种评价。借助以上信息，消费者可以根据销量、价格、上市时间等各种条件进行搜索和排列，方便从海量数据中挑选自己心仪的商品。

⑤ 企业可以通过 APP 来提升自身的品牌形象。品牌忠诚度、实用的工具和巧妙的创意安排是用户下载 APP 的主要原因，企业可以通过 APP 来传递企业文化、企业的社会责任、企业理念等企业价值信息。用户在使用 APP 的同时，可能会更加认同企业的价值观，自然也就提升了企业在用户心中的形象。

⑥ APP 营销灵活度高。用户可以通过手机应用市场、企业网站推送和扫描二维码等多种方式下载企业的 APP。企业可以随时在 APP 中推送最新的商品信息、促销优惠、针对消费者的互动活动、针对老用户的回馈服务等。

⑦ 企业可以利用 APP，通过大数据技术实现精准营销。大数据、云计算等信息技术已被应用到我们日常生活的方方面面。用户的每一次查询浏览、每一次点击关注、每一次购买行为都会被大数据记录。企业通过大数据分析，能对消费者的购买偏好、喜欢的颜色款式、能接受的价格、习惯使用的支付方式等信息进行精准定位，在消费者下一次打开 APP 时就可以向消费者推荐符合其审美喜好的相关商品，实现精准营销。

⑧ 企业利用 APP 可以实现与用户的互动。用户可以利用 APP 中的各种功能实现想要的效果。例如，对于时下流行的共享单车，用户登录 APP，打开手机的定位功能，就能发现身边的共享单车。用户甚至还可以特意寻找带有奖励红包的单车，骑行结束后还可以给好友发放奖励优惠券，从而吸引更多的使用者加入，在无意间为企业做了免费宣传。

⑨ APP 可以增加用户黏性，实现口碑传播。用户提到视频 APP 就会想到优酷，提到美食 APP 就会想到大众点评，提到购物 APP 就会想到京东、天猫，提到新闻类 APP 就会想到今日头条，这就是用户黏性。一个好的 APP 会牢牢绑定老用户，也会吸引更多的新用户，实现企业的营销目的。

（3）APP 营销的模式

① 植入广告模式。植入广告模式是最简单的一种营销模式。APP 开发者可以直接将广告嵌入 APP，用户打开 APP，在首页或是相应的界面中就能看到广告。如果对广

告感兴趣，用户就可以点击了解详细内容，从而参与企业的营销活动；如果不感兴趣，直接点击关闭或者跳过广告即可。企业可以将广告植入那些应用量大的 APP，这样受众面广。但广告内容本身吸引人才是最重要的，精美的广告有时会吸引对产品本不感兴趣的消费者成为潜在用户。同时，要注意将广告投放到与企业产品或服务相关联的 APP 中，如教育类广告可以植入热点新闻类 APP，吸引学生家长在阅读新闻时注意。

② 用户参与模式。APP 营销的用户参与模式是指企业将自身开发的 APP 发布到各大应用平台，让用户下载使用。用户参与模式又可进一步划分为网站移植类和品牌应用类两种。网站移植类 APP 可以使用户获得等同于网页端的使用体验，虽然信息可能不如网页端全面详细，但用户可以迅速抓住重要信息。例如，天猫 APP 页面简洁而信息全面，页面下方的天猫首页、购物车、个人页面等几个重要导航按钮完全可以满足用户的需要。品牌应用类 APP 需要用户使用 APP 来完成购买或消费，甚至有的 APP 没有对应的网页版，这是因为其需要结合一部分的手机功能来使用。例如，时下流行的哈啰出行，用户只有开启手机的位置服务功能，打开 APP 对自己的位置进行定位，才能搜索周围的共享单车进行使用。

用户参与模式具有很强的互动性。例如，天猫 APP 在每年的"双 11"购物节期间推出"红包雨"等互动小游戏，用户点击手机屏幕上掉落的红包就能抢到相应的购物优惠券，同时还能将活动的链接在社交软件中进行分享，从而使更多的人看到这个活动。哈啰出行在骑行结束后给用户发红包，用户可以通过微信将链接分享到朋友圈或是分享给特定朋友，同时自己也可以领到一张骑行优惠券供下次使用。平时不使用哈啰出行 APP 的朋友还可以通过页面中的下载按钮直接下载安装，企业通过用户的参与分享达到了营销目的。

③ 内容营销模式。APP 营销的内容营销模式是指运营方通过优质内容吸引精准客户和潜在客户，以实现既定的营销目的。这种 APP 营销模式通过在 APP 上针对目标用户发布符合用户需求的图片、文字、动画、视频、音乐等以激发用户的购买欲望。采用在这种营销模式时，企业需要对目标受众进行精准定位，并围绕目标用户策划营销内容。如一款叫作"汇搭"的 APP，通过提供实实在在的搭配技巧，吸引有服饰搭配需求的用户使用，并向其推荐合适的服饰产品。这可谓是一种商家、消费者双赢的营销模式。

2. 二维码营销

（1）二维码及二维码营销的概念

二维码是日本电装公司于 1994 年在一维条形码技术的基础上发明的一种新型条形码技术。二维码是根据某种特定的几何图形按照一定的规律，在二维方向上分布的记录数据符号信息的图形。在代码编制上二维码巧妙地利用构成计算机内部逻辑基础的"0""1"比特流的概念，使用若干个与二进制相对应的几何形体来表示文字数值信息，通过图像输入设备或光电扫描设备自动识读以实现信息自动处理。二维码图像指向的内容非常丰富，可以是产品资讯、促销活动、在线预订等。二维码的诞生丰富了网络营销的方式，它打通了线上线下的通道，为企业带来了优质的营销途径。

二维码营销是指将企业的营销信息植入二维码中，通过引导消费者扫描二维码，来推广企业的营销信息，以促进消费者产生购买行为。在当今网络营销逐渐从 PC 端向移动端倾斜的时代，二维码营销以其低成本、应用广泛、操作简单、易于调整等优点得以迅猛发展。

（2）二维码营销的优势

从企业的角度来看，二维码营销主要具有如下优势。

① 方便快捷。用户只需要用智能手机扫描二维码，就可随时完成支付、查询、浏览、在线预订、添加关注等功能，帮助企业实现方便快捷地开展网络营销活动。

② 易于调整。二维码营销内容修改非常简单，只需在系统后台更改，无需重新制作投放，成本很低。因此，二维码营销的内容可根据企业营销的需要而实时调整。

③ 有利于实现线上线下的整合营销。二维码为人们的数字化生活提供了便利，能够更好地融入人们的工作和生活之中。企业进行二维码营销时，可将链接、文字、图片、视频等植入二维码内，并通过各种线下途径和网络平台进行投放，从而方便企业实现线上线下的整合营销。

④ 易于实施精准营销。开展二维码营销的企业，可以通过对用户来源、途径、扫码次数等进行统计分析，从而制定出针对用户的更精准的营销策略。

⑤ 帮助企业更容易地进入市场。随着移动营销的快速发展和二维码在人们工作和生活中的广泛普及，功能齐全、人性化、省时实用的二维码营销策略能够帮助企业更容易地进入市场。

（3）二维码营销的方式

从企业运营层面来看，二维码营销主要包括以下几种方式。

① 植入社交软件。植入社交软件是指以社交软件和社交应用为平台推广二维码。以微信为例，微信的特点可以让企业和用户之间建立友好式的社交关系。实现基于微信的 O2O 营销，企业借助微信二维码为用户带来便捷、有价值的操作体验。

② 依托电子商务平台。依托电子商务平台是指将二维码植入电子商务平台中。依托电子商务平台的流量，引导用户扫描二维码。现在很多的电子商务平台中都有很多二维码宣传，消费者在扫描二维码时，即可下载相应 APP 或关注网店账号。

③ 依托企业服务。依托企业服务是指在向用户提供服务时，引导用户对二维码进行扫描关注，或下载相关应用。比如在电影院使用二维码网上取票时，通过二维码，引导用户下载相应 APP，或查看相关营销信息的。

④ 依托传统媒介。依托传统媒介，是指将二维码与传统媒介结合起来，实现线上营销和线下营销的互补，比如在宣传海报上印刷二维码，提示用户进行预约和订购或参加相应促销活动等。

（4）二维码营销的渠道

二维码营销渠道既包括线上渠道也包括线下渠道。企业很少会选择单一的渠道开展二维码营销活动，而是选择在线上和线下同时进行。

① 二维码营销的线上渠道。可供企业选择的二维码营销线上渠道有很多，但较为适合的是社交平台和即时通信工具。因为社交平台和即时通信工具均具有很强的社交属性和分享功能，可将企业植入的二维码快速、广泛地传播，从而达到企业的营销目的。常见的二维码线上渠道包括用户基数大且与企业目标消费者定位较为吻合的网络论坛、论坛和贴吧，以及微信和微博等。尤其是微信，除了具有以上所说的社交和分享功能，还具有二维码扫描功能，能够非常方便地帮助用户读取二维码信息，轻松实现二维码支付、扫码订单、扫码收款、扫码骑行等多种应用。

② 二维码营销的线下渠道。与其他营销方式相比，二维码对线下渠道也有很强的适应性。随着二维码的应用场所越来越多，二维码的线下营销渠道也在不断拓展。目前主要的线下渠道包括线下虚拟商店、实体商品的包装及快递包装、宣传单、画册、报纸、杂志以及名片等。线下二维码营销的关键是吸引用户扫描二维码，这样才能有效地促进企业线上营销与线下营销的融合。

 本章习题

一、单选题

1. （   ）是由摩托罗拉、诺基亚和爱立信等公司最早倡导和开发的，它的提出和发展是基于在移动中接入互联网的需要。

A. OFO
B. WAP
C. APP
D. Blue Tooth

2. （   ）主要是将无线通信和国际互联网等通信技术全面结合，以此形成一种全新的移动通信系统。

A. 1G 技术
B. 2G 技术
C. 3G 技术
D. 4G 技术

3. 大数据营销的核心是（   ）。

A. 精准营销
B. 预测分析
C. 个性化营销
D. 移动互联网

4. 利用微信个人账号开展营销活动的第一步是（   ）。

A. 确定营销目标
B. 分析微信营销环境
C. 注册微信账号
D. 与客户事先沟通

5. APP 营销主要以（   ）为主要传播平台，直接向目标受众定向和精确地传递

个性化即时信息。

    A. 计算机   B. 手机

    C. 微博   D. 互联网

二、多选题

1. （　　　）是指利用智能手机、掌上电脑等无线终端进行的 B2B、B2C、C2B、C2C 及 O2O 等电子商务活动。

    A. B2B   B. B2C

    C. C2B   D. C2C

    E. O2O

2. APP 营销的特点主要包括（　　　）。

    A. 成本低   B. 使用持续性强

    C. 开发周期短   D. 增强用户黏性

    E. 可实现精准营销

3. 大数据营销常用的方法主要有（　　　）。

    A. 关联营销   B. 微博营销

    C. 微信营销   D. 移动营销

    E. 定制营销

4. 直播营销的四要素包括（　　　）。

    A. 场景   B. 人物

    C. 产品   D. 广告

    E. 创意

5. O2O 线上推广常用的方法主要有（　　　）。

    A. 自建网上商城   B. 微博营销

    C. 微信营销   D. 设立线下体验店

    E. 借助第三方消费点评网站宣传

三、名词解释

    1. 移动电子商务   2. 大数据营销

    3. 移动营销   4. 直播营销

    5. 二维码营销

四、简答及论述题

    1. 移动电子商务的优势和特点有哪些？

    2. 短视频营销的模式有哪些？

    3. 商家增加微信好友数量的方法主要有哪些？

    4. 试论述大数据营销的优势。

    5. 试论述 APP 营销的模式。

案例讨论

汉堡王开业促销"皇堡免费吃半年"

2020年4月23日，一条"汉堡王苏州路家乐福店4月25日盛大开业！皇堡免费吃半年！"的微信消息刷爆了新疆乌鲁木齐人的朋友圈，传播量超过70万，然而开业短短半小时内这家店就经历了由开店到闭店的大起大落。下面我们来看一下都发生了什么？

1. 开业朋友圈点赞活动

经过精心地筹划与准备，汉堡王乌鲁木齐第6家门店——汉堡王苏州路店将于2020年4月25日开业。为庆祝新店开业，汉堡王推出了前述刷爆新疆乌鲁木齐人朋友圈的促销活动：

（1）"集赞免费吃半年"

活动时间内，转发开业链接至朋友圈，集齐88个赞，即可在开业头三天（4月25—27日）到汉堡王苏州路店，凭本人朋友圈页面领取皇堡特权半年卡。凭本特权卡可每天免费领取皇堡一个，有效期半年，全市汉堡王门店通用，限本人使用。

（2）明星皇堡买一赠一

4月25日—5月31日，作为汉堡王风靡全球的明星产品，配有真正火烤牛肉饼的皇堡在活动期间买一赠一。

（3）任意消费送薯霸王

活动期间，在汉堡王苏州路店任意消费即送薯霸王（小）一份。

（4）爆款椒香鸡腿立减折扣

活动期间，在汉堡王苏州路店购买3个椒香鸡腿，可享立减10元优惠。

（5）消费满额送周边

活动期间，单笔消费满120元，即可获赠汉堡王定制U形枕或马克杯1个！数量有限，赠完为止。

（6）进店有礼

开业头三天，汉堡王苏州路新店为每一位进店顾客准备了汉堡王定制钥匙扣，喜欢收藏的朋友不要错过！数量有限，送完为止。

（7）办理嗨卡更超值

全市汉堡王、太平洋咖啡和星辉电影公园通用，一卡包办吃喝玩乐！现在办理，充值500元送100元无门槛现金券，充值1000元送200元无门槛现金券，每月8日、18日、28日还可在汉堡王享受单品8.5折优惠特权！

（8）学生卡专属福利免费领取

恰同学少年，风华正茂，汉堡王想独宠祖国的未来。即日起，高中、初中及小学在校生可凭相关证件，在汉堡王乌鲁木齐任意门店免费领取学生卡 1 张，每天可享不同的专属特价，此卡你值得拥有！

该活动信息一经发出就被朋友圈大量转发，阅读量超过 10 万，传播量更是超过 70 万。

2. 开业特权卡兑换

汉堡王打出"集赞免费吃半年"的口号后，4 月 15 日不仅仅是一个周六，更是终于可以免费连吃半年皇堡的日子。一大早，成百上千小伙伴如约而至，现场人头攒动。静待开业，免费领取皇堡。

早上 10:00 苏州路店开门营业特权卡兑换也正式开始。考虑到疫情防控的影响，汉堡王已事先向相关部门进行了报备，在排队区域设置好 S 形警戒带，地面上张贴了间隔一米的等待标识，并安排多位安保人员查验顾客体温及是否戴口罩。兑换活动始终井然有序，但随着排队人数慢慢增多，按照疫情管控要求，汉堡王店铺被封门，开业活动只能被迫停止，苏州路店也暂停营业，人群逐渐散去。整场活动只持续了约 25 分钟，不出意外，这可能是史上最短的开业。卡没领到，店被封了！

3. 汉堡王致歉，更改特权卡办理流程

经历 25 分钟闭店后，汉堡王紧急致歉，发表致歉声明，并在汉堡王乌鲁木齐微信公众号推出一条"致最亲爱的乌鲁木齐顾客朋友：请收下我们的诚意"的微信消息，向公众真诚致歉，并解释事情发生的前后过程。

随后，由公众账号推出"久等了！皇堡特权证最新领取方式出炉！"的消息，说明了皇堡特权证的领取办法。考虑到广大消费者的健康安全，也为了节省大家的时间和精力，汉堡王本次共推出 2149 张皇堡特权证，将通过线上领券-线下兑换的方式办理。

最终，在公证处工作人员的监督下，仅用时 3 秒，线上 2149 张皇堡特权证兑换券全部被领完。领到兑换券的消费者，可在 5 月 6 日—6 月 30 日期间进行兑换，有 56 天的兑换期限，特权卡的有效期会从兑换日的次日开始计算，为期半年，消费者可以错峰进行兑换，从而避免门店人员聚集。

资料来源：本文根据汉堡王乌鲁木齐微信公众号信息整理。

⑦ 思考讨论题

试讨论汉堡王微信促销活动被广泛传播的原因，探讨汉堡王本次开业促销活动存在哪些问题，并根据该次活动情况分析微信营销活动开展应该注意的事项。

第10章　农村电商概述

本章导读

　　近年来我国电子商务蓬勃发展，但与城市相比，农村电商依然较为落后。长期以来，我国农业发展一直存在"重生产、轻销售"的现象，致使农户的生产与市场的需求出现脱节。发展农村电商恰好能使这些问题迎刃而解，为解决"三农"问题提供新的思路。本章主要介绍农村电商的概念、发展意义，农村电商的形态与特征，以及农村电商的基本模式与主要平台、农村电商的发展现状与对策等内容。其中农村电商的主要形态和基本模式为本章学习的重点。

问题导引

　　什么是农村电子商务？

　　为什么要大力发展农村电子商务？

　　农村电子商务有哪些形态？

　　农村电子商务有哪些特征？

　　农村电商的基本模式和平台有哪些？

　　如何发展我国的农村电商？

知识结构图

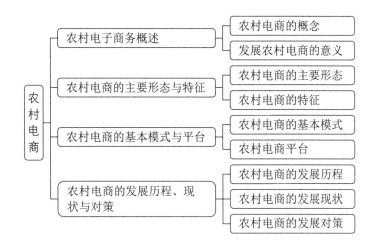

开篇引例

小木耳，大产业

柞水县曾是陕西省 11 个深度贫困县之一，也曾是国家扶贫开发工作重点县。种植木耳，并用直播形式推销木耳等农产品，柞水县走上了脱贫致富之路。2020 年 2 月，柞水县正式脱贫摘帽，退出了贫困县序列。而这并非孤例，《阿里巴巴脱贫工作报告（2018 年）》披露，2018 年，全国有 600 多个贫困村通过电子商务脱贫成为淘宝村，其中，超过 100 个贫困县网络销售额达到或超过 1 亿元。许多深山里的土特产通过电子商务平台销售到城市，电子商务也成为扶贫新模式。

在这次新冠肺炎疫情中，电子商务对于我国消费和农村农业经济的促进作用更是展现无余。受疫情影响，今年一季度我国社会消费品零售总额同比下降 19%，而实物商品网上零售额不降反增，同比增长 5.9%。疫情期间，农产品滞销，各电子商务平台刮起了一阵"县长直播潮"。有的县委书记 3 小时卖出了 18 万斤苹果，有的短短 10 分钟线上成交量就达到 6000 多单。"不务正业"的县长直播带货帮助不少农户走出困境，成了乡村振兴的新亮点，也让人们看到了农村经济创新的活力所在。

资料来源：土流网。

10.1 农村电子商务概述

10.1.1 农村电商的概念

农村电子商务简称农村电商，是指涉农领域的生产经营主体借助网络，通过计算机、移动终端等设备，运用现代信息技术，完成产品或服务的购买、销售、物流、支付等活动的过程。这里的农村电商生产经营主体不仅仅包括农民，还包含发展农村电商的各类电商平台、农村物流企业、配送中心、农资生产企业等。因此，在认识农村电商时，不能仅局限于农产品上网销售这一个方面，工业品下行也是其中的一个重要组成部分。

在理解农村电商概念时，应注意以下农产品网上交易、农业信息化和农民网络化消费这三个关键词：

（1）农产品网上交易。主要是指买卖双方借助网络平台完成农产品的交易活动。

（2）农业信息化。主要是指农业生产、销售、运输等过程中信息的获取与全球的市场同步对接，在农业产业中实现标准化、规模化，在农产品包装和运销中逐步实现品牌化、国际化。

（3）农民网络化消费。主要是指农民充分利用互联网在网上购买质优价廉的农业生产资料及生活用品。

10.1.2　发展农村电商的意义

加快发展农村电商，是创新商业模式、完善农村现代市场体系的必然选择，是提高农民收入、释放农村消费潜力的重要举措，是统筹城乡发展、改善民生的客观要求，对于进一步深化农村改革、推进农业现代化具有重要意义。具体来说，发展农村电商的意义主要体现在以下几个方面。

1. 发展农村电商能够解决农村信息化鸿沟问题，帮助农民及时获得市场供求信息

传统农产品的销售一般是渠道商以极低的价格收购农产品，再转手卖给真正需要的用户，赚取差价，损害了农民的利益。利用电子商务平台，农民就可以随时发布自己的产品信息，买家也可直接联系，商讨交易事宜，互惠互利。例如，梅子陶源网络平台（见图 10-1）就是这样一个促进无公害绿色的蔬菜水果等农产品销售的网络平台，通过 O2O 模式，农民可以克服原有的信息弱势，直接面向市场和消费者，最大程度地获取收益。这些无公害绿色农产品通过物流体系直接送达消费者手中，不仅解决了部分食品的安全问题，而且可以避免"农民万斤白菜烂在地里"的状况。

图 10-1　梅子陶源网站首页

2. 农村电商的发展有利于解决我国农产品流通不顺畅的难题

保鲜是农产品销售的一个最大问题，解决该问题要靠发达的物流运输系统。然而，当前我国农产品的流通体系尚不完善，功能不够健全，严重制约了农产品的销售。随着我国农村电商的发展，政府及企业将更加注重农产品的流通问题。例如，甘肃省商务厅与京东合作的京东兰州 FDC 仓（前端物流中心）有效地提高了农产品的物流配送速度。这些措施的实施必然为农业提供更广阔的发展空间，从而推进我国新农村的建设和发展。

3. 农村电商的开展有利于农村剩余劳动力实现高效就业

随着农产品价格的不断提升，许多进城务工人员转而回村从事农业生产。他们可以通过电子商务快速了解最新的供求信息，掌握农产品市场动态，实现高效化就业。例如，随着农村电商的推广，在遂昌县城区 5 万常住人口中，有 1500 家网店集聚，年销售总额达到 1.1 亿元至 1.2 亿元，遂昌的一些大学生、曾经外出务工的年轻人、下岗职工，甚至退休职工都开起网店来，形成了"男女都工作，家家开网店"的氛围，有效地解决了剩余劳动力就业的问题。

4. 发展农村电商能够为农业生产提供有效的技术支持和辅导

农业的分散化经营使农业技术支持和辅导工作难以有效开展，造成农业生产中生产资料的大量投入，质量却较低，且收益较少。同时，由于信息闭塞，不能及时获得农业灾害的预警信息，无法提前应用防范对策，致使农业生产严重受损，如果相应的灾后补救措施开展不及时，损失将更为严重。引入电子商务，可通过技术人员建设技术服务网络，对广大农户提供快捷有效的技术指导以及信息服务，提升农户对农业实用技术的掌握与应用能力，让农业生产能够实现全过程监控与指导，进而提升科技在农业生产当中的积极作用。此外，电子商务还能推动农业、农村现代化进程，给农村文化输入新鲜血液，带来创新的元素，开拓农民视野，助推新农村建设内涵的实现。

5. 发展农村电商有利于带动乡村经济整体发展，进而实现共同富裕

农村电商的发展是带动乡村经济整体化发展进而实现共同富裕的重要途径。我国农村为熟人社会，村民之间联系紧密，一位电商创业者的成功往往会起到很好的示范效应，这方面的案例不胜枚举。如沙集镇东风村，20 世纪 80 年代本是一座以农业种植与传统养殖、废旧塑料回收和粉丝加工为主业的苏北小村子。该村不具有资源优势，缺乏特色产业，"路北漏粉丝，路南磨粉面，沿河烧砖瓦，全村收破烂"是曾经的写照。然而，从 2006 年之后，一位叫孙寒的 80 后返乡青年通过电子商务创业使东风村充分发生了翻天覆地的变化。孙寒受到韩剧中韩式家具的启发，制作简易家具并在淘宝上销售，第一年就挣了 30 多万元。孙寒的成功，带动了东风村村民电商创业的热情，该村迅速出现了众多新兴的网店，并且形成了一个完整的产业链。在当地家居网销售产业的主导下，带动了家具生产、板材加工、五金配件经营、物流配送等行业的迅猛发展，促进了整个东风村经济的整体发展，村民收入水平也因此而大为提升。现在东风村是享誉全国的淘宝"明星村"，村民早已实现了共同富裕。

6. 有利于提高农村地区人民的生活质量

在生活方面，农村电商消费市场一样存在巨大的潜在需求。由于农村特殊的自然和社会环境，没有超市、商场等成规模的规范的购物场所，农民购买物品相比城市显得非常不方便，而电子商务恰好可以弥补这一不足。农村相对较低的经济收入水平使得人们对商品的价格更为敏感，而在线营销的普遍低价可以很好地满足农村市场的需求。此外，农村在文化娱乐设施方面的缺乏，也为相关方面的电子商务企业提供了广阔的市场

空间。

10.2 农村电商的主要形态与特征

10.2.1 农村电商的主要形态

农村电子的主要形态包括农产品电子商务、农资电子商务、乡村旅游电子商务及农产品+旅游电商这四种基本形态，下面分别予以介绍。

1. 农产品电子商务

农产品电商是指在农产品的销售过程中，全面导入电子商务系统，利用信息技术，以网络为媒介，进行需求、价格等信息的发布与收集，依托农产品生产基地与物流配送系统，为顾客提供优质农产品和服务的一种新型的商业运营模式。[①]

农产品电商主要分为自产自销、专职电商和自产代销三种类型。其中自产自销是指由从事农产品生产的农户或农业企业将自己生产的产品通过 B2C、C2C 以及微信等平台直接销售出去。专职电商本身不从事农产品生产，主要致力于在网上销售农户或农业企业生产的农产品。而自产带销是指上述两种类型的综合，即经营者不仅在网上售卖自产的农产品，还代理或经销非自产的农产品。

2. 农资电子商务

农资电子商务是指围绕着农用物资（如化肥、农药、种子、农业机械、饲料等）的经营而开展的电子商务。农业生产离不开农资供应的保障，但传统的农资市场存在着"散、乱、杂"的弊端，致使假化肥、假农业、假种子等坑农事件时有发生，严重损害了农户的权益。如今，农资电商的兴起很好地解决了这个难题。

通过网络建立起来的农资电商平台具有公开透明、售后可追溯的巨大优势。农民在农资电商平台上不仅可货比三家做出最佳的购买决策，还可以充分享受平台电商提供的专家服务。

目前农资电商的运作模式主要有四种，分别是专业农资电商平台、综合性电商平台、兼营性农资行业平台和企业自建的电商网站。

专业农资电商平台只专注农资领域，目标客户明确，服务也比较专业，代表性平台有大丰收、农一网、劲牛云商等。其中大丰收网站除了有农资商城外，还有农技中心和作物问诊等，为农资用户提供全面的服务。大丰收农资网首页如图 10-2 所示。

---

① 王慧. 农村电商与创业[M]. 北京：人民邮电出版社，2018 年，第 37 页。

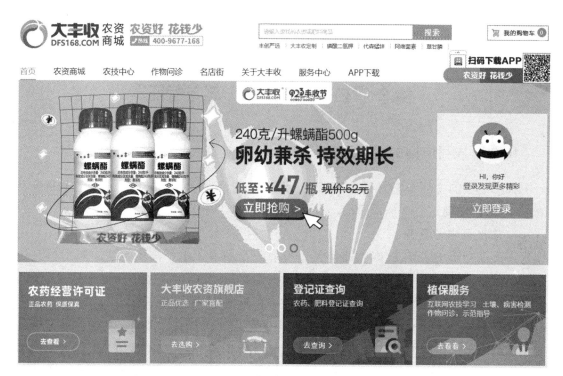

图 10-2　大丰收农资网首页

综合性的电商平台以阿里巴巴、淘宝网、京东等电商巨头为代表，近年来不断加大投资，逐步完善对农资电商的布局。如淘宝成立农资频道（见图 10-3），致力于打通买方和卖方之间的通道，确保农资产品从厂商跳过中间环节直接送到农户手中。

图 10-3　淘宝农资频道

兼营性农资行业平台以好汇购、中国农资联盟和 191 农资人为代表，这类平台以农业技术服务为主，兼作农资销售。这类平台具有有效客流量大、能实现农资产品精准投放、技术指导和售后服务水平高的优势，但受限于自身的影响力有限，平台的流量远不能和综合性电商平台相比。

企业自建网站也是农资电商的运作模式之一，但该类模式对生产商、供应商有较高的要求，不仅在前期需要有较大的投入，而且在后期的网站推广和维护方面也需较高的成本。因此，这类农资电商运营模式只适合于少数实力较强的农资生产商和经销商。

3. 乡村旅游电子商务

乡村旅游电子商务是一种重要的农村电商形态，是电子商务在乡村旅游活动各环节的具体应用。通过乡村旅游电子商务，不仅可以扩大对乡村旅游的宣传力度和宣传范围，有效地开展旅游的售前和售后服务，还可以在线完成乡村旅游网络查询、乡村民宿和旅游产品预订及电子支付。

例如，天津毛家峪以长寿养生为主题建立了生态度假村，通过网络全面宣传和推广，有效地提升了当地旅游资源的知名度和影响力。

再如，浙江衢州市农办和中国移动衢州分公司联合打造了"移动掌上农家乐"平台，用以开展具有当地特色的农家乐项目。他们通过制定当地农家乐的分布电子地图，对各个农家乐的各项信息加以采集、整理和汇总，利用互联网宣传农家乐，不仅提升了农家乐的知名度，而且还有效地解决了外来游客与农家乐经营者之间信息不对称的问题，极大地推进了该市乡村休闲旅游的发展。

4. "农产品+旅游"电子商务

"农产品+旅游"电子商务是一种新型的农村电商形态，是农产品、乡村旅游和电子商务整合的产物。这种模式的特点是线上的旅游商家（或当地政府）激发消费者对特色农产品产地的旅游兴趣，游客到乡村旅游享受吃、住、游玩和体验一体化的旅游服务，开展乡村旅游服务的商家充分利用游客来访的时机销售当地有特色的农副产品。

例如，重庆市武隆区和顺镇开展以"走进武隆和顺，公益自驾行"为主题的"乡村旅游+农产品"农村电商新模式的活动。活动宣传召集了 50 辆自驾车及 200 多名城市居民，走进武陵山深处，感受不一样的大美乡村。这次活动把城里人带到乡村去体验消费，采竹笋、看风车、篝火晚会……市民在大山深处体验别样的乡村生活。和顺镇提前将当地的农特产品，如七彩土鸡、干菜块腊肉、鲜竹笋、野生金银花等整合起来，引得游客争相购买，活动当天就卖掉了 5.3 万元，取得了良好的经济收益。

10.2.2 农村电商的特征

农村电商的发展和普及对于新型城镇化、推进农业供给侧改革、助力精准扶贫具有重要作用。同时，农村电商作为农村经济和电子商务深度融合发展的产物，不仅能破解农产品流通不畅、信息不对称等问题，还能带动农村产业的转型升级。分析农村电商的特点，能够对农村电商的发展路径有更深刻的认识，进一步为农村电商产业指引发展方向，促进农村电商可持续发展。

1. 农村电商是伴随主体角色不断变换的自发性创新活动

目前农村电商活动开展较为成熟的地区，其农村电商都是农民在试探性动作下发展起来的，是自下而上的自发性的行为，参与者的积极性很高，市场化意识强，主体的身份逐步地市场化。首先是由农民转化成网商，这是创造性的、迸发性的转化，由农业生产为主向着网络商人的角色巨大变化，这是社会角色方面的转换，由过去的封闭的、自给自足式的家庭向着家庭作坊式的个体化商户发展；接下来，是由个体的网商向着正规的公司化运作发展。目前，很多的农村电商发展的主体还没有真正过渡到这一环节。

2. 农村电商发展的集群效应明显

与传统的公司发展模式不同，农村电商发展的特点是集群效应明显，发展的结果不是单一的公司壮大，而是整个村、镇的集群效应。在农村，往往是一两个主体先尝试，成功之后，被不断地仿制和传播，这既有背靠共同的区位优势的原因，也与中国农村特有的文化、传统有关，信息极易扩散。这种密集的同质性的商务活动的集中，一方面会引发一定的竞争，同时也极易形成共同的联盟和完整的产业链条。比如位于浙江省西南部的遂昌县，在 2010 年就成立协会；比如徐州的沙集镇也成立了电子商务协会，并形成了网店、家具生产厂、板材加工厂、家具配件店、网店专业服务商和物流快递公司等相对完善的配套体系。

3. 产品的区域性特色明显，入门的起点较低

与城镇的网商相比，无论从知识素质的起点、信息的对称性以及对市场的把握和认识程度上，农民网商均不占优势，但是他们的最大优势就是区位性产品和集聚的优势。目前已有的花木销售、羊绒销售、特色农产品以及零售小商品等，都是与其地区的优势相结合。

除了产品的区域型特色明显之外，还有一些入门的起点比较低的产品也比较容易发展起来，比如位于徐州市睢宁县东部的沙集，它并没有前面的区位优势，但是选择了简易拼装家具这一起点低、适合运输和储存、拓展空间大的产品，也在农村电商领域获得了成功。

因此，区域性和起点低的产品是农村电商的特色，与互联网结合，满足不同层次的需求，能够创造巨大的效益。

4. 农村电商对网络和服务平台的依赖性强

商务活动需要客观地反映市场需求。农民由于受到农村环境和自身素质的影响，加之交通不便、信息沟通不便，很难精准把握市场的需求，因此传统的交易方式下，农民很难从事商务活动。网络交易平台的出现，一定程度上为农民解决了后顾之忧，网络空间的无限性真实地反映了现实世界人们的各种消费需求，农村电商主体只需在平台上注册和开展适当的图片广告，就可以实现供需的对接，从而顺利销售产品。在农村电商发展初期，对网络和平台的依赖较强。

2012 年两会代表就互联网方面提出议案，内容多涉及电子行业的发展，2015 年 10 月国务院总理李克强在国务院常务会议上强调加快农村电商的部署，通过完善农村偏远地区宽带电信的普遍服务补偿机制，缩小城乡间的数字鸿沟，历经几年发展布局，目前农村电商发展也彰显了独特之处。

10.3 农村电商的基本模式与平台

10.3.1 农村电商的基本模式

近年来，随着电子商务的蓬勃发展，全国农村涌现出众多的电子商务产业集群。根据各地的发展特点不同，农村电商模式主要分为六大类，即"农户+网络+公司"的"沙集模式"，"协会+网商"的"遂昌模式"，"专业市场+电子商务"的"清河模式"，"农产品供应商+联盟+采购企业"的"货通天下农商产业联盟模式""赶街网+农村电商代购点+农户"的"赶街模式"以及其他模式等。

1. "沙集模式"——"农户+网络+公司"

沙集模式是互联网在农村高度应用的典型，以借助信息技术的发展，实现资源从无到有，逐步发展壮大形成集团优势。沙集镇的起步是以家具简单拼装开始，通过网络销售到全国各地，这种做法被当地不断复制壮大，最后形成产业集群。生产规模逐步从单户自主加工发展到具备现代化和标准化水准大型加工厂。家具加工由最初的简单拼装发展到个性化定制。随着家具加工产业的壮大，物流、家居建材、箱包、五金、网上服务等产业迅速发展。沙集模式是农村自发发展电子商务典型模式，核心是"网络+公司+农户"的互相推动发展，是以家庭经营为基础，返乡创业农民工为主体，以信息化带动产业化，自发产生形成相对完整的农村电商生态链。"沙集模式"农村电商的发展架构如图 10-4 所示。

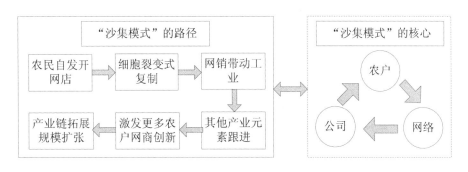

图 10-4 "沙集模式"农村电商的发展架构

沙集模式以"农户+网络+公司"为核心要素，网络销售带动农村工业发展，逐渐形成产业链，由最初的 C2C 电子商务模式逐渐形成 B2C 电子商务模式。近年来，沙集模式已成为我国涉农电子商务领域知名度和影响力相当大的典型案例之一。

2."遂昌模式"——"协会+网商"

遂昌模式是指中介组织零散农户发展电子商务，实现包容性创新的模式。遂昌位于浙江省丽水市，遂昌馆是国内第一个县级农产品馆，其核心是在一个独特的网络分销平台，借助政府的强大支持和自身体系的巨大聚合力，集合了千余家小卖家共谋发展，如图 10-5 所示。"遂网"平台建立了农产品信息管理及预订系统、农产品质量标准体系、农产品质量可追溯体系、冷链仓储体系、C2B2C 农产品程序管理体系、农产品生鲜技术研究中心、检测检验中心。同时，为千余家松散且不标准、不专业的小卖家提供专业的培训服务，对上游货源进行统一整合并拟定采购标准，由"遂网"专业团队进行统一运营管理，线下则按照统一包装、统一配送、统一售后等标准化操作执行。

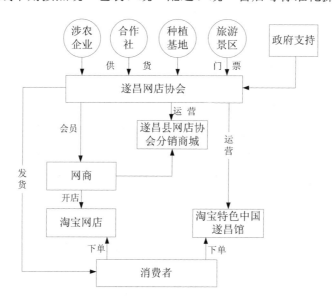

图 10-5 "遂昌"模式农村电商的运营架构

3."清河模式"——"专业市场+电子商务"

"清河模式"是将传统专业市场与电子商务协同发展实现包容性创新的模式。在 2008 年，清河羊绒制品市场运营之初，清河县委、县政府就提出了"网上网下互动，有形市场与无形市场互补"的发展思路，在羊绒制品市场内大力营造适合电子商务发展的经营环境，相继建成了电子商务孵化区、电子商务聚集区和电子商务产业园，并大力引进网货供应、物流快递、人才培训、研发设计、摄影、美工等专业机构入驻市场，从而保证了电子商务经营者能够以最快的速度、最低的价格享受到最全、最好的服务，提高网商的市场竞争力。同时，通过电子商务的拉动作用，解决了传统专业市场受地域限制所导致的销售难题，实现了传统专业市场与电子商务齐头并进、协调发展的良性格局，形成全国独具特色的"专业市场+电子商务"的新型电子商务模式——"清河模式"。

4. "货通天下农商产业联盟模式" —— "农产品供应商+联盟+采购企业"

"货通天下农商产业联盟"正在努力打造一种适合大宗农产品交易的电子商务流通模式,属于 B2B 电子商务模式的一种。"货通天下农商产业联盟"的运营总部位于上海,联盟的主要任务是为采、供双方提供以交易为核心的多种服务,联盟从达成的交易中收取 1%—3%的服务费。该模式通过交易平台运营管理,有效地匹配农产品需求和供给。在实际交易中,平台不仅为供需双方提供订单撮合、拍卖销售、委托采购、支付结算等交易服务,还根据销售方需求建立一套农产品的品质标准和质量检验、缺陷折扣的交易流程。农商产业联盟模式在整合农业产业链、降低市场交易成本和推动农业生产的规模化、产业化、专业化和服务的社会化等方面具有积极意义。

5. "赶街模式" —— "赶街网+农村电商代购点+农户"

与前面几种模式帮助农民把农产品卖出去不同,"赶街"模式主要是帮助农民从网上购买消费品。虽然,农村拥有电脑和网络的家庭已经很多,但仍有很多农民不会利用电脑网购。于是,遂昌网商协会创始人潘东明创建了"赶街网",帮助农村消费者网购。

"赶街网"其实就是一个"小淘宝",上面围绕农村生产和生活的需要整合了大量的商品,包括农资。赶街网在每个村子里物色一个代购点,一般是村里的小卖部,给他们配置电脑和宽带。代购点负责帮助农民下单购物,并从达成的交易里提成 10%左右作为自己的酬劳。赶街网不仅帮助农民购物,还可以帮助农民缴费、购电及金融等多种服务。"赶街"模式有利于提高县域农村网购的规模,降低农民的消费成本。不过,随着农村电商的发展,农民逐渐可以自行网购。赶街网主页如图 10-6 所示。

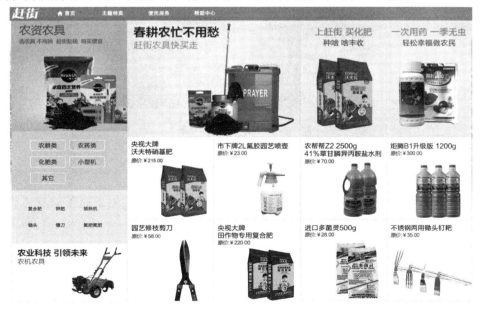

图 10-6 赶街网主页

6. 其他模式

农村电商的蓬勃发展，引领和加快了中国农村现代化的整体进程，推进了新农村建设的步伐，为农民致富开拓了新途径。随着农村电商的不断发展，在新一代农民的创新能力和勤奋努力下，新的电子商务模式在不断涌现。例如，大家耳熟能详的"O2O"模式也早已被引入了农村电商行业。

随着移动互联网与互联网金融的飞速发展，"逛在商场，买在网上"的新消费方式挑战着传统的商业模式。面对如此变化，O2O 营销模式成为营销行业备受关注的新宠。农村电商也摩拳擦掌，在 O2O 领域抢占市场先机。例如，中国惠农网打造的社区O2O 综合服务平台"店家亲"将农产品、农资交易和农业金融进行一体化整合。该平台的"卖家版"为店主提供手机开店、客户推广、网络销售、会员管理和营销支持等全方位服务，"买家版"为小区居民提供方便易用的手机购物、生活信息、便民上门和社区社交等服务，买家版和卖家版有效地打通了线上和线下的交易通路，为农村电商发展注入了新活力。中国惠农网主页如图 10-7 所示。

图 10-7　中国惠农网主页

10.3.2 农村电商平台

电子商务平台是进行农村电商的关键要素，其特色影响到电子商务的具体流程，也是电子商务模式成熟度的重要标志。我国农村电商层次不同，再加上模式创新，使得农村电商的平台种类繁多。

1. 第三方电子商务平台

第三方电子商务平台包括以下三种形式。

（1）大型零售网站平台

该类平台拥有一整套的销售流程，支付方式和信用管理体系，直接隐藏在平台背后。农民可以利用这些平台进行农产品的交易，买卖双方并不需要理解后台的操作原理，卖家只需要拍摄好自己产品的图片，编辑好文字说明，将产品的相关资料发布到自己的网店，就可以开始网络经营，例如农村淘宝网（见图 10-8），而买家也只需要通过搜索平台找到需要的商品，按照流程指导进行购买即可。

图 10-8　农村淘宝网首页

（2）综合类电子商务平台

该类电子商务平台主要开展批发业务，阿里巴巴等大型电子商务网站，都有小额批发业务，对于大多数时间需要从事农业生产，希望产品可以快速打包出售的农业生产者来说，是个不错的选择。比如，阿里巴巴网上有专门的农业板块，上面有农副产品、农业用具的销售，买卖双方通过阿里巴巴及阿里旺旺进行供需洽谈，利用支付宝等支付手段完成支付。阿里巴巴农产品的小额批发网页如图 10-9 所示。

图 10-9　阿里巴巴农产品的小额批发网页

（3）专业农业网站

我国非常重视"三农"问题，在政府的号召和鼓励下，我国已经陆续建立起一批农业网站，包括农业专业网站和地方政府的农业信息门户，如图10-10所示。这些网站除了介绍农业政策、农业新技术之外，还开辟市场专栏，向农户提供农产品价格信息、市场趋势分析等，用以指导农业生产。

图 10-10 中国农业信息网主页

也有一些专门农业网站，建立了电子商务板块，用于进行农产品的网上交易，例如，村村乐网站平台（见图10-11）。

图 10-11 村村乐网站主页

2. 自建网站

当电子商务兴起之后，一些思想比较先进并且有一定计算机水平的农户或农业商人，开始模仿品牌企业，在网上建立自己的销售网站。他们购买使用现成的网站软件、论坛组件等建立自己的网站，然后在该网站上销售农产品。但与电商平台相比，自建网站的受关注度不够，流量有限，要想取得成功必须要大力做好网站的推广工作。

3. 其他网络平台

除了通过上述两类网络平台进行农村电商活动外，农村电商有时也会用到公共网络交流平台。江苏省阜宁县羊寨镇单家港村"桃宝哥"就是利用微信将他的水蜜桃成功销售出去的，下面我们来看一下"桃宝哥"微信营销的过程。

"你一扫，我就送"，有一段时间，一个叫"桃宝哥"的微信水果商城在微信朋友圈火了起来。想吃新鲜的水蜜桃，只需用手机扫一下商城的二维码，在预定的时间内就会有人送货上门。

这个"桃宝哥"是江苏省阜宁县羊寨镇单家港村木子美农场的李士美。2013 年，他承包了 260 亩果园种水蜜桃，但由于水蜜桃季节性较强，且不易长期保存，销售遇到了困难。一次，他在农业节目上看到有人利用时下非常流行的微信平台销售农产品，立刻联想到自己水蜜桃的销售。念头一出，说干就干，李士美通过熟人找到了上海一家科技公司，开发了"桃宝哥"微信水果商城。自从 2014 年 5 月份正式上线以来，通过网络订购的客户络绎不绝。仅 6 月 1—7 日的 1 周时间，就有 89 人下单，卖出桃子近 200 公斤，微信商城的粉丝已经有 350 人。

利用这种群体关注的现象来扩大营销效果，已成为农业网络营销的利器。另外，也有一些农村电商活动通过搜索引擎或者门户网站来对网上店铺进行推广，效果明显但是成本较高，对于农村电商来说，仅仅是开始尝试。

10.4　农村电商的发展历程、现状与对策

10.4.1　农村电商的发展历程

2003 年至今，农村电商发展先后经历了起步阶段、小规模增长和规模化扩散、迅猛发展四个阶段，现在正处于迅猛发展阶段。四个阶段的主要发展情况如表 10-1 所示。

表 10-1　农村电商发展的四个阶段

时间	阶段	特征	新增网商规模
2003—2005 年	起步阶段	农村网商规模小，增长缓慢	2005 年新增网商达到万级
2006—2009 年	小规模增长阶段	农村网商规模明显扩大，快速增长	2009 年当年新增网商达到十万级
2010—2013 年	规模化扩散阶段	农村网商规模明显扩大，每年新增网商规模巨大	2013 年新增网商近百万级

续表

时间	阶段	特征	新增网商规模
2014 年至今	迅猛发展阶段	传统农业借助电子商务加快向现代农业转型升级，农村居民消费的多样性、便利性和安全性不断提升	各大电商巨头纷纷进军农村市场，"千县万村"等计划逐步实施，淘宝村突破 1000 大关

资料来源：阿里研究院

1. 起步阶段（2003—2005年）

2003 年至 2005 年，农村使用电子商务的还很少，商品交易的数量、电子商务的影响力以及效益规模都很有限，呈现农村网商规模偏小，增长速度缓慢的特点。在当时，网络已成为大众生活不可缺少的交流平台，电子商务对于农民也不再是个新鲜词。但大部分农民对电子商务这个词的认识也只停留在名字本身，甚至连电子商务究竟是干什么的都不清楚。从有关部门的统计数据中，当时，我国农村网民只占到网民总数的 1%左右，除了少数种养大户外，真正通过上网来销售的农民是少之又少。以山东省为例，该省农村个人电脑占有率只有 7%，网络普及率更是低于 10%。这一时期属于农村电商系统最初级的形式，农商一般也只是依靠网络发布农产品信息，交易则是通过聊天软件线下完成，没有专门的电子商务平台。该阶段的电子商务往往风险较大，交易内容缺乏法律保护。

2. 小规模增长阶段（2006—2009年）

2006 年至 2009 年，农村电商呈现小规模增长的趋势。中国互联网络信息中心（CNNIC）调查显示，截至 2007 年 6 月，中国农村网民规模为 3741 万人，7.37 亿农村居民中，互联网普及率为 5.1%，然而，截至 2009 年 12 月底，中国农村网民规模达到 10681 万人，农村网民规模首次超过一个亿，在农村的普及率也提高到了 15%，对比 2007 年的农村互联网发展情况，已经有了很大提升。在农村互联网发展的契机下，农村电商市场也静悄悄地孕育发展着，到 2009 年新增网商已达到十万级，主要是在沿海城市的农村，江苏睢宁沙集镇、浙江义乌青岩刘村都是该时期农村电商的成功案例。

3. 规模化扩散阶段（2010—2013年）

从 2010 年起，农村电商获得飞速发展，农村网商的数量明显增加，呈现规模化趋势。这一时期全国各地涌现出很多成功案例，其中，浙江丽水遂昌就是利用"微力量"成功推出农村电商的典型案例之一。2010 年 3 月，丽水市遂昌网店协会成立，丽水市遂昌电子商务进入了快速发展期。2012 年 9 月，丽水市遂昌县荣获阿里巴巴第九届全球网商大会"最佳网商城镇奖"。2012 年底，协会共有卖家会员 1200 多家，全年共完成电子商务交易约 1.5 亿元。至 2013 年 1 月淘宝网丽水市遂昌馆上线，初步形成了以农特产品为特色，多品类协同发展的县域电子商务中的"丽水市遂昌现象"。

在江浙县域网商保持快速增长的同时，全国县域网商均有了快速增长的势头，华北、华南、华中等地区县域网商增速明显加快，到 2013 年底，这三个区域在全国县域网商中合计占比接近 30%。其中，河北、广东、河南的县域分别是华北、华南、华中县域网商增长的主要来源。河北保定的"中国箱包之都"白沟移师互联网就是这一时期典型案例之一，下面我们来看一下白沟是如何移师互联网的。

河北保定的白沟是全国最大的箱包生产基地之一。经过近 30 年的发展，已经有 300 多家规模企业，4000 多家加工企业，近万家个体加工户，年产箱包超过 7 亿只。因此，白沟享有"中国箱包之都"之盛誉。白沟市场是箱包最主要的交易场所。2009 年以前，极少数商家尝试通过电子商务开拓市场。从 2009 年开始，随着国内主要的电子商务平台在白沟加大推广力度，当地网商增长加速。电子商务带来新商机，不断带动更多商户应用电子商务。据不完全统计，到 2011 年底，白沟新城已经有四分之一的商户开设了自己的网店。白沟市场激烈竞争、网商先行者示范带动、金融危机倒逼企业转型等多重因素综合作用，加速了电子商务在商户中的扩散速度。到 2012 年底，白沟新城的网店数量迅速增加到 4000 家，年成交额千万元以上的网店达到 200 多家，从业人员达到 2 万余人。箱包"网供"的涌现，对白沟网商规模持续扩大提供了新的动力。由于电子商务迅速发展，在箱包商户中分化出专门为网店供货的供应商，他们可以帮助网商直接发货，从而节省网商们的发货时间和物流费用，由此，带动大量周边商户通过电子商务销售箱包。2013 年，白沟新城网店数量增长到 8000 余家，电子商务平台产生的箱包交易额接近总销售额的 30%，从业人员达到 3 万余人。

4. 迅猛发展阶段（2014 年至今）

在这一时期，农村电商进入迅猛发展阶段，突出表现在两个方面。一是各大电商巨头纷纷布局农村电商，二是淘宝村兴起，有效地拉动了农村经济的发展。

（1）各大电商巨头进军农村市场

从 2014 年开始，中国电商巨头们纷纷施展各种"招数"进军农村市场（见表 10-2），这一举措在很大程度上促进了农村电商的飞速发展。

表 10-2　电商布局农村电商市场情况

企业	投资	体系	规模
阿里巴巴	100 亿元	县级运营中心+村级服务站+农村物流营运和服务体系	阿里巴巴集团于 2014 年 10 月在首届浙江县域电子商务峰会上宣布，启动千县万村计划，提出投资 100 亿元，建立 1000 个县级运营中心和 10 万个村级服务站
京东	10 亿—12 亿美元	县级服务中心+"京东帮"服务店	自 2015 年开年以来，京东的"电商进村"大业一路高歌猛进。截止 2015 年 4 月 13 日，京东招募和签约的乡村推广员已突破万名，县级服务中心也超过 100 家。短短数月，京东的县级服务中心和乡村推广员招募在全国范围内迅速铺开，服务范围已辐射全国 20 多个省份、100 余县市、10000 多个村庄，可为数以千万的农村消费者提供京东多快好省的优质商品与便捷服务

续表

企业	投资	体系	规模
苏宁	100 亿元	区域物流中心+城市配送中心+乡镇服务站	作为零售 O2O 模式发展的领头羊，苏宁易购重拳出击农村电商，在推进工业品下乡和农产品进城方面，迅速摸索出一条独具特色的全渠道电商之路。1000 多家直营店、88 家中华特色馆、10 亿元农特产品销售额和 30000 多名就业人员等，苏宁 2015 年的农村大戏可圈可点
供销社	预计 500 亿元	全国总社+省级社+县级社+基层社	国务院改革供销合作社，成立农村电商服务"三农"，预计建设 1400 个县级社，21000 个基层社。到 2020 年，把供销合作社系统打造成为与农民联结更紧密、为农服务功能更完备、市场化运行更高效的合作经济组织体系，成为服务农民生产生活的生力军和综合平台

（2）淘宝村逐渐兴起

淘宝村是伴随着我国农村电商发展而出现的新生事物。根据阿里研究院发布的《中国淘宝村研究报告（2018）》显示，2018 年全国淘宝村达 3202 个、淘宝镇达 363 个。淘宝村数量比上一年增长 1084 个，增幅达到 51%。

根据阿里研究院的定义，淘宝村的认定标准主要有三个：一是交易场所、经营场所在农村地区，以行政村为单位；二是全村电子商务的年交易额要达到 1000 万元以上；活跃网店的数量达到 100 个，或者占本村家庭户数 10%以上。

阿里研究院的数据显示，2018 年全国淘宝村网店年销售额超过 2200 亿元，占全国农村网络零售额 10%以上，活跃网店数超过 66 万个，带动就业机会数量超过 180 万个。淘宝村分布在 330 多个县区，这些县区人口超过 2 亿元。从空间分布上看，淘宝村呈现裂变式扩散、集群化发展的特征，在东部沿海地区尤其明显。全国 3202 个淘宝村广泛分布在 24 个省（自治区、直辖市）。浙江（1172 个）、广东（614 个）、江苏（452 个）、山东（367 个）、福建（233 个）、河北（229 个）数量领先，合计占比超过 95%。2018 年淘宝村（镇）数量前七省份如表 10-3 所示。

表 10-3　淘宝村（镇）数量前七省份

省市区	淘宝村数量	淘宝镇数量
浙江	1172	128
广东	614	74
江苏	452	50
山东	367	48
福建	233	29
河北	229	27
河南	50	3
江西	12	0

2020 年，淘宝村的发展更进一步，据阿里研究院发布的《2020 中国淘宝村研究报告》显示，淘宝村已覆盖到全国 28 个省（自治区、直辖市），数量达到 5425 个，比上年增加 1115 个，淘宝镇覆盖到 27 个省（自治区、直辖市），数量达到 1756 个，比上年增加 638 个。

如今，淘宝村在带动周边村镇经济发展、促进当地企业转型、吸引乡村外出人才返乡，促进农民收入增长等方面日益发挥着重要的作用。

10.4.2 农村电商的发展现状

1. 农村电商规模增速迅猛，区域性差异缩小

截至 2020 年底，我国农村网络零售额达到了 1.79 万亿元，同比增长 5.3%。农村电商的发展改变了农村居民的生活习惯，带动了农村经济多元化的发展。2020 年中国农村电商市场规模为 3.15 万亿元，同比增长 37.7%。

截至 2017 年底，农村网店达到 985.6 万家，较 2016 年增加 169.3 万家，同比增长 20.7%。农村实物类产品网络零售额 7826.6 亿元人民币，同比增长 35.1%，占农村网络零售总额的 62.9%。其中，服装鞋包、家装家饰、食品保健位居前三位，分别达到 1600.3 亿元、1129.5 亿元、1031 亿元人民币，同比分别增长 30.5%、6.4% 和 61%。

农村服务类产品网络零售额达到 4622.2 亿元，同比增长 46.6%，占农村网络零售总额的 37.1%。其中，在线旅游、在线餐饮、生活服务居前三位，分别达到 1831.9 亿元、1625.8 亿元、180.7 亿元人民币，同比分别增长 66.8%、58.6%、45.3%。在线旅游、在线餐饮表现尤为突出，对农村网络零售额增长贡献率分别达到了 21% 和 17.2%，在农村网络零售全部 19 个品类中居于前两位。

从区域分布看，2017 年东部、中部、西部、东北农村分别实现网络零售额 7904.5 亿元、2562.1 亿元、1700.5 亿元、281.8 亿元，同比分别增长 33.4%、46.2%、55.4%、60.9%。其中，东部农村网络零售额占比达到 63.5%，优势依然明显。中西部及东北农村网络零售额合计为 4544.4 亿元人民币，同比增长 50.4%，高出东部农村增速 17 个百分点。随着电商市场的不断成熟，以及物流配套等服务业的快速崛起，加上政府部门的顶层设计和政策红利，今后一段时期仍将是农村电商发展的黄金时期。

2. 城市信息化增速空间小，农村电商迎来蓝海

我国农村网民的数量逐年增加，但城乡互联网普及差异依然较大。中国互联网络信息中心（CNNIC）发布的《第 47 次中国互联网络发展状况统计报告》显示，截至 2020 年 12 月，中国网民规模达 9.89 亿，其中农村网民规模 3.09 亿，占网民整体 31.3%。城镇地区互联网普及率为 79.8%，农村地区互联网普及率为 55.9%，城乡普及率差异为 23.9%。我国农村网民在即时通信、网络娱乐等基础互联网应用使用率方面与城镇地区差别较小，但在网购、支付、旅游预订类应用上的使用率差异较大，这一方面说明娱乐、沟通类基础应用依然是拉动农村人口上网的主要应用，另一方面也显示农村

网民在互联网消费领域潜力仍有待挖掘。未来全国信息化普及的主要增长空间在农村，随着电脑和智能手机的普及，以及农村居民对互联网更深入的认识，农村市场正逐渐成为电商掘金的下一个黄金市场。城市的电商之间竞争已经白热化，相对而言，农村和农产品市场，像蓝海一样在等待企业布局。

3. 农村电商发展仍面临四重困境

随着政府推动和社会资本的持续支持、农村网民数量的逐渐攀升，未来五年将是农村电商发展的黄金时期。然而，目前农村电商的发展仍受农产品经营"小而散"、农村物流网络不健全、农村电商人才匮乏、融资渠道不畅四重因素掣肘，亟待突围。一是产品"小而散"。目前，农村电商最常用的模式是将农产品从集贸市场直接转换到互联网，因此极易出现"小而散"的问题，组织化程度不高，难以进行规模化、产业化生产等，导致地方农产品无法形成品牌化效应。二是农村物流体系基础薄弱。农村电商网站规模总体较小、第三方物流企业少、物流基础设施落后、冷链物流供给能力不足，不能充分适应农产品季节性、易腐性、品种多等特点。三是农村电商人才缺乏。农民老龄化兼业化、农村服务业落后、农业主体引进人才难等造成农村电商人才缺乏，加上宣传、培训力度不够，农民上网操作水平仍然较低。四是融资渠道不畅。农产品大都具有季节性，存货需要大量资金。目前，各地农村电商多处于起步阶段，缺乏有效的信用担保，向银行等金融机构贷款困难，而金融贷款大都需要抵押，且十分有限。

10.4.3 农村电商的发展对策

1. 加强政策扶持，发挥政府在推动农村电商中的重要作用

目前，从党中央、国务院到各级部委已经基本完成了我国农村电商的政策部署，政策体系已经建立，但在后续政策的落实中，还需要政府的大力支持与监督。同时，政府相关部门应加强网络市场监管，强化安全和质量要求，打击制售假冒伪劣商品、虚假宣传、不正当竞争和侵犯知识产权等违法行为，维护消费者合法权益，促进守法诚信经营。此外，还要加大金融支持力度，放宽对农民创业特别是青年农民的授信和贷款支持，简化农村网商小额短期贷款手续，对于符合条件的农村网商，可按规定享受创业担保贷款及贴息政策等。

2. 完善农村信息基础设施建设，实现资源共享和服务创新

一方面，应加强"宽带乡村"工程和营业点建设，加快实现宽带和营业点在农村的全覆盖，积极扶持和鼓励农业企业加快信息化建设；建设县级农村电商公共服务中心、农村电商服务站体系，帮助农民了解和掌握信息技术等各类新技术、新理论，发掘典型案例，推广成功经验。例如，浙江义乌、丽水遂昌等，当地政府要运用各种手段，加强对这些成功电子商务平台的宣传，以"领头羊"的成功示范激发农民的电子商务意识，形成了非常成功的农村电商平台体系。另一方面，还应在资金上对农村地区信息化、网络化进行支持，降低农民使用网络的成本。例如，将农民购买电脑等信息化设备

纳入家电下乡政策补贴范畴，制定农村信息化建设补贴政策等。

3. 转变农业生产方式，建设农业品牌化

农业标准化是提高农产品质量的根本，是转变农业增长方式、提高市场竞争力的重要途径，是发展农村电商的必经之路。目前，我国农业生产方式比较落后，主要还是以个体生产或者小部分承包为主，农民对农业信息的需求程度低、需求内容分散，难以形成规模效应，并且通过农村电商服务平台所产生的社会效益和经济效益较低，影响了社会各界参与其建设的积极性。因此，只有依靠标准手段，加速提高农产品的质量和档次，加快农业品牌化建设，提高我国农产品的国际竞争力，促进优势农产品的区域化布局、规模化种养、规范化生产、产业化经营和科学化管理，才能带动农业电子商务的快速发展，最终实现农业的增产增收。

4. 构建农村电商交易平台，加速 O2O 的步伐

农村企业生产规模小、产品销售滞后，其中交通不便、信息不灵是一个重要因素，因此，构建农村电商交易平台对农村实现小康意义重大。农村电商交易平台的建设应依据电子商务技术标准，将实体网络和虚拟网络相结合，集电子商务、连锁终端、自有体系规模配送为一体，行业性平台或者区域性综合平台，为新农村建设与发展服务。

按照一般电商模式，农产品要在城乡之间运输千里，对成本和物流包装等配套体系都有很大的考验。近年来，移动互联网突飞猛进，截至 2016 年 12 月，我国手机网民规模达 6.95 亿。农村电商也应当利用好这个机遇，加速融合线上线下。目前，不仅家电市场开始了线上线下融合，米面粮油等农村日用消费品也开始了 O2O 的探索。可以预见，未来农村电商和实体商业之间必将走向线上线下融合的道路。

5. 培训农村电商人才

电子商务人才是农村电商发展的核心竞争力。我国当前农村网络普及率还较低，农民的整体文化素质不高，对互联网新技术和新信息的反应相当迟钝，加上农村年轻人进城务工，大多数农村人口主要是老人和儿童，因而农村电商的人才十分稀缺。人才匮乏问题已经成为制约农村电商发展的重要瓶颈，必须要抓紧解决。

解决农村电商人才匮乏问题主要有两个途径，一是外部引进，二是对农村居民进行专门的培训。受限于农村的经济发展水平和职业发展环境，从外部引进电商人才目前还较为困难。因此，针对农村居民的电商培训是较为现实的解决方法。这需要各级政府和布局农村电商的企业共同努力。

6. 加快农村物流体系建设

发展农产品电子商务，配送是关键。虽然邮政与菜鸟等物流由县到村当日送达服务已覆盖 40%的县城，次日送达服务已覆盖 99%的县城，快递物流"最后一公里"和农产品进城"最初一公里"的问题得到一定的解决，但由于农产品的季节性、产品数量多以及鲜活农产品的保鲜存活时间短，仅有的物流体系仍不能满足农村电商的发展，需要交通运输、商贸流通、农业、供销、邮政等部门和单位及电商、快递企业进一步加强对相关农村物流服务网络和设施的共享衔接，加快完善县乡村农村物流体系、供应链管理体系，鼓励多站合一、服务同网。鼓励传统农村商贸企业建设乡镇商贸中心和配送中心，发展第三方配送和共同配送，重点支持老少边穷地区物流设施建设，提高流通效率，同时加强农产品产地集配和冷链等设施建设。

本章习题

一、单选题

1. 下列不属于农村电子商务的核心要素是（　　）。

　　A. 农民　　　　　　　　　　B. 电子商务服务平台

　　C. 互联网　　　　　　　　　D. 电脑

2. 专业农资电商平台只专注农资领域，目标客户明确，服务也比较专业，代表性的平台有（　　）。

　　A. 云农场和易农商城　　　　B. 云农场和阿里巴巴

　　C. 京东和苏宁易购　　　　　D. 易农商城和淘宝

3.（　　）是指中介组织零散农户发展电子商务，实现包容性创新的模式。

　　A. 沙集模式　　　　　　　　B. 遂昌模式

　　C. 清河模式　　　　　　　　D. 赶街模式

4. "清河模式"是将（　　）协同发展实现包容性创新的模式。

　　A. 专业市场+电子商务　　　B. 协会+网商

　　C. 农户+网络+公司　　　　D. 农产品供应商+联盟+采购企业

5. 阿里巴巴集团计划在三至五年内投资 100 亿元，在全国（　　）个县，（　　）个村开展农村淘宝项目？

　　A. 100　　1000　　　　　　B. 1000　　10000

　　C. 10　　1000　　　　　　D. 1000　　100000

二、多选题

1. 农产品电子商务主要分为（　　）这三种类型。

　　A. 自产自销　　　　　　　　B. 兼职电商

　　C. 专职电商　　　　　　　　D. 自产代销

　　E. 网络代购

2. 农村电子商务的四种基本形态是（　　）。

　　A. 农产品电子商务　　　　　B. 农资电子商务

　　C. 工业品电子商务　　　　　D. 乡村旅游电子商务

　　E. 农产品+旅游电商

3. 与一般电子商务相比，农村电子商务的发展特点有（　　）。

    A. 国家政策红利大力推进农村电子商务的发展

    B. 农村电子商务呈现多元化发展格局

    C. 淘宝村成为农村电子商务发展的生力军

    D. 产品的区域特色明显，经营成本高，竞争阻力大

    E. 农村电子商务发展受多重不利因素影响，发展十分缓慢

4. "遂昌模式"中的"遂网"平台建立了的体系有（　　）。

    A. 农产品质量标准体系　　　　　　B. C2B2C 农产品程序管理体系

    C. C2G 农产品程序管理体系　　　　D. 农产品质量可追溯体系

    E. B2B 农产品管理程序

5. 下列关于农村电子商务发展趋势表述正确的有（　　）。

    A. 农产品将呈现产业链整合趋势

    B. 农村电子商务呈现品牌化战略发展趋势

    C. 农村物流瓶颈已经突破

    D. 农村电子商务呈现国际化发展趋势

    E. 农村电子商务必将全面超越城市电子商务

三、名词解释

    1. 农业信息化　　　　　　　2. 沙集模式

    3. 农产品电子商务　　　　　4. 农资电子商务

    5. "千乡万村"计划

四、简答及论述题

    1. 什么是农村电子商务？其核心要素是什么？

    2. 农村电子商务的常见网络平台有哪些？

    3. 农村电子商务的基本模式有哪些？

    4. 试论述发展农村电子商务的意义。

    5. 试论述农村电子商务发展的策略。

案例讨论

"遂昌模式"打造亿元"淘宝县"

    浙江省遂昌县，一个位于浙西南的偏远山区小城，经济并不发达、物流并不通畅，却在短短的两年内成功打造了"遂昌模式"，成为山区电子商务发展的典型之一。截至 2012 年，这个只有 5 万人口的小县城已拥有网商（店）1500 多家，毛利率超过 30%，年销售额过亿元，成为名副其实的"淘宝县"。

    遂昌县作为浙江山区科学发展综合改革试验区之一，2003 年，遂昌县政府整合资

源搭建服务于当地经济发展的电子商务公共平台，即发挥山区自然环境优越、农产品丰富的优势，利用电子商务弥补该县农民专业合作社和小微型企业市场信息闭塞、营销手段缺乏、物流不畅的短板，将电子商务作为当地经济转型升级的重要手段大力推进。

如今，当地农村电商发展一片红火。竹炭、烤薯、笋干是当地的几大特色农产品，经过电子商务的"催化"作用，竹炭产业销售额从之前的 2000 万—3000 万元/年上升为 2012 年的近 2 亿元/年，其中一半以上为网上销售额；烤薯类产品年产值在 1000 万元左右，其中三四成通过网销。

电子商务一方面为遂昌剩余劳动力转移提供了就业方向，另一方面，拉动了当地第二、第三产业的发展。因此，电子商务也得到了当地政府极大的支持。丽水市财政每年安排 300 万元设立农村电商发展引导资金，遂昌县财政每年安排 300 万元设立全民创业基金，用于扶持农村青年、大学生经营的电子商务企业（网店）以及销售本地农特产品的电子商务企业（网店）发展。

同时，当地还积极打造资源共享平台。2010 年，由遂昌县政府牵头、多家农特产企业单位联合发起成立了服务于当地经济发展的电子商务公共平台遂昌网店协会，搭建了公共服务平台，向上整合资源，实现农副产品集约化营销；向下号召网上创业，提供免费培训、实现零成本开店，集中农产品分销。2012 年 5 月，该县还与阿里巴巴集团淘宝网战略合作，探索新型农村电商发展模式，合力打造省级山区科学发展示范区。

据介绍，网店协会最重要的公共服务内容就是网络创业培训。截至 2012 年，协会已提供免费培训 12 期，受训人数超过 2600 人。三分之一受训对象开起了淘宝网店。该协会通过寻找农村合作社、生产基地和一些零散农民，将他们的产品资源集中到会员仓储配送中心分销平台，并且他们会做好产品包放在网上，店主们只要将产品放在自己的网店里卖，接到单之后他们再来分销平台上下单。

在网店公共服务平台设立之前，只是网店的卖家和买家发生交易关系，而平台建立后，工商、质监、卫生等部门都会对网店商品的品质做检验检测，保证从这里流出的东西百分百合格。据了解，在政府部门介入前，网店的卖家一旦和买家发生纠纷，回复周期相当漫长，而通过政府搭台，缩短了赔付周期。此外，当地政府在电子商务的仓储用地、培训教育、物流配套、行业管理等方面给予大力支持，工商、质检、卫生等实行前置服务和源头管理，严格生产加工环节的监管，鼓励生产企业进行 QS 和 ISO900 认证，确保产品质量和品质。

资料来源：中国财经报，有修改。

🅠 思考讨论题

1. 结合案例，请分析"遂昌模式"成功的原因。
2. 根据所学知识，试分析政府在农村电商发展过程中的角色及作用。
3. 请结合相关资料，简述目前农村电商发展现状及存在问题，并谈一下你认为针对这些问题应采取的措施。

第11章　跨境电子商务

本章导读

　　跨境电子商务的兴起打破了贸易的地域限制，推动了全球经济的发展。本章主要介绍跨境电子商务的分类与意义，主要的跨境电商平台、跨境电商营销、跨境电商的物流与支付等内容。通过对本章的学习，可以使我们全面了解跨境电商的运作实务，为今后从事相关工作奠定基础。

问题导引

　　为何要大力发展跨境电商？

　　跨境电商的主要平台有哪些？

　　如何开展跨境电商营销？

　　跨境电商物流方式有哪些？

　　跨境电商的支付方式有哪些？

知识结构图

开篇引例

"保税仓+直播" 重构跨境电商新生态

2021 年 9 月 30 日，新沂市首场"保税仓+直播"活动启动。当天，直播平台点击量达到 30.2 万人次，成交 1.2 万单。

与一般的直播带货不同，这次直播中，主播并不只是坐在直播间里，而是将观众带进了新沂保税物流中心恒温恒湿库，将保税物流中心的优质进口商品带到观众的面前，使观众们有了更直接、更丰富的购物体验。这是新沂市培育外贸新模式新业态的一次生动实践。

2020 年以来，新沂市大力支持及推动跨境电商产业推广，不断创新，逆势赋能，在跨境电商发展中抢占一席之地。利用跨境电商优化完善产业生态，壮大外贸发展新空间。通过跨境平台重点培育本土跨境电商企业，引导企业抓住时机加快转型升级、开拓国际市场。加大优质跨境资源引入力度，建立与更多知名跨境电商平台合作，提高跨境电商规模和质量。同时，积极推进跨境电子商务产业园项目申报，采用"互联网+制造业+外贸综合服务"的模式，全面整合各类跨境电商资源，推动跨境电子商务纵深发展。

新沂市积极推动联合跨境电商平台、直播机构线上直播，以网红带货方式拉动线上平台消费，推广新型消费模式，重构跨境电商新生态，为推动外贸转型升级和高质量发展注入新动能。同时，通过"跨境监管保税仓+直播"的形式，以内容化、互动化、

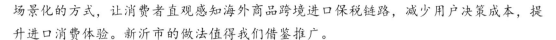

场景化的方式，让消费者直观感知海外商品跨境进口保税链路，减少用户决策成本，提升进口消费体验。新沂市的做法值得我们借鉴推广。

资料来源：徐州日报数字报纸。

11.1 跨境电子商务概述

11.1.1 跨境电子商务的概念

跨境电子商务（Cross Border E-commerce）的概念有广义和狭义之分：广义的跨境电子商务是指分属不同关境的交易主体通过电子商务手段达成交易的跨境进出口贸易活动。狭义的跨境电子商务概念特指跨境网络零售，指分属不同关境的交易主体通过电子商务平台达成交易，进行跨境支付结算，通过跨境物流送达商品，完成交易的一种国际商业活动。跨境网络零售是互联网发展到一定阶段所产生的新型贸易形态。

综合而言，跨境电子商务是指分属不同关境的交易主体，通过电子商务平台达成交易、进行电子支付结算，并通过跨境电商物流及异地仓储送达商品，从而完成交易的一种国际商业活动。

11.1.2 跨境电子商务的分类

跨境电子商务种类的划分方法有多种，下面分别进行简要介绍。

1. 按交易的主体分类

按照交易的主体进行划分，跨境电商可分为企业对企业（Business to Business，B2B）跨境电子商务、企业对个人（Business to Customer，B2C）跨境电子商务以及个人对个人（Customer to Customer，C2C）跨境电子商务三种类型，其中后两者属于跨境网络零售的范畴。

（1）B2B 跨境电子商务

B2B 跨境电商是指分属不同关境的企业与企业间，通过电商平台达成交易、进行支付结算，并通过跨境物流送达商品、完成交易的一种国际商业活动。B2B 跨境电商的买卖双方都是企业或者集团客户。目前，B2B 跨境电子商务的市场交易规模占跨境电子商务市场交易总规模的 80%以上，处于市场主导地位。B2B 跨境电商平台的代表企业主要有敦煌网、中国制造、阿里巴巴国际站、环球资源网等。

（2）B2C 跨境电子商务

B2C 跨境电商是指分属不同关境的企业直接面向个人消费者开展在线销售产品和服务，通过电商平台达成交易、进行支付结算，并通过跨境物流送达商品、完成交易的一种国际商务活动。B2C 跨境电商的卖方是企业，买方为个人消费者，是企业以零售方式将商品销售给消费者的模式。目前 B2C 模式在跨境电子商务市场占比并不大，但有不断上升的趋势，未来发展空间巨大。B2C 跨境电商的主要平台有速卖通、DX、兰亭集势、米兰网、大龙网等。

（3）C2C 跨境电子商务

C2C 跨境电商是指分属不同关境的个人卖方对个人买方开展在线销售产品和服务，由个人卖家通过第三方电商平台发布产品和服务售卖产品信息、价格等内容，个人买方进行筛选，最终通过电商平台达成交易、进行支付结算，并通过跨境物流送达商品、完成交易的一种国际商业活动。C2C 跨境电子商务的买卖双方都是个人，即经营主体是个人，面向的也是个人消费者。C2C 跨境电商中具有代表性的有淘宝全球购、海蜜、eBay 等。

2. 按照进出口方向分类

按进出口方向划分，跨境电商可分为出口跨境电商和进口跨境电商两类。我国跨境电商交易以跨境出口为主，其中又以跨境 B2B 出口为主要形式。

（1）出口跨境电子商务（Export Electronic Commerce）

出口跨境电子商务又称出境电子商务，是指境内生产或加工的商品通过电子商务平台达成交易，并通过跨境物流输往境外市场销售的一种国际商业活动，代表平台有速卖通、阿里巴巴国际站、敦煌网、兰亭集势等。

（2）进口跨境电子商务（Import Electronic Commerce）

进口跨境电子商务又称入境电子商务，是指将境外的商品通过电子商务平台达成交易，并通过跨境物流输入境内市场销售的一种国际商业活动，代表平台有洋码头、网易考拉海购、天猫国际、亚马逊海外购等。

3. 按服务类型分类

按服务类型进行划分，跨境电商又可分为以下几种。

（1）信息服务平台

信息服务平台主要是为境内外会员商户提供网络营销平台，传递供应商或采购商等商家的商品或服务信息，促成双方完成交易，但平台不提供商品在线销售服务。它的盈利模式主要包括会员服务和增值服务。会员服务是指卖方每年缴纳一定的会员费用后享受平台提供的各种服务，会员费是平台的主要收入来源，目前该种盈利模式市场趋向饱和。增值服务，即买卖双方免费成为平台会员后，平台为买卖双方提供增值服务，主要包括竞价排名、点击付费及展位推广服务，竞价排名是信息服务平台进行增值服务最为成熟的盈利模式。代表性企业有阿里巴巴国际站、环球资源网、中国制造网。

（2）在线交易平台

在线交易平台不仅提供企业、产品、服务等多方面信息展示，并且可以通过平台线上完成搜索、咨询、对比、下单、支付、物流、评价等全购物链环节。在线交易平台模式正在逐渐成为跨境电商中的主流模式。它的主要盈利模式是收取佣金费和展示费

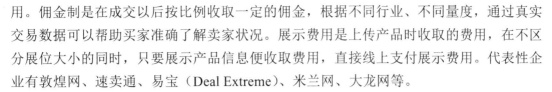

用。佣金制是在成交以后按比例收取一定的佣金，根据不同行业、不同量度，通过真实交易数据可以帮助买家准确了解卖家状况。展示费用是上传产品时收取的费用，在不区分展位大小的同时，只要展示产品信息便收取费用，直接线上支付展示费用。代表性企业有敦煌网、速卖通、易宝（Deal Extreme）、米兰网、大龙网等。

（3）综合服务平台

综合服务平台主要是为企业提供境外商标注册代理、通关、物流、海外仓、结算、退税、保险、融资等系列的服务，帮助企业高效便捷地完成商品进口或出口的流通环节，解决企业跨境贸易中的各项难题，其代表平台有阿里巴巴一达通、派安盈、四海商周和递四方等。

4. 以平台运营方式进行分类

以平台运营方式来划分，跨境电商可分为自营型平台和第三方开放平台两种。

（1）自营型平台

自营型平台是平台自己整合资源、寻找货源、采购商品，并且通过自己的平台售卖商品，赚取商品差价的平台，代表平台有兰亭集势、米兰网、大龙网等。

（2）第三方开放平台

第三方开放平台是指在线上搭建商城，通过对物流、支付等资源进行整合，吸引商家入驻平台，为商家提供跨境电子商务交易服务的平台。交易成功以后，第三方开放平台从中获取佣金或服务费，代表平台有亚马逊、速卖通、阿里巴巴国际站等。

需要说明的是，以上分类方法具有交叉性，例如速卖通既属于 B2C 跨境电商，又属于出口跨境电商等。

11.1.3 跨境电子商务的优势

1. 跨境电商与传统外贸相比的优势

随着国家的不断关注，跨境电商正在成为外贸产业中的一匹"黑马"。跨境电子商务作为一种新型贸易方式，兼具国际贸易和电子商务两方面特征，其相比传统外贸呈现以下特点：

（1）跨境电商有效减少外贸商品流通环节，释放利润空间

传统外贸一般是由专业的外贸公司将国内生产或制造的产品出口给外国的进口商，外国的进口商再将进口商品分销给外国批发商、零售商，最后到达消费者手里。商品从生产制造商到达消费者手中所经历的环节多、时间长。跨境电子商务有效地缩短了外贸价值链的长度，国内的生产制造商可以通过网商或者自己直接将商品通过跨境电商平台卖给外国的网商或消费者，从而减少了中间的渠道环节，降低了渠道成本，不仅给出口企业释放了利润空间，而且可以使消费者享受更多实惠。

（2）跨境电商缩短交易时间，降低交易成本

跨境电子商务交易平台是实现外贸商业模式转变的重要力量。电商平台即时的信

息沟通不仅加强了买卖双方的互动交流，而且大大提高了磋商的效率，加快了成交进程。便捷的网上支付操作，避开了传统方式下到银行办理结算的烦琐手续和较高的银行费用。一站式在线物流管理，多种物流解决方案选择，实现快捷低成本送货上门。通过在平台上的网络营销、在线交易、在线支付、在线物流管理，实现了信息流、资金流、物流的三流合一管理，大大地缩短了交易周期，降低了交易成本。

（3）全天候业务运作，提高客户满意度

由于世界各地存在时差，为国际商务谈判带来诸多不便。对企业来讲，在传统条件下提供每周 7 天、每天 24 小时的客户服务往往感到力不从心。利用电子商务可以做到全天候服务，任何客户可以在全球任何地方、任何时间从网上得到相关企业的各种商务信息。电子商务可实现全天候、不间断运作，可使全球范围内的客户随时得到所需的信息，为出口企业带来更多的订单，并且可大大地提高交易成功率，提高客户满意度。

2. 跨境电商与国内电商相比的优势

与国内电商相比，跨境电商具有获取流量更加容易、市场空间更大的优势。

（1）卖家竞争小

国内电商经过多年的发展，卖家数量越来越多，市场竞争日趋激烈，无论新老卖家，想要从市场中获取流量变得越来越困难，付出的成本也越来越高。而跨境电商处于初级阶段，流量获取更为容易，因而更容易赢得客户。

（2）市场空间大

国内电商仅仅面向国内买家，市场空间有限，交易额增速平缓；而跨境电商面向全球 220 多个国家和地区的买家，市场更加广阔，交易额增长迅速。

11.1.4 发展跨境电子商务的意义

1. 打造新的经济增长点

跨境电商是互联网时代的产物，是"互联网+外贸"的具体体现，必将成为新的经济增长热点。由于信息技术的快速发展，规模不再是外贸的决定性因素，多批次、小批量外贸订单需求正逐渐代替传统外贸大额交易，为促进外贸稳定和便利化注入了新的动力。

随着相关政策性红利的不断释放，移动互联网、智能物流等相关技术快速提升的背景下，围绕跨境电商产业诞生了新的庞大经济链，带动国内产业转型阶级，并催生出一系列新的经济增长点。

2. 提升我国对外开放水平

跨境电商是全球化时代的产物，是在世界市场范围内配置资源的重要载体，必将提升我国全方位对外开放水平。跨境电商平台进一步破除全球大市场障碍，推动无国界商业流通。

对企业而言，跨境电商加快了各国企业的全球化运营进程，有助于树立全球化的品牌定位，形成更加虚拟数字化的销售网络，大大降低了生产者与全球消费者的交易成本。企业可以直接与全球供应商和消费者互动交易，特别是降低了广大中小企业"零距离"加入全球大市场的成本，使更多企业享受到全球化红利，有助于推动更加公平的全球贸易。

3. 提升国内消费者福利水平

跨境电商是消费时代的产物，体现了国内消费人群追求更高质量生活的需求。2020 年，我国人均国内生产总值已经达到一万美元，处于中等偏上国家收入水平。国内消费者对更高质量、更安全、更多样化商品的需求更加旺盛，消费对经济增长的促进作用日趋明显，我国的消费时代已经来临。

跨境电商进口以扁平化的线上交易模式减少了多个中间环节，使得海外产品的价格下降。通过大量引入质量品质较好、丰富的海外商品，我国用海外产品培育国内市场，以消费升级引领产业加快转型升级，最终惠及国内消费者。同时，跨境电商使交易流程扁平化，海外产品提供商直接面对国内消费者，能够提供更多符合消费者偏好的商品。

11.2 跨境电子商务的主要平台

跨境电子商务平台是一个为企业或个人提供网上跨境交易洽谈的平台。传统外贸企业转型做跨境电子商务的第一步就是选择跨境平台。目前，普遍的做法有两种：自建网站和选择第三方平台。我国企业选择的主流跨境电子商务平台有阿里巴巴、亚马逊、敦煌网等。

11.2.1 阿里巴巴

阿里巴巴的跨境电商业务分为阿里巴巴国际站 B2B 业务和全球速卖通 B2C 业务两部分。下面将分别予以介绍。

1. 阿里巴巴国际站（Alibaba）

阿里巴巴国际站成立于 1999 年 9 月，是阿里巴巴集团旗下业务，也是目前全球领先的跨境 B2B 电子商务平台，服务全世界数以万计的采购商和供应商。阿里巴巴国际站基于全球领先的电子商务网站阿里巴巴国际站贸易平台，向海外买家展示、推广供应商的产品，进而获得贸易商机和订单。阿里巴巴国际站贸易平台是出口企业拓展国际贸易的首选网络平台。

阿里巴巴国际站提供一站式的店铺装修、产品展示、营销推广、生意洽谈及店铺管理等一系列线上服务和工具，帮助企业降低成本、高效率地开拓外贸大市场。阿里巴巴国际站专注服务于全球中小微企业，在这个平台上，买卖双方可以在线更高效地找到适合的彼此，并更快更安心地达成交易。阿里巴巴国际站的定位是为全国中小企业提供网上贸易市场，让天下没有难做的生意。

2. 全球速卖通（AliExpress）

全球速卖通（简称"速卖通"）于 2010 年 4 月正式上线，是阿里巴巴旗下唯一面向全球市场的在线交易平台，被广大卖家称为"国际版淘宝"。一开始，速卖通就将业务定位于跨境网络小额批发或零售，卖家以国内中小企业和个人为主，买家则直接面向海外消费者。

全球速卖通面向海外买家，目前已成为全球大型跨境电商平台，拥有近 20 个语言分站，已覆盖全球 200 多个国家和地区的海外买家。速卖通覆盖服饰、3C、家居等共 30 个一级行业类目，尤其是服饰、手机通信、鞋包、消费电子、家居等十分有优势。海外买家流量超过 5000 万/日，最高峰值达到 1 亿，交易额年增长速度持续超过 400%。

速卖通实行的是低价策略，这与国内淘宝的低价策略相似。速卖通的侧重点在于新兴市场，比如巴西和俄罗斯。2019 年 3 月，速卖通在俄罗斯推出在线售车服务。俄罗斯消费者可以直接在速卖通上一键下单，支付预付款，到指定线下门店支付尾款即可提车。速卖通入驻以及后续的发布商品、开店都是收取年费的，且交易成功之后收取交易额 8%的手续费。

11.2.2 亚马逊（Amazon）

Amazon，中文名称为亚马逊，是美国最大的网络电子商务公司，总部位于美国华盛顿州的西雅图。亚马逊创立于 1995 年，是网络上最早开始经营电子商务的公司之一。最初只经营书籍网络销售业务，现在则涉及了范围相当广的其他产品，已成为全球商品品种最多的网上零售商和全球第二大互联网企业。亚马逊及其他销售商为客户提供数百万种独特的全新、翻新及二手商品，如图书、影视、音乐和游戏、数码下载、电子、家居园艺用品、婴幼儿用品、食品、服饰、珠宝、健康和个人护理用品、体育用品、玩具、汽车及工业产品等。

亚马逊作为一家面向全世界的公司，拥有亚马逊美国、亚马逊日本、亚马逊英国等针对不同国家和市场的平台。亚马逊作为全球用户最多的网络平台，截止到 2011 年，就已经拥有 20%的用户在使用其零售和拍卖平台。其中，约 36%来自美洲地区，约 32%来自欧洲地区，约 24%来自亚太地区。2004 年 8 月，亚马逊全资收购卓越网，更名为"卓越亚马逊"，正式进入中国市场，即今天的"亚马逊中国"。2015 年 3 月 6 日，亚马逊中国宣布开始在天猫试运营"Amazon 官方旗舰店"，主推备受消费者欢迎的亚马逊中国极具特色的"进口直采"商品，包括鞋靴、食品、酒水、厨具和玩具等多种品类。

需要注意的是，亚马逊平台不接受个人卖家，只有符合要求的企业用户才能注册和使用亚马逊平台进行产品的销售和推广。此外，亚马逊平台采取的收费模式是平台月租费和交易佣金模式，行业不同，佣金也不同，无交易则不收取交易佣金。入驻亚马逊平台的卖家可以享受亚马逊平台提供的站内免费推广服务以及平台向潜在消费者的商品精准推荐服务。

11.2.3 eBay

eBay（中文简称易贝）于 1995 年成立于美国加州圣荷西，是全球商务和支付行业的领跑者，为不同规模的全球卖家提供公平竞争、协同发展的机会。

eBay 集团旗下有在线交易平台 eBay、在线支付工具 PayPal（贝宝）和为全球企业提供零售渠道的 eBay Enterprise 三大主要业务。其中，eBay 在线交易平台为全球民众提供跨国电子商务交易服务，世界上几乎各个国家的民众均可实现在线交易。eBay 和 PayPal 的关系类似国内的淘宝和支付宝，一个用于开店，一个用于付款。2015 年 4 月，PayPal 和 eBay 正式拆分。协议规定，eBay 在 5 年内不得推出支付服务，而 PayPal 则不能为实体产品开发自主的在线交易平台。PayPal 在线支付工具使得世界各地的交易双方能够实现网上安全、快捷的电子支付。目前，PayPal 是全球最大的在线支付服务商。eBay Enterprise 商务服务平台则为世界不同规模的企业提供多渠道商务、多渠道零售以及数字营销等优质服务。

eBay 创立之初是一个拍卖网站，到今日 eBay 在销售方式上依然延续了拍卖的模式，这是 eBay 区别于其他平台的一大特色。在 eBay 上有两种售卖方式：拍卖和一口价。

1. 拍卖

以"拍卖"方式刊登物品是 eBay 卖家常用的销售方式。卖家通过设定物品的起拍价及在线时间，开始拍卖物品，并且以下线时的最高竞拍金额卖出，出价最高的买家即为物品的中标者。拍卖方式适合于库存少、有特点的产品，明显区别于市场上常见的其他产品。当无法判断产品的准确价值时，可以设置一个能接受的起拍价，由市场决定最终价格。

2. 一口价

以"一口价"方式销售的物品在线最长时间是 30 天，可以让产品有充分的展示时间。一口价方式适合于有大量库存、需要长时间在线销售、卖家希望有固定可控的利润的产品。

11.2.4 Wish

Wish 于 2011 年成立于美国旧金山，是一家基于移动端 APP 的跨境电子商务平台。Wish 是北美和欧洲最大的移动电子商务平台，被评为硅谷最佳创新平台和欧美最受欢迎的购物类 APP。

起初，Wish 只是向用户推送信息，并不涉及商品交易。2013 年开始升级成为购物平台，同年 6 月推出移动端 APP，当年经营收入就超过 1 亿美元。Wish 销售的类别主要是服装服饰，同时也销售美妆、配饰、3C 配件、母婴用品、家居产品等。Wish 旗下共拥有 6 个垂直的 APP：Wish，提供多种产品类别；Geek，主要提供高科技设备；Mama，主要提供孕妇和婴幼儿用品；Cute，专注于美容产品、化妆品、配饰和衣服；Home，提供各种家居配件；Wish for Merchants，专门为卖方设计的移动 APP。

与多数电商平台不同，在 Wish 上的买家不太会通过关键词搜索来浏览商品，更倾向于无目的地浏览。这种浏览方式是美国人比较接受的，所以 Wish 平台超过六成的用户位于美国和加拿大以及一些欧洲国家。

在促销方面，Wish 会根据买家的行为偏好数据、选择相应的商品信息推送给买家，以促成交易。当一个新用户注册登录的时候，Wish 会推荐一些不令人反感的商品，如 T 恤、小饰品等。此后，Wish 会随时跟踪用户的浏览轨迹以及使用习惯，以了解用户的偏好，进而再推荐相应的商品给用户。这样，不同用户在 Wish APP 上看到的界面是不一样的，同一用户在不同时间看到的界面也是不一样的。这就是 Wish 的魅力所在，其能通过智能化推荐技术，与用户保持一种无形的互动，从而极大地增加了用户黏性。正因为这种特殊的交易模式，并且在平台上主要以展示图片为主，所以买家要注意商品的差异性。

11.2.5 敦煌网（DHgate）

敦煌网 2004 年正式上线，是国内首个实现在线交易的跨境电商 B2B 平台，以中小额外贸批发业务为主，帮助中国企业和个人卖家将商品直接卖给海外消费者。目前，敦煌网已经具备 120 多万家国内供应商在线，2500 万种商品，遍布全球 224 个国家和地区的 550 万买家的规模。所销售商品覆盖消费电子、电脑、服装、美容美发、体育类、鞋包、手表、珠宝饰品、家具、汽配和建材等多个品类，订单呈现金额小，下单频率高等特点。

敦煌网是中国最早实现资金流、物流、信息流"三流合一"的跨境电商平台，开创了"成功付费"的在线交易佣金模式，免卖家注册费，只有在买卖双方交易成功后才收取相应的手续费。国内的中小企业可以直接通过敦煌网，将产品销售给海外庞大数量的中小采购商，使他们多了一条直接通向海外的在线销售渠道，相当程度上提高了中小企业的盈利空间和议价能力。对于海外广大的中小采购商来说，他们可以更便捷、更具经济效益、更有选择性地直接采购中国商品，从而有效地提高了经营利润和市场竞争力。创新的模式和飞快的发展速度吸引了众多的国内外顶级风险投资商的投资。

11.3 跨境电子商务营销

跨境电子商务营销主要有搜索引擎营销（SEM 营销）、电子邮件营销（E-mail 营销）、社会化媒体营销（SNS 营销）三种方式，下面将分别予以介绍。

11.3.1 搜索引擎营销

搜索引擎营销也被称为 SEM 营销（Search Engine Marketing），是基于搜索引擎平台的网络营销，利用人们对搜索引擎的依赖和使用习惯，在人们检索信息的时候将信息传递给目标用户。它采用付费形式或技术手段，使网页在关键词搜索结果中排名靠前，从而引导用户点击，达到品牌展示和促进销售的目的。其基本思想是使用户发现信息，然后点击进入该网站或网页进一步了解信息。

美国知名搜索引擎营销专业服务商安布思沛（iProspect）和市场研究公司木星研究中心（Jupiter Research）联合调查显示：互联网用户使用搜索引擎越来越没有耐心，越来越多的互联网用户仅关注搜索引擎结果第一页的内容，如果第一页面没有满意的结果，立刻变换关键词或者更换搜索引擎重新进行检索。因此，通过 SEM 营销手段让自己的网站在搜索结果中排到靠前的位置是十分必要的，这样搜索引擎才可能为你带来更多的关注和点击，同时也带来更多的商业机会。

常见的搜索引擎营销方式有以下几种：

1. 竞价排名

顾名思义就是网站付费后才能被搜索引擎收录，付费越高者排名越靠前。竞价排名服务，是由客户为自己的网页购买关键字排名，按点击计费的一种服务。客户可以通过调整每次点击付费价格，控制自己在特定关键字搜索结果中的排名，并可以通过设定不同的关键词捕捉到不同类型的目标访问者。

2. 搜索引擎优化

搜索引擎优化（Search Engine Optimization，SEO）就是针对各种搜索引擎对网站的审核原则和评判标准，将网站在结构上和内容上进行改进，使之更适合搜索引擎访问，从而获得搜索引擎的收录并在搜索结果中排名靠前的各种行为。具体包括：网站内部优化、网站外部优化、代码优化、图片优化等。SEO 是为了从搜索引擎中获得更多的免费流量，从网站结构、内容建设方案、用户互动传播、页面等角度进行合理规划，从而使网站更适合搜索引擎的索引原则的一种行为。相对于其他搜索引擎营销方式，SEO 是一种免费的、带流量的渠道，而且 SEO 引来的流量还有持久性的特点。

3. 网站联盟广告

网站联盟广告借助自动匹配技术，使企业广告可以遍布门户网站、个人网站、博客、论坛。例如 Google AdSense 可以让各种规模的网站发布商在他们的网站展示与网站内容相关的 Google 广告并获取收入。目前，Google AdSense 已经覆盖了全球绝大部分的互联网网站。Google AdSense 广告可以是文字、图片，也可以是 Flash 或视频；收费模式有按单击收费和按广告展示次数收费两种模式。广告主可以根据自身需求设定投放语言、地域、时间和资金预算。

11.3.2 电子邮件营销

电子邮件营销，又称许可 E-mail 营销，是指企业在经过用户许可的前提下，通过 E-mail 软件向目标客户发送电子邮件，传达企业相关信息、促进产品销售、维系客户关系的一种网络营销形式。由于操作简单、成本低廉、针对性强、精准度高，电子邮件成为跨境电商卖家与国外买家进行交流的重要渠道。

在营销的不同阶段，电子邮件可以完成不同的营销功能。在营销初期，企业可以利用电子邮件进行信息宣传；在客户对企业产生印象后，可以利用电子邮件发布具有针对性的广告信息；当顾客完成购买行为后，企业可以借助电子邮件与顾客保持联系，处理客户反馈意见。

电子邮件营销的特点在于：（1）精准直效。可以精确筛选发送对象，将特定的推广信息投递到特定的目标社群。（2）个性化定制。根据社群的差异，制定个性化内容，让客户根据用户的需要提供最有价值的信息。（3）信息丰富，全面。文本、图片、动画、音频、视频、超级链接都可以在 EDM 中体现。（4）具备追踪分析能力。可以根据用户的行为，统计打开邮件、点击数加以分析，获取销售线索。

11.3.3 社会化媒体服务营销

社会化媒体服务（Social Networking Services，SNS）即社会性网络服务，旨在帮助人们建立社会性网络的互联网应用服务；也可以理解为 Social Network Site，即基于社会网络关系的社交网站或社交平台；还可以理解为 Social Network Software，即社会性网软件，是一个采用分布式技术（P2P）构建的社会性网络基础软件。目前，国际上的 SNS 平台主要有 Facebook、Twitter、LinkedIn、Pinterest、Instagram 等。

SNS 营销就是利用 SNS 网站的分享和共享功能，在六维理论的基础上实现的一种营销。通过病毒式传播的手段，让产品被众多的人知道。SNS 营销的核心是关系营销，重点在于建立新客户关系，巩固老客户关系。

SNS 营销分为主页发帖吸引粉丝互动（免费）和广告投放（付费）两种。发帖包括更新主页状态、发布照片视频、发布活动信息、发布大事件、建立和参与小组讨论等，吸引自然粉并与之互动，多以内容创意和活动吸引力以及与客户的互动为取胜点。以 CPC、CPM 等方式付费营销是社交媒体营销中逐渐形成和强化的另一种快速见效的营销方式。其多以网站中的广告横幅、文本链接、多媒体等形式出现展示给互联网用户。伴随着受众的注意力从电视转移到其他网络媒体，互联网广告已经逐渐成为广告营销的重要发展方向。

社交网络是真实性社交圈，如果过于商业化，容易被客户屏蔽。因此，SNS 营销需要注意营销策略，尽可能采用软营销方式。SNS 营销手段主要有事件营销、红人营销、信息流与瀑布流营销等。例如，在速卖通平台上，店铺自主营销的各种活动可以通过分享发送到 Facebook 页面，也可以在 Youtube 上利用红人模特展示产品的试用效果。

SNS 营销的具体实施流程如下：（1）在社交网络平台上开设账户，接触消费者；（2）通过社交网络平台推广店铺和产品，让消费者产生兴趣；（3）与消费者互动；（4）促成行动；（5）让消费者分享和进行口碑传播。

11.4 跨境电子商务物流与支付

11.4.1 跨境电子商务物流

跨境电子商务物流是指位于不同国家或地区的交易主体通过电子商务平台达成交易并进行支付清算后，通过跨境物流送达商品进而完成交易的一种商务活动。以下将分别从跨境物流运输方式和跨境物流方式两个方面来介绍。

1. 跨境物流运输方式

跨境物流运输方式主要有海洋运输、铁路运输、大陆桥运输、航空运输四种，下面分别予以介绍。

（1）海洋运输（Sea Transport）

海洋运输是最常用、最普遍的一种国际货物运输方式，主要适用于批量的大宗货物进出口。目前，海运量在国际货物运输总量中占 80%以上。

海洋运输之所以被如此广泛采用，是因为它与其他国际货物运输方式相比，可利用四通八达的天然航道，不受轨道和道路的限制；载运量大，其载运量远大于铁路和运输车辆，如一艘万吨船舶的载重量一般相当于 250—300 个车皮的载重量；由于载运量大，分摊于每货运吨的运输成本就少，因此运价相对低廉。海洋运输虽有上述优点，但也存在不足之处。例如，海洋运输易受气候和自然条件的影响，航期不够明确，而且风险较大。此外，海洋运输的速度也相对较慢。①

（2）铁路运输（Railway Transport）

在国际货物运输中，铁路运输是仅次于海洋运输的主要运输方式。海洋运输的进出口货物，也大多是靠铁路运输进行货物的集中和分散的。

---

① 张函. 跨境电子商务[M]. 北京：人民邮电出版社，2019 年，第 95-96 页.

铁路运输有许多优点，其一般不受气候条件的影响，可保障全年的正常运输，而且运量较大，速度较快；有高度的连续性，与其他运输方式配合可实现"门到门"的连续运输；运转过程中的风险也较小；手续比海洋运输简单，且发货人和收货人可以在就近的始发站（装运站）和目的站办理托运和提货手续。

例如，中欧班列是指按照固定车次、线路等条件开行，往来于中国与欧洲及"一带一路"沿线各国的集装箱国际铁路联运班列。中欧班列适合装运集装箱的货运编组列车，铺划有西、中、东三条通道。截至 2018 年 4 月，中欧班列已开通 17 条线路，其运输能力将进一步提升。

（3）大陆桥运输（Land Bridge Transport）

大陆桥运输是指利用横贯大陆的铁路（公路）运输系统作为中间桥梁，把大陆两端的海洋连接起来的集装箱连贯运输方式。简而言之，就是两边是海运，中间是陆运，大陆把海洋连接起来，形成海陆联运，而大陆起到了"桥"的作用，所以称之为"陆桥"。而海陆联运中的大陆运输部分就称之为"大陆桥运输"。

大陆桥运输一般都以集装箱为媒介。由于采用大陆桥运输，中途要经过多次装卸，以集装箱为运输单位，可大大简化理货、搬运、存储、保管和装卸等作业环节。目前，全世界的大陆桥主要有北美大陆桥、西伯利亚大陆桥和新亚欧大陆桥。

（4）航空运输（Air Transportation）

航空运输又称飞机运输，简称"空运"，它是在具有航空线路和飞机场的条件下，利用飞机、直升机及其他航空器运送人员、货物、邮件的一种现代化运输方式。航空运输在我国运输业中的货运量占全国运输量比例还较小，主要是承担长途客运任务。但伴随着物流的快速发展，现代航空运输借助信息技术，整合多种运输方式和相关资源，将运输、仓储、装卸、加工、整理和配送等有机结合，为用户提供一站式"门到门"服务，在货运方面将会扮演越来越重要的角色。

航空运输具有快速、机动的特点，有班机（Airliner Transport）、包机（Chartered Carrier Transport）、集中托运（Consolidation Transport）和航空急件传送（Air Express Service）等运输方式。

阅读资料 11-1　顺丰国际开通运行"西安=东京"定期全货运航线

2021 年 1 月 18 日消息，近日顺丰国际迎来了 2021 开年来国际货运航线的首度拓展，正式开通运行"西安=东京"定期全货运航线。该航线由顺丰航空 B767-300 型全货机执飞，每周运行 1 班，为中日跨境物流搭建了又一条高效稳定的航空货运通道。

据介绍，"西安=东京"是顺丰国际在陕西地区开通的第一条国际货运航线，目前主要服务于生产制造企业电子产品的进出口物流需求，向陕西地区输送生产原材料和精密仪器设备等。

资料来源：电商报。

2. 跨境物流方式

通常情况下，跨境物流方式主要可以分为国际邮政物流、国际商业快递、跨境专线物流、海外仓四种。下面分别予以介绍。

（1）国际邮政物流

邮政网络基本覆盖全球，比其他任何物流渠道都要广。国际上邮政行业有一个组织叫"万国邮政联盟"（Universal Postal Union，UPU），简称"万国邮联"或"邮联"。它是商定国际邮政事务的政府间国际组织，保障各国间的通信权利。国际邮政物流包括了各国及地区邮政局运营的邮政大包、小包，以及中国邮政速递物流的国际 EMS、e 邮宝、e 特快和 e 包裹等。下面介绍几种常见的邮政物流方式。

① 中国邮政航空小包（China Post Air Mail）

中国邮政航空小包俗称"中邮小包""空邮小包"或"航空小包"，是指重量在 2 千克以内，外包装长、宽、高之和小于 90 厘米，且最长边小于 60 厘米，通过邮政空邮服务寄往目的地的小邮包。邮政小包可以分为平常小包（Normal Air Mail）和挂号小包（Registered Air Mail）两种，其主要区别在于挂号小包需要支付挂号费用，且邮政会提供大部分目的地的物流实时跟踪服务，而前者则不提供。

邮政小包在全球是一种普惠的公共递送服务，其最大的优点就是运费便宜，且清关能力很强，享用"绿色通道"，是轻小件最低物流成本的运输方式。此外，邮政小包派送网络遍及世界各地，覆盖面非常广，可寄达全球 241 个国家和地区的各个邮政网点。邮政小包的缺点主要是对于重量和体积要求严格，运送的时间总体比较长，许多国家和地区不支持全程跟踪。

② 中国邮政航空大包（China Post Air Parcel）

中国邮政航空大包是中国邮政开发的一项为适应大抛货的国际物流业务需求而开发的一项服务，适合邮寄货重大于 2 千克、小于等于 30 千克（部分国家和地区限重 10 千克或 20 千克）的包裹。

中国邮政航空大包的优势在于价格低廉，且不计体积重、无燃油附加费。中国邮政大包清关能力强，全球覆盖面广，对于时效性要求不高而稍重的货物，可以选择此方式发货。

③ 国际 EMS

国际 EMS 是中国邮政速递物流股份有限公司（以下简称邮政速递物流），与各国（地区）邮政合作开办的一项国际邮件快递服务。它可为用户在国际快速中传递各类文件资料和物品，同时提供多种形式的邮件跟踪查询服务，其本质是由邮政创办的商业快递。

国际 EMS 的投递时间通常为 3—8 个工作日（不包括清关时间）。由于国际 EMS 是在万国邮联管理下的国际邮件快递服务，所以其在各国（地区）邮政、海关、航空等部门均享有优先处理权，这是国际 EMS 区别于其他商业快递最根本的地方。

（2）国际商业快递

由于邮政小包的整体运输效率较低，所以作为邮政小包的补充，国际商业快递（又称"国际快递"）这一物流方式也逐步发展起来。国际商业快递相对于邮政物流最大的区别在于其计费标准与时效性。

国际商业快递的四大巨头是 DHL、TNT、FedEx 和 UPS，这四家快递公司在全球已经形成较为完善的物流体系，几乎覆盖全球的各个重点区域，通过实现本地化派送服务，为买家和卖家提供良好的客户体验。然而，优质的服务体验也意味着高昂的运费成本。相比邮政渠道，商业快递报关程序复杂、查验严格，关税征收概率较高。一般高货值、高时效要求、2 千克以上的大包或重货等可以选择这种物流方式。

① DHL

DHL 国际快递（敦豪航空货运公司）是全球快递行业的市场领导者，也是全球第一的海运和合同物流提供商。DHL 于 1969 年成立于美国旧金山，总部设在比利时的布鲁塞尔，2002 年与德国邮政合并，德国邮政控制了其全部股权并把旗下公司进行整合，为此德国邮政集团更名为 Deutsche Post DHL。2003 年和 2005 年，德国邮政又分别收购了美国的空运特快公司和英国的英运公司，并整合为敦豪航空货运公司，逐步奠定了 DHL 难以撼动的物流巨头地位。

DHL 与中国对外贸易运输总公司合资成立了中外运敦豪，是进入中国市场时间最早、经验最为丰富的国际快递公司。DHL 拥有世界上最完善的速递网络之一，可以到达全球 220 个国家和地区的 12 万个目的地。DHL 在中国的市场占有率达 36%。

DHL 覆盖的网点比较多，寄送到西欧、北美有优势，2—4 个工作日即可送达。欧洲一般 3 个工作日可送达，东南亚一般 2 个工作日可送达。DHL 网站对于货物的状态更新比较及时，遇到问题的解决速度也很快。但是 DHL 对于托运物品的限制比较严格，拒收许多特殊物品，走小货的价格也不太划算。

② TNT

TNT（Thomas National Transport）国际快递集团是全球领先的快递邮政服务供应商，能为企业和个人客户提供全方位的快递和邮政服务，公司的总部设在荷兰的阿姆斯特丹。TNT 拥有欧洲最大的空陆联运快递网络，能实现"门到门"的递送服务。TNT 在欧洲、南美、亚太和中东地区拥有航空和公路运输网络。

TNT 于 1988 年进入中国市场，拥有 26 家国际快递分公司及 3 个国际快递口岸，拥有国内最大的私营陆运递送网络，服务覆盖中国 500 多个城市。

TNT 除了商业快递固有的速度快、信息更新及时、服务好的优点外，它在欧洲和西亚、中东及一些政治、军事不稳定的国家有绝对优势。但是，TNT 要计算体积重，价格相对较高，对所运货物的限制也比较多。

③ FedEx

FedEx（Federal Express）又称联邦快递国际快递公司，是一家国际性速递集团，提供隔夜快递、地面快递、重型货物运送、文件复印及物流服务，总部设在美国田纳西州。公司于 1984 年进入中国，目前每周有 11 个班机进出中国，是拥有直飞中国航班数目最多的快递公司。FedEx 国际快递分为优先型（International Priority，IP）服务和经济型（International Economy，IE）服务两种。FedEx IP 的递送时效为 2—5 个工作日，可服务全球超过 200 个国家和地区；FedEx IE 的递送时效为 4—6 个工作日，可服务全球超过 90 个国家和地区。

FedEx 国际快递价格量大从优，适宜走 21 千克以上的大货，发往南美洲、东南亚国家和地区较有竞争力。

④ UPS

UPS（United Parcel Service）又称联合包裹服务，起源于 1907 年在美国西雅图成立的一家信差公司，是世界上最大的快递承运商与包裹递送公司之一。不同于 DHL 的全球化，UPS 业务的基石是美国本土的快递业务。

UPS 旗下主打四种快递方式，包括 UPS Worldwide Express Plus 全球特快加急，资费最高；UPS Worldwide Express 全球特快；UPS Worldwide Saver 全球速快，是普通快递，又称为"红单"；UPS Worldwide Expedited 全球快捷，是最慢的快递，资费最低，又称为"蓝单"。

UPS 的强项是在美洲等线路，美国、加拿大、英国、日本等较有优势，适用于发快件。但是 UPS 要计算产品包装后的体积重，运费较高，对于托运物品的限制也比较严格。

（3）跨境专线物流

跨境专线物流服务主要是依托在发件地与收件地之间的业务量规模，通过整合全球资源，与海外快递公司合作，将货物在国内分拣，批量直接发往特定的国家或地区的物流服务。市面上比较常见的专线物流产品有美国专线、西班牙专线、澳大利亚专线和俄罗斯专线，也有不少公司推出了中东专线、南美专线和南非专线等。

跨境专线物流的优势在于其能够集中大批量的货物到某一特定国家或地区，通过规模效应降低物流成本。因此，专线物流的价格较商业快递低，时效方面稍慢于商业快递，但比邮政包裹快很多。2015 年 6 月，蜜芽网在重庆开仓，部分德国进口商品可通过渝新欧线运抵重庆，开创了国内跨境电商采用国际铁路运输货物的先河。

（4）海外仓

海外仓，又称海外仓储，是指在本国以外的其他国家和地区设置的仓库，一般由第三方服务商提供。卖家把货物批量寄往海外仓，当买家下单后由海外仓负责打包发货。买家通过网上下单购买所需物品，卖家只需在网上操作，对海外的仓库下达指令完成订单履行。货物从买家所在国发出，大大缩短了从本国发货物流所需要的时间。

海外仓虽好，但并非完美。虽然海外仓使国际段干线物流成本降低，但给电商带来的库存成本的增加毋庸置疑。而且海外仓滞销的货物和被退回无法再次销售的货物，难以被退回境内，处理难度大、成本高。值得注意的是，不是任何产品都适合使用海外仓，最好是库存周转快的热销单品，否则容易压货。同时，对卖家在供应链管理、库存管控、动销管理等方面提出了更高的要求。海外仓的组成如图 11-1 所示。

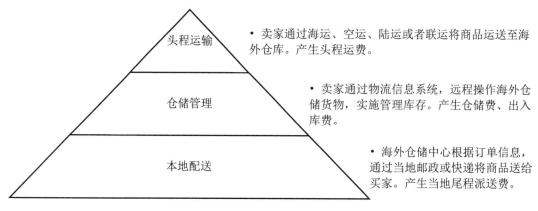

图 11-1　海外仓的组成

11.4.2　跨境电子商务支付

1. 跨境支付定义

跨境支付（Cross Border Payment）是指两个或两个以上国家或地区之间因国际贸易、国际投资及其他方面发生的国际债权债务，借助一定的结算工具和支付系统实现的资金跨国或跨地。

与境内支付不同的是，跨境支付的付款方所支付的币种可能与收款方要求的币种不一致，或牵涉外币兑换及外汇管制政策问题。如境内消费者在网上购买境外商家产品或境外消费者购买境内产品时，由于币种不一样，就需要通过一定的结算工具和支付系统实现两个国家或地区之间的资金转换，最终完成交易。

2. 跨境电子商务支付方式

伴随着跨境电商的兴起，跨境电商货款结算方式也呈现出多样化的态势。我们可以把跨境电商结算方式分为线上跨境支付和线下跨境支付两大类型。其中线上跨境支付包括：信用卡收款、PayPal、Escrow、Payoneer 等；线下跨境支付包括：电汇、西联汇款、MoneyGram、香港离岸公司银行账户等。接下来将介绍几种常见的跨境电商支付方式。

（1）线上跨境支付方式

① 国际信用卡

国际信用卡是银行联合国际信用卡组织签发给那些资信良好的人士并可以在全球范围内进行透支消费的一种卡片，同时该卡也被用于在国际网络上确认用户的身份。

在欧美发达国家，信用卡的使用频率非常高，主流的付款方式是信用卡。由于欧美信用卡是链接个人信用资料的，所以信用卡方式也是非常安全的付款方式。常见的信用卡组织有 Visa、Mastercard、American Express、Discover、Jcb、中国银联等，其中前两个使用较广泛。

跨境电商平台可通过与 Visa、Mastercard 等国际信用卡组织合作，或直接与海外银行合作，开通接收海外银行信用卡支付的端口。但它的接入方式比较麻烦，收费高昂，付款额度偏小，适合于从事跨境电商零售的平台和独立 B2C。

② PayPal

PayPal 就是我们通常说的"国际贝宝"，它是针对具有国际收付款需求用户设计的账户类型，是目前全球使用最为广泛的网上交易工具。它能帮助客户便捷地进行外贸收款，提现与交易跟踪；从事安全的国际采购与消费；快捷支付并接收包括美元、加元、欧元、英镑、澳元和日元等 25 种国际主要流通货币。

PayPal 是目前全球最大的网上支付公司，致力于让个人或企业通过电子邮件，安全、简单、便捷地实现在线付款和收款。PayPal 集国际流行的信用卡、借记卡、电子支票等支付方式于一身，帮助买卖双方解决各种交易过程中的支付难题。由于 PayPal 是保护买方方针，也就是说，PayPal 从买家角度考虑问题，买家有任何不满意都可以提出争议，卖家无法拿到钱，因而客户喜欢用 PayPal 付款。

③ Escrow

国际支付宝（Escrow）是由阿里巴巴与蚂蚁金融服务开发的，用以保护国际在线交易中买卖双方交易安全所设置的一种服务，全称为 Escrow Service。该服务现已全面支持航空快递、海运、空运常见物流方式的订单。航空快递订单和海运订单已经实现了平台化，买卖双方均可在线下单。通过使用阿里巴巴 Escrow 的交易，能有效地避免传统贸易中买家付款后收不到货、卖家发货后收不到钱的风险。

交易安全是整个电子商务环节中最关键的环节，国内的淘宝网初期突破性的发展在很大程度上是因为支付宝帮助网民解除了其对网上购物资金安全的担忧。Escrow 的服务模式与国内支付宝类似：交易过程中先由买家将货款打到第三方担保平台的 Escrow 账户中，然后第三方担保平台通知卖家发货，买家收到商品后确认，货款放于卖家。至此，完成一笔网络交易。平台会根据卖家店铺的纠纷、仲裁、退款、评价和拒付等各方面指标，计算出卖家提前放款额度，并冻结一定比例的保证金，用于放款订单后期可能产生的退款或赔偿，以及其他可能对买家或第三方造成的损失。冻结保证金如图 11-2 所示。

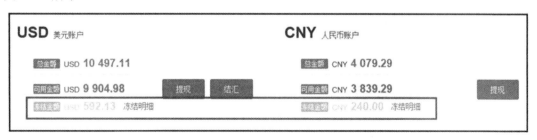

图 11-2　冻结保证金图

④ Payoneer

Payoneer 是一家总部位于纽约的在线支付公司,其主要业务是帮助其合作伙伴将资金下发到全球。它同时也为全球客户提供美国银行、欧洲银行收款账户,用于接收欧美电商平台和企业的贸易款项。Payoneer 的合作伙伴涉及的领域众多,并已将服务遍布全球 210 多个国家和地区。

Payoneer 的优点是使用中国身份证即可完成账户在线注册,并自动绑定美国银行账户和欧洲银行账户,可以像欧美企业一样接收欧美公司的汇款,并通过 Payoneer 和中国支付公司的合作,完成线上的外汇申报和结汇。Payoneer 具有两小时内快速到账的特点。Payoneer 适用于单笔资金额度小但是客户群分布广的跨境电商网站或卖家。用户可以通过 Payoneer 的官网首页 https://www.payoneer.com/申请。申请成功后,Payoneer 的实体卡会从美国寄到国内,收到实体卡后需要到 Payoneer 官网验证并激活卡片。企业申请 Payoneer 账户就获得了美国银行账号,可以直接提现到国内银行账号。

(2)线下跨境支付方式

① 电汇

电汇(Telegraphic Transfer,T/T)是汇款人将一定款项交存汇款银行,汇款银行通过电报或电传给目的地的分行或代理行(汇入行),指示汇入行向收款人支付一定金额的一种汇款方式。

电汇结算具有交款迅速、安全性高的特点,有利于资金的充分利用,但费用较高。在实际的跨境电商进出口业务中,T/T 分为预付、即期和远期。现在用得最多的是 30%预付和 70%即期。T/T 付款有以下三种方式:前 T/T:先收款,后发货。在发货前付款,即预付货款,这种方式对买方来说风险较大;后 T/T:先发货,后收款。全部发货后付款,这种方式对卖方来说风险较大;先定金,再余款。外贸业务中,对于老客户一般会采用 T/T 付款,经常是发货前预付部分货款,余款在发货后付清。通常情况下,电汇常用的是预付 30%货款作为定金,另外 70%的余额见提单付款复印件后支付。定金比例越大,出口风险越小。[①]

② 西联汇款

西联是世界上领先的特快汇款公司,迄今已有 150 年的历史,拥有全球最大、最先进的电子汇兑金融网络,其代理网点遍布全球近 200 个国家和地区,可以在全球大多数国家的西联代理所在地汇出和提款。

西联手续费由买家承担,需要买卖双方到当地银行实地操作。西联汇款中,在卖家未领取钱款时,买家可以将支付的资金撤销回去。它的优点是手续费由买家承担,对于卖家来说最划算,可先提钱再发货,安全性好且到账速度快。而它的缺点是由于对买家来说风险极高,买家不易接受。买家和卖家需要在西联线下柜台操作且手续费较高。

[①] 韩琳琳,张剑. 跨境电子商务实务[M]. 上海:上海交通大学出版社,2017 年,第 300 页.

适合于 1 万美元以下的小额支付。

③ 香港离岸公司银行账户

香港离岸公司银行账户是指卖家通过在香港开设离岸银行账户，接收海外买家的汇款，再从香港账户汇往内地账户。

它的优点是接收电汇无额度限制，不需要像内地银行一样受 5 万美元的年汇额度限制，不同货币间可随意自由兑换。缺点是香港银行账户的钱还需要转到内地账户，较为麻烦。部分客户选择地下钱庄的方式，有资金风险和法律风险。这种线下跨境支付方式适用于传统外贸及跨境电商，以及有一定交易规模的卖家。

 本章习题

一、单选题

1. 按（　　）划分，跨境电商可以分为企业对企业跨境电商、企业对个人跨境电商和个人对个人跨境电商。

  A. 交易的范围　　　　　　　　B. 进出口方向

  C. 服务的类型　　　　　　　　D. 交易的主体

2. （　　）是阿里巴巴旗下唯一面向全球市场的在线交易平台，被广大卖家称为"国际版淘宝"。

  A. 速卖通　　　　　　　　　　B. 阿里巴巴国际站

  C. 兰亭集势　　　　　　　　　D. 敦煌网

3. （　　）于 2011 年成立于美国旧金山，是一家基于移动端 APP 的跨境电子商务平台。

  A. eBay　　　　　　　　　　　B. Amazon

  C. Wish　　　　　　　　　　　D. Apple

4. （　　）是最常用、最普遍的一种国际货物运输方式，主要适用于批量的大宗货物进出口。

  A. 大陆桥运输　　　　　　　　B. 铁路运输

  C. 航空运输　　　　　　　　　D. 海洋运输

5. 目前全球使用最为广泛的网上交易工具是（　　）。

  A. 支付宝　　　　　　　　　　B. 财付通

  C. PayPal　　　　　　　　　　D. Payoneer

二、多选题

1. 按服务类型进行划分，跨境电商可以分为（　　）。

  A. 信息服务平台　　　　　　　B. 自营型平台

C. 综合服务平台   D. 第三方开放平台

E. 在线交易平台

2. 下列属于出口跨境电商的代表性平台的是（　　　）。

A. 速卖通   B. 阿里巴巴国际站

C. 敦煌网   D. 洋码头

E. 天猫国际

3. 跨境电商的主要营销方式是（　　　）。

A. O2O 营销   B. 二维码营销

C. 搜索引擎营销   D. 电子邮件营销

E. 社会化媒体营销

4. 通常情况下，跨境物流方式主要可以分为（　　　）四种。

A. 国际邮政物流   B. 国际商业快递

C. 跨境专线物流   D. 国际 EMS

E. 海外仓

5. 国际商业四大快递巨头是（　　　）。

A. DHL   B. TNT

C. WPS   D. FedEx

E. UPS

三、名词解释

1. 跨境电子商务   2. 进口跨境电商

3. B2C 跨境电商   4. 跨境电子商务物流

5. 跨境支付

四、简答及论述题

1. 跨境电子商务的分类方法有哪些？

2. 海洋运输的优缺点有哪些？

3. 试论述跨境电子商务营销的三种方式。

4. 试论述跨境电子商务的优势。

案例讨论

山东金乡农民稳坐世界蒜王宝座

世界大蒜看中国，中国大蒜看山东，山东大蒜看金乡。金乡县是山东省济宁市下辖县，位于鲁西南鲁苏两省交界处，东汉时置县，是有名的大蒜之乡。据悉，中国大蒜占全球出口总量的约 80%，而山东金乡的出口量又占到全国的 70% 左右。

济宁友联食品就是金乡本地的代表企业之一，创始人司崇雷从 2005 年转行做大蒜生意。当时经常看到金乡的大蒜如同"大白菜"一样烂到地里，或者以 8 分钱一斤的价格被收走，蒜农的收入非常微薄。"家乡的大蒜被这么糟践，心疼啊。"司崇雷回忆道。他转行的那一年就做起了出口生意，因为"看到了大蒜出口打开通路的商机"。

司崇雷选择入驻阿里巴巴国际站，借助阿里巴巴搭建的跨境电商通路出口到海外。2020 年，全球疫情严重，司崇雷从国际站上获得的订单明显增多，客户也比 2019 年多了四成，全年卖了 4000 多万美元。

阿里巴巴国际站数据显示，2020 全年平台新鲜大蒜的出口额涨了近 5 倍，在农产品中排名第一。而整个农业行业的成交额同比 2019 年也增长了 183%，高于全平台 101% 的增速。阿里巴巴国际站给中国农产品出口带来了很大增量。自从国际站在济宁开始普及，周围的蒜农或者农产品商家也开始通过线上销售，当地大概有 100 多家企业通过国际站做出口大蒜生意。

程元新的企业也是当地最早加入阿里巴巴国际站的商家之一。借助阿里巴巴跨境电商平台，他真正实现了从农民到农民商人，再到农民企业家的进阶。30 多年前，刚刚开始做生意的程元新没少遭受白眼和羞辱，有人还嘲笑他："你要能把蒜在这条小街里卖掉，我就服你。"没有应声的程元新暗下决心，"我不光要把蒜卖出这条小街，还要卖到外国去"。每天，程元新公司的员工上班的第一件事就是打开阿里巴巴国际站，看国外询盘。

早在 2017 年，程元新公司的销售收入就已经接近 10 个亿，地里的农货畅销 35 个国家。回想过去，程元新感慨道："没接入互联网之前，农产品很难卖出去，更别提国外客户，和阿里巴巴国际站合作 18 年，70% 的客户是在国际站上找来的。"

数字化是外贸行业的一艘快艇，帮助中国农产品走出国门。2014 年以来，阿里巴巴聚合 20 多个涉农业务，打造数字化助农体系，其中，阿里巴巴国际站以数字化新外贸的模式，助推中国农产品出口全球 100 个国家和地区。

现在的大蒜之乡，通过阿里巴巴国际站线上出海，每亩地能为蒜农带来至少 3000 元的收益，也让疫情之下的山东农民依然坐稳世界蒜王宝座。

资料来源：雨果跨境电商网。

💬 思考讨论题

结合案例谈谈如何发展农产品跨境电商。

第 12 章　电子商务在服务业的应用

本章导读

当前，电子商务与传统服务业间的融合越来越紧密，这种变化不仅改变了服务业传统的业态，而且还催生了一些创新的服务业模式，因而引起了业界和学术界的高度重视。本章主要介绍了网络金融、网络教育、网络旅游和网络医疗等电子商务与传统服务业相结合所形成的新型的服务业模式。通过本章学习，读者可以对电子商务在服务业中的具体应用有一个较为全面的理解和认识。

问题导引

互联网金融有哪些应用？

网络教育有哪些类型？

发展网络教育有何意义？

在线旅游和虚拟旅游有何特点？

网络医疗有哪些应用？

知识结构图

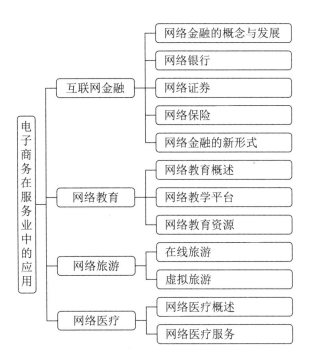

开篇引例

上海发展互联网诊疗

上海依托"互联网+"，通过智慧赋能，持续提升医疗机构服务能力、提高服务品质，切实改善患者体验。在疫情防控中，积极开展"互联网+医疗"服务，及时满足市民的基本医疗需求和疫情防控需要。

一是加快全程医疗便民惠民服务发展。聚焦群众就医的难点，在医院内部推进电子就诊卡使用，方便患者"扫遍"挂号、就诊、支付、取药等门诊全流程，实现院内就诊"一卡通"。深入推进医学检验结果和影像检查资料的互联互通互认，已实现市级医院 44 项常用检验检查项目跨院互认。

二是规范互联网医院管理，搭建网上诊疗服务平台。发布《上海市互联网医院管理办法》，支持医疗机构应用互联网等信息技术拓展医疗服务。允许第三方机构依托实体医疗机构设立互联网医院，开展互联网诊疗服务。《健康上海行动（2019—2030年）》将"健康云"作为上海"互联网+医疗"公共服务的统一入口，不断完善功能。遵循方便群众就近就医、促进优质医疗资源有效利用、支持"互联网+"医疗服务可持续发展的原则，上海医保、卫健部门发布文件，及时完善互联网医疗服务价格政策，对基于互联网开展的医疗服务项目，属于基本医疗服务的，按照基本医疗服务价格项目规范执行，并按规定纳入医保支付范围。陆续推出首批 11 家互联网医院开展互联网诊疗服务，疫情发生以来，为患者在线提供部分常见病、慢性病复诊服务，降低交叉感染风险，已累计开展诊疗服务 1.4 万人次，开具处方 4300 余张，社会反响良好。

三是开展"互联网+"防疫服务。通过"健康云""随申办"等生成健康码，运用三色动态健康码进行人员分类管理，实现"管住重点人、放行健康人"。设立"上海市发热咨询平台"，开通热线电话、心理援助热线和"新冠工作室"微信小程序，组织 127 名专科医师轮流排班，提供新冠肺炎、发热门诊等在线咨询服务。37 家市级医院 1560 多名专家在线提供新冠肺炎、发热门诊及慢性疾病咨询和科普服务，分流患者。已累计接听热线咨询电话 1.98 万人次，"新冠工作室"平台浏览 23.98 万人次；市级医院累计互联网访问量 239.83 万人次。

资料来源：百度百家号。

12.1 互联网金融

随着金融业的竞争不断加剧，中国金融业亟须转变经营机制，重塑盈利模式，以实现可持续发展。目前，金融业已经将目光转向网络金融、电子商务、移动银行这些新的发展契机。各金融机构加强电子渠道建设，丰富互联网金融产品和服务。金融业应以电子商务的快速发展、第三方支付平台的涌现为契机，加快系统升级改造，提升客户体验，利用新技术促进金融创新。

12.1.1 互联网金融的概念与发展

1. 互联网金融的概念

互联网金融是随着互联网的发展，传统金融业与现代信息技术相结合而形成的新的金融业态。互联网金融，从狭义上来说，是指金融服务提供者通过网络开展的各种金融业务。从更广泛的意义上理解，互联网金融还包括与其运作模式相配套的互联网金融机构、互联网金融市场以及相关的监管等外部环境，包括传统金融业务的网络化、第三方支付、大数据金融、众筹和第三方金融服务平台等模式。

2. 互联网金融在国内外的发展

国外网络金融的出现比较早，美国 1971 年创立了 Nasdap 系统，标志着网络金融从构想进入实际运营。1995 年 10 月，美国的三家银行联合成立了全球第一家网络银行"安全第一网上银行"。在欧洲，2000 年 7 月 3 日，西班牙 Uno-E 公司同爱尔兰互联网银行"第一集团"签约，组建了业务范围覆盖全球的第一家互联网金融服务企业 Uno First Group。20 世纪 90 年代以来，发达国家的网络金融业务发展迅速，网络银行走向成熟，网络证券和网络保险获得了长足的发展，电子货币和网络支付开始受到青睐。

20 世纪 80 年代我国银行业开始全面使用计算机，90 年代初金融专用网络建设取得了长足进展。1993 年底，我国正式启动"三金工程"，即"金桥工程""金卡工程""金关工程"，金融电子化进程加快，这为网络金融的发展奠定了基础。从 90 年代中期开始，随着网络技术的发展和普及，我国逐步进入网络金融服务时代。1996 年 6 月，中国银行在互联网上设立网站，开始通过互联网向社会公众提供银行服务。1997 年 3 月，中国华融信托投资公司湛江营业部推出了网上证券业务，标志着我国证券业进入了网络时代。1997 年 11 月，中国保险信息网面向公众开通运行，新华人寿保险公司成为第一家经营网上业务的保险公司。2013 年以来，在我国人们越来越认识到互联网金融的交易成本低、信息不对称程度低和效率高等优势，互联网金融得到了快速的发展。我国互联网金融发展的模式内容也不断地得到创新和丰富，如银行的网络借贷业务、第三方支付等模式不断涌现。

12.1.2　网络银行

1. 网络银行的概念及特征

（1）网络银行的概念

网络银行是指采用数字通信技术，以互联网作为基础的交易平台和服务渠道，在线为公众办理结算、信贷服务的金融机构或虚拟网站。

（2）网络银行的特点

网络银行和传统的银行相比较有很多独特之处，主要表现为：

① 组织机构的创新

网络银行通过建立网站，设立虚拟营业网点就可以实现和传统银行增设分支机构相同的效果，网络银行可以不设任何分支机构就将其业务开展到世界的任何一个国家和地区。对于传统的银行，分支机构的增设要求银行有相应的规模和实力，网络的发展则赋予了中小银行和大银行相同的发展空间。

② 信用问题更加突出

相对于传统银行，网络银行的信用问题更加突出。网络银行的客户通过虚拟的系统和账号密码进行业务操作，因此银行开放的网络系统就构成银行信用的一部分。信息传递、系统的稳定性、对信息处理的准确性都影响着银行的信用度。

③ 成本低廉

网络银行与传统银行相比具有成本低廉的特点。网络银行不需要具体的营业场所，节省了传统银行设立分支机构和营业网点的费用。此外网络银行可以降低银行的服务成本，降低客户的交易成本。据美国一家金融机构统计：办理一笔银行业务，通过分行方式的费用是 1.25 美元，使用 ATM 是 80 美分，使用电话银行是 40 美分，使用自动拨号方式是 10 美分，而使用互联网只需要 1 美分。

④ 提高服务水平

传统银行顾客办理业务会受到时间、地点等因素的影响。而网络银行能在任何时间、任何地点以任何方式向客户提供金融服务，即 3A 服务，使得客户在有关安全设施的保护下，可在任一计算机终端办理银行业务，大大便利了客户，提高了客户的满意程度。

⑤ 安全性问题更加突出

网络货币的广泛使用，银行资金的安全已不再是传统的保险箱、保安人员所能保障的。互联网是一个开放的网络，银行交易服务器是网上的公开站点，网上银行系统使银行内部网向互联网敞开了大门。因此，如何保证网上银行交易系统的安全，关系到银行内部整个金融网的安全，这是网上银行建设中最至关重要的问题，也是银行保证客户资金安全的最根本的考虑。网络银行的安全风险主要包括：银行交易系统被非法入侵；信息通过网络传输时被窃取或篡改；交易双方的身份识别；账户被他人盗用等。

2. 网络银行的模式

网络银行模式分为经营模式、组织模式和发展模式三个方面。

（1）经营模式

网络银行的经营模式是指网络银行经营金融业务的类型和范围。我国目前网络银行的经营模式大多还处于分业经营状态。但银行、证券、保险等行业的相互渗透使网络银行向综合化混业经营的方向发展。例如平安保险的综合服务网站即为综合化混业经营模式网络银行的典型代表。

（2）组织模式

网络银行的组织模式是指网络银行为提供服务而设置的各类机构的组织形式。根据对分支机构的依赖程度可以将网络银行分为纯网络银行、以互联网为主的银行和分支型网络银行。

纯网络银行也称为虚拟银行或"只有一个站点的银行"，这类银行除了后台处理中心外，一般只有一个具体的办公场所，不设分支机构，无实体营业网点的依托，没有营业柜台和营业人员，几乎所有业务都通过网上进行。我国目前还没有纯网络银行。

以互联网业务为主的银行是在纯网络银行的基础上发展起来的，主要通过互联网提供服务，同时也拥有有限功能的分支机构及相应设施，如 ATM 等，此类银行克服了纯网络银行无法收付现金的缺陷。

分支型网络银行也称为"水泥加鼠标"型银行，是指在传统银行的基础上设立的网络银行。这种网络银行类似于该银行的其他分支机构或柜台。目前，现有的网络银行主要是这种分支型网络银行。

（3）发展模式

发展模式是指银行以何种类型的业务作为主营业务。

纯网络银行目前有两种不同的发展模式：一种是全方位发展模式，这种模式认为随着技术的发展和应用，纯网络银行完全可以取代传统银行，所有的银行业务都可以在网络银行进行，如美国印第安纳州第一网络银行；另一种是特色化发展模式，这种模式承认网络银行的局限性，因此更专注于具有核心竞争力的业务发展，提供特色化服务，如休斯敦的康普银行只提供在线存款服务。

分支型网络银行的发展到目前为止主要采取了两种模式：一种是购并模式，银行通过外部收购现成的纯网络银行作为自己的分支，如加拿大皇家银行；另一种是延伸模式，原有的传统银行成立与发展自己的网络银行，如美国富国银行。

3. 网络银行的业务

按照网络银行开展的业务的内容，网络银行的业务主要可以划分成信息服务、客户交流服务和交易服务几种。

（1）信息服务。这是银行通过互联网提供的最基本的服务。信息服务的内容主要是银行形象、产品和服务的宣传以及公共信息。主要包括公共信息发布、银行简介、银行分支机构分布情况、银行主要业务介绍、存贷款利率发布、外汇利率发布、投资理财咨询、外汇市场行情、股票市场行情及国债行情查询等。

（2）客户交流服务。客户交流服务保障了客户与银行系统之间的相互交流。包括客户意见反馈、客户投诉处理、查询服务、贷款申请、档案资料定期更新等。其中查询服务包括个人查询业务和公司查询业务两类，主要以账户和信用查询为主。账户查询包括账户余额明细、账户当天及历史交易明细和付款方信息查询。信用查询是指了解客户在银行发生的信用情况，包括信用的结构、余额、当前和历史交易记录等。查询服务是客户交流服务的重要内容。

（3）银行交易服务。银行交易服务是网络银行业务的主体，是指银行与客户之间通过网络发生的实质性资金往来或债权债务关系。按服务对象分为个人业务和公司业务两类。个人业务包括转账、汇款、代缴费用、证券买卖和按揭贷款等。公司业务包括结算、信贷、国际业务和投资银行业务等。

阅读资料 12-1　"减费+提速"富滇银行强化数字金融服务工作

2020 年年初，富滇银行积极推广线上业务，强化网络银行、手机银行、小程序等电子渠道服务和保障，优化丰富"非接触式服务"渠道，提供安全便捷的"在家"金融服务。

针对医疗、慈善等单位，富滇银行推出二维码收款 0 费率优惠，并针对支付宝渠道进行 24 小时人工值守审核，保证 24 小时内医疗、慈善类新增单位能够及时收款。截至 2020 年 2 月 29 日，富滇银行医疗单位 0 费率通道交易额达 1515.8 万元，慈善类单位 0 费率通道交易额为 5.4 万。

为保障全省中小微企业积极复工复产，富滇银行推出新政策，加码付及传统 POS 收款商户可享费率优惠，其中加码付商户费率统一优惠至 0.22%，传统 POS 商户贷记卡费率优惠至 0.55%，借记卡费率优惠至 0.4%（18 元封顶）。

富滇银行直销银行还为教育机构、企事业单位提供纯线上费用收缴服务，减少线下近距离接触。截至 2 月 29 日，富滇银行直销银行助力各机构按时收缴学费、党费、培训费、社保缴费等项目共 654.7 万元。

为确保不间断客户服务，不影响客户体验，富滇银行还为个人提供应急备用的纯线上申请消费贷款。客户可以通过富滇银行手机银行等移动渠道 7×24 小时在线申请、自动审批、在线签约、自主支用、自助还款。2020 年 1 月 25 日—2 月 29 日，富滇快贷申请人数 1151 人，通过人数 220 人，授信金额 1512.8 万元，放款笔数 566 笔，共 1281.82 万元。

资料来源：新华网。

12.1.3 网络证券

1. 网络证券交易概念与优势

（1）网络证券交易的概念

网络证券交易是电子商务条件下的证券业务的创新，是证券业以互联网为媒介，运用网络技术进行证券交易，是一种全新的证券交易服务模式。

从广义上来讲，网络证券交易是指通过互联网进行证券投资的全过程，包括交易所会员在证交所的报价交易。

从狭义上来讲，网络证券交易是投资者通过互联网进行证券交易的一种手段，投资者利用互联网，查询截取证券的即时报价，分析市场行情，并通过互联网委托下单，进行实时交易。

随着网上证券业务的不断推广，证券市场将逐渐地从"有形"过渡到"无形"，证券交易营业大厅将会逐渐失去其原有的功能，远程终端交易、网上交易将会成为未来证券交易的主流。

（2）网络证券交易的优势

打破时空限制。网上交易是无形的交易市场，无需交易场所，随时随地，无地域限制，它利用四通八达的通信网络，打破时空的界限，将身处各地的投资者聚集在这个无形的市场之中。

丰富信息资源。随着网上交易时代的到来，券商通过网站发布的大量信息和有一定深度的研究报告，可以满足不同投资者对不同信息的需求。券商通过网上信息发布和电子邮件，可以快速向客户传递信息。投资者可迅速获取相关信息，从而提高决策的有效性。因此，实现网上证券交易后，经纪业务的竞争主体主要体现在信息服务。

成本优势方面。网络证券交易可大大降低券商交易成本。网络证券交易省去了场地费用，其成本是传统投资的二分之一甚至更低，据有关资料显示美国的网上证券交易成本仅是传统交易模式的 15% 左右。同时，网络证券交易也可大大降低投资者成本，提高交易效率。

安全性高。网上交易是客户从互联网上直接通过证券营业部的网站下单，可使证券交易中间环节减少，通过计算机的管理规则，也可控制人为主观违规现象。同时，网上交易系统一般采用先进的加密技术处理，多重安全屏障，电脑监控环环相扣，可确保投资者的权益。

2. 网上证券交易的发展

网上证券交易 20 世纪 90 年代初期在美国出现，是在证券经纪网络化的基础上发展起来的。1983 年 E-Trade 发明了在线技术，1992 年开始提供在线投资服务。1995 年 8 月，由摩根士丹利添惠控股的 Discover Brokerage Direct 公司开始提供即时行情和网上交易。从此，证券经纪电子商务在全球范围内蔓延开来。日本的网络证券交易 1996 年 4 月开始实施。从 1996 年 6 月 29 日开始，东京证券交易所推出了大宗交易和一揽子证券交易的电脑网络，该网络是专为在正常交易时间以外进行的交易而设计的。

1997 年起，中国已有 200 多家证券经营机构试验性地开展网上委托业务。国内的一些从事证券服务的 IT 业企业开始推出中国的网上委托系统，同时不少券商也加入网上交易中来。我国的网上证券交易系统主要是由软件厂商开发的，其中主要有天亿、盛润、恒升、讯凌、康熙、天网等系统。

近年来，受益于证券市场总体规模增长、移动端技术进步以及新生代投资者对线上渠道的偏好，全球主要证券市场线上交易额快速增长。2012 年到 2018 年，全球线上证券市场交易额从 12.3 万亿美元提升至 37.7 万亿美元，年均复合增长率为 20.6%。

3. 网上证券交易的模式

（1）美国模式

美国网上证券交易模式最显著的特征是自由佣金制。美国模式包括三种主要的交易模式：嘉信模式、E-Trade 模式和美林模式。

嘉信模式：成立于 20 世纪 70 年代的嘉信理财是折扣经纪商的代表。1996 年，嘉信领先各大券商推出了网上股票交易业务，以低廉得多的佣金价格和一定的信息咨询能力，迅速吸引了大量的客户，当年它的活跃网上账户数就达到了 30 万户。嘉信理财现在已成为美国排名第一的网络券商。该公司以相同的定位将业务推广到世界各地，包括加拿大、英国及亚洲大部分国家。

E-Trade 模式：20 世纪 90 年代后期，众多电子经纪公司在后台和与顾客接触时充分地发挥了技术的作用，将成本降到了贴现经纪公司之下，这些公司通常没有任何分支机构和有形的营业网点，完全依赖纯粹的电子订单接入，因此这些公司的营业成本低。采用这种模式的有 E-Trade、Ameritrade 等公司，E-Trade 公司是其中最具代表性的，所以这种模式被称作 E-Trade 模式。E-Trade 模式最大的优势就是价格低廉。

美林模式：美林公司是著名的全面服务公司，有一个庞大的客户群。该公司认为投资领域是一项专家从事的行业，因而对 90 年代兴起的网上证券交易反应迟钝，1999

年 6 月在嘉信理财的压力下才宣布推出在线交易系统。其网上交易系统与其他公司相比具有独特之处：一是对网上投资者进行细分；二是利用公司多元化的服务范围、强大的经纪人队伍以及丰富的知识和经验，为投资者提供专业化及个性化服务。

（2）日本模式

与美国模式的自由佣金制背景不同的是，日本实行的是固定佣金交易制度。在日本，券商普遍认同网上交易模式，没有开展网上证券交易的券商都在积极准备进入。在佣金固定的前提下，广告宣传、树立品牌等是其券商网上交易较为重视的策略；网上交易的运作系统大部分是依靠公司或企业集团的内部系统，只有少数公司利用网络接入提供运作系统服务，而且网上交易主要集中于股票交易。

（3）我国的网上证券交易模式

国内几乎所有较大的经纪券商都开办了独立的证券交易网站，个别券商下属营业部也有自己的网站。我国的网上证券交易模式主要有以下几种。

模式一：券商与 IT 技术商合作发展模式。这种模式投入少、运行成本低、周期短，目前，有相当部分的券商采用这种模式。在这种模式下，IT 技术商负责证券网上交易软件的开发，客户可直接从网上下载或从券商处获得该交易软件，在相应的终端安装该交易软件，通过该网上交易软件登录券商的服务器进行证券交易。券商选择这种模式的主要原因在于部分券商在网络技术方面明显落后，借助 IT 技术企业的技术和信息的力量，迅速开展网上证券交易。在我国采用这种交易模式的券商很多，如闽发证券（上海、深圳营业部）与技术商盛润公司合作，港澳信托（上海证券营业部）与证券之星合作，等等。

模式二：券商与财经网站合作发展模式。这种模式与第一种模式的区别在于交易直接在浏览器进行，客户无须下载和安装行情分析软件或安全系统。这是一种真正意义上的网上在线交易，对用户而言更加便捷。同样，券商必须依赖于财经网站的技术力量和交易平台。例如国泰君安与财经网站金网一百合作。

模式三：券商开设独立交易网站。券商在建设网站和交易系统时可能并不是完全依靠自己的技术力量，但其交易平台和品牌都为券商所拥有，并且能够在全公司范围内统筹规划、统一交易平台和品牌，避免日后重新整合的成本。因此，目前在政策已经明朗的情况下，券商要全面进入网上交易，这种模式往往是首选。不过，这需要较大的资金投入和较长的周期，日常维护网站运行的成本也较高。

4. 网上证券交易的资金支付

网上支付是网上证券交易非常关键的环节，只有实现了网上支付，网上证券交易活动才能正常地开展。网上证券交易的资金支付主要是依靠银行和证券公司之间的合作完成的，银行与证券公司之间的合作有利于双方的优势互补和资源共享，极大地简化了证券交易的过程，给股民的交易活动提供了便利，有效地推动了网上证券的发展。银证转账系统的出现，为投资者在银行和证券公司之间实现资金划拨建立了一种快速途径。

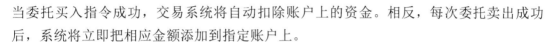

当委托买入指令成功，交易系统将自动扣除账户上的资金。相反，每次委托卖出成功后，系统将立即把相应金额添加到指定账户上。

银证转账是指将股民在银行开立的个人账户与证券公司的资金账户建立关联，通过网上银行、网上交易系统将资金在银行和证券公司之间划转，为股民存取款及完成证券交易的资金划拨提供便利。

银证通是指银行与证券公司在联网的基础上合作，投资者直接利用在银行各网点开立的活期储蓄存款账户卡、折作为证券保证金账户，通过银行网上交易系统或通过证券商的网上委托进行证券买卖的一种新型金融服务业务。

银行存管是指证券公司与银行发行联名卡，将每个证券投资者的证券交易保证金在银行单独立户管理。银行存管实现了股票和资金管理上的分离，即由券商托管股份，银行存管资金。银行存管可以从源头上杜绝证券公司挪用客户保证金的出现，最大程度上保证了投资者的利益。

5. 网上证券交易的新发展

网上证券交易正在进入移动交易时代。无线应用协议（Wireless Application Protocol，WAP）为互联网和无线设备之间建立了全球统一的开放标准，是未来无线信息技术发展的主流。WAP 技术可以使股票交易更方便，通过 WAP 可实现多种终端的服务共享和信息交流，包容目前广泛使用的和新兴的终端类型，如手机、掌上电脑（Personal Digital Assistant，PDA）等设备。用户通过手机对券商收发各种格式的数据报告来完成委托、撤单、转账等全部交易手续。

近年来各证券交易公司证券经纪业务同质化严重，行业内竞争激烈，交易佣金率日趋下降。经纪业务是互联网证券交易商的基础业务，交易佣金收入是各证券公司初期的主要收入来源。随着线上客户开发和管理成本的上升，以及竞争导致的交易佣金率的下降，单纯的经纪业务难以支撑互联网券商的发展，互联网证券交易商必然会积极探索业务多元化道路。

12.1.4 网络保险

1. 网络保险概述

（1）网络保险的概念

网络保险是指保险公司或新型的网上保险中介机构以互联网和电子商务技术为基础，通过网络开展保险业务活动的运营模式，包括保险信息咨询、保险产品宣传、承保、保单信息查询、理赔和给付等保险服务过程的网络实现。

（2）网络保险的特点

虚拟性。开展网络保险业务不需要具体的门店，只需要申请一个网址，建立一个服务器，并与相关交易机构做链接，就可以通过互联网开展保险交易活动，涉及的一切金融往来都是在网络上进行。网络保险很大程度上降低了保险机构的运作成本。据美国实验表明，个人保险的网上推销方式比传统方式节约 12%的成本。

客户主导性。互联网的存在消除了过去限制保险业务双方活动的时间和空间制约，实现了保险机构与客户之间更为直接的交流。通过网络开展保险业务，客户的主动性高，一方面，客户可以更加自主地选择和实现自己的投保意愿，保险公司则根据每个客户的需要提供有针对性的个性化服务；另一方面，客户可以比较各家保险公司及其产品，实现多样化的比较和选择。

交易过程电子化。交易过程的电子化是指保险公司与客户之间的磋商、签订保险合同、理赔、给付等保险业务的整个过程，全部通过互联网完成。同时尽可能地在经济交易中采用电子单据、电子传递、电子货币交割，实现无纸化交易，实现了快速、准确的双向式的数据信息交流。

即时性。保险公司通过网络可以准确、迅速、全面地为客户提供所需资料；客户也可以方便、快捷地访问保险公司的网站，了解诸如保险公司、保险产品及保费等的详细情况。当保险公司推出新的保险产品时，也可以通过网络迅速地将信息传递出去，客户可以登录公司网站自行查询，第一时间了解新的保险产品的情况，有效地解决了报纸、宣传册等传统宣传手段时效性差的问题。

2. 国内外网络保险业务的发展趋势

网络保险起源于 20 世纪 90 年代末期的美国。目前，美国的许多保险公司与商业银行、证券经纪公司、汽车经销商和房地产经销商的网站进行了广泛的合作，利用这些网站进行保险产品和服务的宣传，提供在线投保。英国是全世界网络保险最为发达的国家之一，网络保险产品十分全面，包括汽车保险、意外伤害险、健康保险及家庭财产保险等一系列保险产品。韩国 2001 年网络和电话汽车保险还仅占整个汽车保险市场份额 0.36%；而到了 2007 年初，韩国网络和电话汽车保险，就已经占到了整个汽车保险市场份额的 15.2%。

我国网络保险以 1997 年中国保险信息网的建立为起点，到 2000 年，大部分保险公司建立了网站。截至 2012 年 11 月，国内 68 家人身险公司中开展电销业务的已达 25 家，62 家产险公司中开设电销业务的增至 19 家，40 余家险企开始尝试保险网销。各公司网销管理职能相继成立独立部门，2012 年，太平洋保险集团成立太平洋保险在线服务科技有限公司，太平集团成立太平电子商务有限公司，分别负责整合各自集团旗下的电子化新渠道业务。而 2012 年最令人瞩目的莫过于中国平安与阿里巴巴、腾讯合资组建名为"众安在线"的财产保险公司，虽然在 2013 年初刚刚获得批筹，但仍在保险业界和互联网行业中引起强烈震动。随后几年，互联网保险得到了快速的成长，据中国保险协会的数据显示，互联网保险在 2012—2015 年的 4 年间保费收入增长近 20 倍。在商业模式上，从最初的 B2C 保险平台，衍生出了 B2A（代理人）、B2B 等多种形式。B2C 模式的核心是流量，能够通过互联网的方式触达用户，了解用户，典型企业如微保。B2B 模式能够覆盖大量传统保险公司无法渗透的小微企业的保障需求，定制化提供保

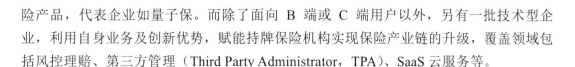

险产品，代表企业如量子保。而除了面向 B 端或 C 端用户以外，另有一批技术型企业，利用自身业务及创新优势，赋能持牌保险机构实现保险产业链的升级，覆盖领域包括风控理赔、第三方管理（Third Party Administrator，TPA）、SaaS 云服务等。

阅读资料 12-2　互联网保险前景光明

2019 年 10 月中国人民银行发布的《2018 年普惠金融指标分析报告》显示，2018 年我国保险深度为 4.22%，比上年低 0.2%，而保险深度是指保费收入占该地国内生产总值（GDP）之比，反映了保险业在整个国民经济中的地位，4.22%的保险深度不及世界平均水平，说明了我国虽是保险大国却仍不是保险强国，保险行业还有很大的发展空间。利用互联网技术、发展互联网保险成为行业的共识。截止到 2019 年底，国内已经有众安在线、泰康在线、易安财险和安心财险 4 家专业互联网保险公司，超过 100 家保险公司开展互联网保险业务。互联网保险低成本、场景化、全天候、碎片化等优势也吸引众多的客户线上购买保险。2019 年上半年，共有 71 家财产保险公司开展互联网保险业务，互联网财产保险保费收入共 381.53 亿元，同比增加 17%。

2011 年以来，原保监会先后出台《保险代理、经纪公司互联网保险业务监管办法（试行）》（保监发〔2011〕53 号）、《互联网保险业务监管暂行办法》（保监发〔2015〕69 号）（以下简称《暂行办法》）等系列文件，积极推进互联网保险业务发展。其中，五年前的是目前指导各互联网保险公司实施业务的主要依据。但《暂行办法》的施行期限为 3 年，2018 年已经到期。五年后的今天，随着互联网金融和金融科技的发展，互联网保险领域出现了不少新情况、新问题，行业需要统一上位法的呼声也越来越强。2019 年 12 月 13 日，银保监会牵头起草《互联网保险业务监管办法（征求意见稿）》，再次面向公众征询方案。

2020 年初受到新型冠状病毒肺炎的影响，各保险公司传统渠道营销、服务受阻，尤其是保险行业保费和业务推动主要的渠道——保险代理人模式严重受到疫情的影响，互联网服务和互联网营销被各保险公司高度重视，特殊环境下也倒逼传统保险公司提升互联网获客、营销以及服务能力。实际情况上看，与疫情相关的互联网保险产品不管是 4 家专业互联网保险公司，还是平安、太平等公司，都已经陆续在互联网上开展了宣传攻势，避免与陌生人接触，线上化、无纸化、智能化的互联网保险被客户与险企所共同接受。

资料来源：百度百家号。

3. 网络保险业务与管理
（1）网络保险的功能
网络保险的功能主要有在线宣传、在线销售、在线客户服务和在线理赔等。
在线宣传功能：保险公司通过网络可以对自己的企业和产品进行宣传。一方面，保险公司可以通过网络宣传提高企业知名度，以较低的成本扩大公司的影响。另一方面，保险公司也可以在网上宣传自己的保险产品，如保险产品的种类、特点、费率及投保说明等，便于客户了解产品并投保。

网络销售功能：保险公司可以直接在网上销售其保险产品，如汽车、个人责任、房屋业主、家庭财产以及定期人寿保险等。投保人直接在网上投保，保险公司根据投保人投保的项目给出保险产品的报价。保险公司也可以针对客户的需求，预先由专家做出各种保障计划，供客户自由选择。

在线客户服务功能：客户服务是保险产品销售的重要组成部分。保险公司可以通过在线的客户交流收集、了解客户的意见，及时掌握市场需求变动等信息。客户可以通过保险公司的网站对各种保险问题进行咨询，也可以直接在网站上办理一些客户服务，如缴纳保费、索赔等。

在线理赔功能：当客户发生了保险产品所涉及的风险时，可以通过网络向保险公司提出理赔请求，保险公司通过勘察验损后，处理客户的索赔，在网上提供有关理赔报告的信息。

（2）网络保险的业务流程

与传统保险的业务流程相比，网络保险的业务流程更加简单、便捷。

①　网上投保的业务流程

第一步，客户浏览网站，注册用户名和密码；第二步，进入"投保区"，检索并选择投保险种；第三步，填写所选险种投保问询表（自动计算保费、生成投保单）；第四步，网上递交根据投保问询表生成的投保单，完成投保；第五步，保险公司业务员与客户联系，确认客户投保意向。

②　网上理赔的业务流程

在线理赔服务不仅应为客户提供理赔的作业流程、注意事项、争议解决办法以及查询理赔所需单证和出险联系电话、地址等服务，而且应该提供方便快捷的网络报案服务系统，及时反馈客户投诉，并提供划拨赔款到客户指定账户的服务。

4. 网络保险的商业模式

公司网页模式。公司网页模式是最初级的网络保险模式。目前，几乎所有的保险公司都拥有一个或多个自己的网页，其目的主要在于宣传自己的公司、介绍本公司的产品、发布一些公众性的信息、公布公司有关业务部门的办公地址和联系方式、征求公众的意见，等等。公司网页模式成本低、简捷，但是也具有内容简单和功能差等缺点。

产品网站模式。与公司网页模式相比，产品网站模式更加直观、方便，且网站包含的内容比网页更加丰富，网站的宣传和销售功能也更加强大。但是，单个的公司产品网站模式对于保险产品的购买者来说难以比较不同公司之间的产品和价格，同时也很难获得较高的公众点击率。

综合网站模式。这类综合网站可以是保险公司开办的，也可以是非保险公司开办的，其提供的产品和服务，不仅限于保险，而是在销售其他类产品和服务时，也宣传并销售一家或几家保险公司的产品。保险公司可以间接地吸引顾客了解本公司的保险产品，并在网上把自己的保单推销给他们。综合网站模式产品、服务种类丰富，功能齐全；但是非专业化的网站可能使保险产品及服务淹没在众多的产品和服务之中。

信息平台模式。信息平台模式的保险网站一般是由一些非保险公司机构创办的综合性的信息平台。创办此类保险网站的机构通常有较深的行业背景和强大的信息优势，能在网站上提供保险业的政策法规、理论研究、国内国际保险业新闻消息、数据资料等信息。由于主要定位在于信息的沟通，因此对保险产品的销售和理赔服务存在较多的障碍。

网上保险经纪人模式。网上保险经纪人模式网站主要由保险经纪人公司创办。此类网站能为消费者提供众多保险公司的产品及价格，方便客户对保险产品进行选择和比较，还可以为客户 "量身定做" 保险方案，为客户提供各种服务，如制定风险管理计划，协助客户投保，为客户解答保险过程中的疑难问题，甚至协助索赔等。这种模式的突出优点在于便于客户比较不同保险公司的产品和价格，方便客户。但是也同时具有收取佣金困难、客户忠诚度低等缺点。

网上保险服务模式。网上保险服务模式是一种特殊保险网站，既不销售保险产品和服务，也不提供保险信息。这种网站只为保险产品的交易双方、保险中介机构等提供网上保险业务的服务。常见的网上保险服务模式的网站主要包括技术类、法律类、工具类、财会类、劳务类等几种。网上保险服务模式与其他的模式相比具有风险低、服务面宽等优点。但此种保险网站模式对其他销售网上保险产品和服务的公司的依赖性比较强。

12.1.5 互联网金融的新形式

2013 年以来，我国互联网金融的发展十分迅速，模式内容也不断地得到创新和丰富，如第三方支付、众筹、第三方金融服务平台等模式不断涌现。

1. 第三方支付

（1）第三方支付的定义

第三方支付，就是一些和产品所在国家以及国内外各大银行签约，并具备一定实力和信誉保障的第三方独立机构提供的交易支持平台。在通过第三方支付平台的交易中，买方选购商品后，使用第三方平台提供的账户进行货款支付，由第三方通知卖家货款到达、进行发货；买方检验物品后，就可以通知付款给卖家，第三方再将款项转至卖家账户。

我国第三方移动支付市场的发展历程大致可以分为两个阶段。第一个阶段是2013—2017 年，电子商务、互联网金融、互联网转账的先后爆发持续推动了移动支付的快速增长。第二个阶段是 2017 年至今，2017 年开始线下扫码支付规模全面爆发增长，线下支付增速远高于线上支付增速，移动支付经历了由线上阶段到线下阶段的转变。2016 年第一季度到 2019 年第一季度，线上电商支付的交易规模从 9654 亿元增长到了 19820.9 亿元，增长了 105.3%，而同时期线下扫码支付的交易规模从 830 亿元增长到了 73805.3 亿元，增长了 8792.2%。第三方支付市场已形成支付宝、财付通两大巨头垄断的市场格局，2019 年中国第三方移动支付市场两者的份额共计为 93.8%。

表 12-1　2019 年第三方支付品牌市场份额

排名	厂商	排名	厂商
1	支付宝	6	快钱
2	财付通	7	易宝支付
3	壹钱包	8	银联商务
4	京东支付	9	苏宁支付
5	联动优势		

资料来源：2020 年中国第三方支付行业研究报告，http://report.iresearch.cn/report/202004/3552.shtml。

（2）第三方支付的流程

第一步，客户在网站上选购商品，并与卖方在网上达成交易；第二步，客户选择第三方作为交易中介，将货款划到第三方账户；第三步，第三方支付服务商将客户已付款的信息通知商家，要求商家在规定时间内发货；第四步，商家收到通知后按照订单发货；第五步，客户收到货物并验证后通知第三方支付服务商；第六步，第三方支付服务商将货款划入商家账户中，交易完成。

2. 众筹

（1）众筹的含义

众筹指通过互联网方式发布筹款项目并募集资金。相对于传统的融资方式，众筹更为开放，能否获得资金也不再是以项目的商业价值作为唯一标准。只要是网友喜欢的项目，都可以通过众筹方式获得项目启动的第一笔资金，为更多小本经营或创业的人提供了无限的可能。

（2）众筹的发展

众筹起源于美国 kickstarter 网站，通过搭建网络平台实现面向公众的筹资，让有创造力的人有机会获得他们所需要的资金，以便其实现梦想。众筹模式使每个人都可以通过这种方式获得从事某项活动的资金，使得融资的来源者不再局限于风投等机构，而可以来源于大众。在欧美逐渐成熟并推广至亚洲、中南美洲、非洲等发展中地区。

国内的众筹为了保护支持者，将众筹过程分为两个阶段，第一阶段付 50% 的资金去启动项目，项目完成后，确定支持者都已经收到回报，才会把剩下的钱交给发起人。截至 2014 年 7 月，国内有分属于股权众筹、奖励型众筹、捐赠性众筹等不同形式的平台数十家不等。

阅读资料 12-3 京东众筹扶贫

自 2016 年 1 月份以来，京东数科旗下京东众筹共帮助近 400 个贫困县在平台上线众筹项目超过 900 个，募集总金额超过 5000 万元，平均超过筹款目标 4 倍。众筹扶贫模式，首先需要确定扶贫项目，然后将项目中的农产品在众筹平台上线，通过产品众筹为贫困地区农产品降低生产成本，打通互联网线上销路，实现贫困农户的收入提升。只提供渠道或产品的电商扶贫模式，对扶贫、脱贫具有滞后效应。从播种到丰收，农产品的生产具有一定的周期性，通过众筹新模式帮助农户，使农产品的生产周期和众筹的筹款周期达到完美匹配，农产品的生产更加精准高效，农户的生产效率和收入都将得到大幅提高。

资料来源：中证网。

12.2 网络教育

1994 年我国实施"中国教育科研网示范工程"，标志着我国网络教育的开始；1998 年 9 月，教育部开始现代远程教育的试点工作，首先批准了清华大学、北京邮电大学、浙江大学和湖南大学四所高校作为现代远程教育的首批试点院校；2001 年全面实施中小学"校校通"工程，以信息化带动教育的现代化。中国互联网络信息中心统计数据显示，截至 2009 年底，以"edu"域名注册的网站已经达到 3592 家，经常浏览科技、教育信息的网民已达 4608 万，更多的网民开始接触并接受网络教育。网络教育除了传统的以学校办学为主的模式外，一些有实力的社会学校也提供了种类丰富的教学内容，大大激发了社会的需求。当前我国的网络教育行业进入了一个快速发展的时期，根据中国互联网络信息中心发布的第 47 次《中国互联网络发展状况统计报告》，截至 2020 年 12 月，我国在线教育用户规模达 3.42 亿，占网民整体的 34.6%；手机在线教育用户规模达 3.41 亿，占手机网民的 34.6%。

12.2.1 网络教育概述

1. 网络教育的概念

网络教育是利用互联网来开展的远程教育，是指在网络环境下，以现代教育思想和学习理论为指导，结合现代教育技术和现代信息技术，发挥网络的各种教育功能和丰富的网络教育资源优势，向学习者提供网络教和学的环境，并开展的非面授教育活动。

2. 网络教育的分类

网络教育在我国发展迅速，涵盖了所有以网络及其他电子通信手段提供学习内容、运营服务、解决方案及实施咨询的各个市场领域。主要包括基础网络教育、高等网络教育、网络职业认证培训、企业数字化学习（E-learning）和网络教育服务五种类型。

（1）基础网络教育

基础教育是指从幼儿园到高中的教育，包括学前教育、初等教育、中等教育三个阶段。在我国，基础网络教育一般被称为"中小学网校"，它是辅助性的教育活动，不提供学历。我国基础网络教育的代表主要有北京四中网校、101 网校、黄冈中学网校等。

（2）高等网络教育

网络高等教育的对象一般为十八周岁以上的成人，主要提供专科、本科学历教育及非学历教育。学历教育可以通过相关考试，达到毕业要求颁发各高校毕业证书，2013年共有北京大学、中国人民大学、清华大学、北京交通大学等 68 所现代远程教育试点高校可开展网络高等学历教育招生。

（3）网络职业认证培训

网络职业认证培训的教学对象从学生到在职人员十分广泛。主要提供各类远程职业教育培训、考前辅导等教育教学服务，消费对象涵盖各个阶层以及不同的年龄阶段，是社会培训机构参与最为活跃的一类网络教育。网络职业认证培训的代表主要有新东方、中华会计网等。

（4）企业 E-learning

E-learning 是企业团体培训的一种方式，是企业针对自身员工开展内训的一种新型实施途径。根据企业具体的情况，以局域网或互联网形式实现。E-learning 起源于美国，据统计美国有 60%的企业通过网络的形式进行员工培训。1998 年以后，E-learning在世界范围内兴起，从北美、欧洲迅速扩展到亚洲地区。近年来，越来越多的国内企业对 E-learning 表示了浓厚兴趣，并开始实施 E-learning 解决方案。

（5）网络教育服务

网络教育服务是网络教育产业的延伸，网络教育服务企业主要提供网络教育相关的服务，一般没有教学实体。主要包括教育服务、教育网游、教育频道、平台提供商、内容商等形式。网络教育服务的代表主要有精品学习网、教育在线等。

3.网络教育的特点

（1）教育资源利用最大化

中国人口众多，地区之间的差异比较大，教育和学习资源分布极不均衡。而网络教育可使各种教育资源通过网络，跨越时间、空间距离，使学校的教育资源可以跨出校园向外辐射，发挥自己的学科优势和教育资源优势，把最优秀的教师、最好的教学成果通过网络传播出去，一方面可以使教育资源得到最大化的利用，另一方面对学校知名度的提升也有很大的帮助。

（2）学习自主性

网络教育与传统的教育模式相比，其显著特征是：任何人在任何时间、任何地点学习任何课程的任何部分。因此，学习者可以在网络上根据自身需要选择学习内容、方式和进程。网络教育便捷、灵活，在学习模式上最直接体现了主动学习的特点，充分满足了现代教育和终身教育的需求。

（3）学习互动性

网络为学生与教师之间、学生与学生之间进行教学互动和协作学习提供网络学习交互环境和平台，拉近了师生之间的心理距离，增加了交流的机会和范围；通过计算机对学生提问类型、人数、次数等进行的统计分析使教师了解学生在学习中遇到的疑点、难点和主要问题，更加有针对性地指导学生。

（4）个性化教育教学

网络教育中，一方面，系统对每个网络学员的个性资料、学习过程和阶段情况等可以实现完整的系统跟踪记录；另一方面，教学和学习服务系统可根据系统记录的个人资料，针对不同学员提出个性化学习建议。网络教育为个性化教学提供了现实有效的实现途径。

（5）自动化教学管理

计算机网络的教学管理平台具有自动管理和远程互动处理功能，被应用于网络教育的教学管理中。远程学生的咨询、报名、交费、选课、查询、学籍管理、作业与考试管理等，都可以通过网络远程交互的方式完成。

12.2.2 网络教学平台

网络教学平台的建设是网络教育的关键，即为学习者建设能够实现其学习活动的网络学习环境。在网络教育实施的过程中，网络教育平台起着基础设施的作用。

网络教学平台是支持网上教学与学习活动的软件系统，通常包括三个子系统：网络教学支持系统、网络学习支持系统、网上教学与教务管理系统。

（1）网络教学支持系统

网络教学支持系统是网络教学系统的核心，是帮助教师实现网上教育教学工作的软件系统。网络教学支持系统主要包括网络课件制作工具、网络课件点播工具、网络交流工具与网络作业和考试工具四部分。

① 网络课件制作工具

网络课件是开展网络教育活动的基础，网络课件的制作工具是基于教学过程模板和多媒体素材库开发网络课件的软件。网络课件制作工具有很多种，选择时主要以便于教师开发网络课件，简化教师备课过程为目的。

② 网络课件点播工具

网络课件点播在网络教育过程中扮演重要的角色，通过网络课件点播学生可以选择自己喜欢的课程进行学习。网络课件点播工具是指开发完成的网络课件通过网络教务管理平台中的网络课程管理工具进行发布，供教师和学习者点播使用。

③ 网络交流工具

网络教育过程中师生之间、学生之间需要通过网络开展交流。而网络交流工具则能支持师生之间、学生之间进行同步或异步的交流。同步交流工具主要包括视频会议、电子白板、聊天室等。异步交流工具包括电子邮件、BBS 等。通过网络交流工具可以满足教学过程中的讨论和答疑等需要。

④ 网络作业和考试工具

对学生的学习情况进行检测是教学过程必不可少的环节，网络教学过程对学生的测评主要通过教师在网上布置作业或进行测验、考试。网络作业系统可以帮助教师通过网络布置、回收及批改作业。网络考试系统的建设则可以实现教师对学生开展网络测验及考试。

（2）网络学习支持系统

网络学习支持系统是支持网络教育的学习者开展网上学习活动的软件系统。主要包括网上选课、网上学习及学习过程跟踪与评价等方面。

① 网上选课工具。学生开展网络学习活动首先要完成网络选课的工作，网上选课工具支持学习者在线选修网络课程，并将选课信息传给网上教务管理系统。

② 网上学习工具。学生在开展网络学习活动过程中，需要与教师和同学进行交流，需要提交作业，需要考试等，因此就需要相关的网络学习工具，主要包括网上交流工具、网上提交作业及考试工具、文字处理工具、网络笔记本等。

③ 学习过程跟踪与评价工具。网络教育的组织者需要对学生的学习活动进行管理和监控，因此需要记录学习者学习活动过程，对其进行分析和评价，为学习者提供参考和建议。

（3）网络教学与教务管理系统

网络教学与教务管理系统是用于管理网络教育资源、组织教学活动、统计教学数据的软件系统。主要包括：教师数据管理、学习者数据管理、网络课程管理、教学评价管理等。

12.2.3 网络教育资源

1. 网络教育资源的含义

网络教育资源是指网络资源中与教育相关的部分。网络教育资源有广义和狭义之分。广义的网络教育资源包括网络环境资源、网络信息资源、网络人力资源。狭义的网络教育资源是指网络信息资源，是一种以网络为承载、传输媒介的新型的信息资源，是从网上获取的网络教育信息资源的总称。

2. 网络教育资源的分类

网络教育资源可以按照不同的标准划分为很多类型。

（1）按技术格式划分

网络教育资源按照技术格式可以分为文本类资源、图形图像类资源、音频类资源、视频类资源及应用软件类资源等。

（2）按应用领域划分

按照应用的领域划分，网络教学资源可以分为学前教育资源、基础教育资源、高等教育资源及企业培训资源等。

（3）按学科划分

网络教学资源也可以按照学科进行划分，如管理学科、经济学科、数学、英语等各学科。

3. 网络教育资源的获取

（1）利用搜索引擎检索

搜索引擎是提供信息检索服务的网站，是根据一定的策略、运用特定的计算机程序从互联网上搜集信息，在对信息进行组织和处理后，为用户提供检索服务，将用户检索相关的信息展示给用户的系统，常常是用户利用网上教育资源的第一途径。目前较常使用的搜索引擎有谷歌、雅虎、百度等。

（2）基于 Agent 技术的智能检索

目前，信息检索已经实现了网络化和智能化，智能信息检索是人工智能的一个独立分支，近些年来也得到迅速发展。智能代理不像传统的搜索引擎那样对整个网络进行索引，而是在接到一个新任务时出发，去搜索网上资源并提取有价值的信息。Agent 技术是在人工智能的基础上发展起来的智能软件技术，是利用神经网络技术进行搜索，将具有信息提取功能的代理（Agent）派遣到一台至多台服务器，执行分布式计算，试图去发现自然语言与样本网页的模式及它们之间的相互关系，不断完善自己的知识库，将这些与新近发现的网上资源相匹配，最后以一串统一资源定位符（Uniform Resource Locator，URLs）的形式供用户访问。

（3）基于 XML（可扩展标记语言）的检索

XML 是一种可扩展的元标记语言，设计目的是为了克服 HTML 语言的缺陷，将网络上传输的文档规范化，并赋予标记一定的含义。在传统的信息检索中，检索单元是固定的、完整的文档；而在 XML 检索中，文档中的各个层次的 XML 元素都是可检索的单元。另外，传统的检索系统只对信息的内容进行索引，而 XML 信息检索系统对内容进行索引的同时还对元素进行索引，既能从文档中找到相关信息，也能实现内容与结构的合并检索。

（4）多媒体信息的检索

多媒体信息的检索技术发展速度很快，目前常用的检索方法有 MPEG-7（多媒体内容描述接口）、图像信息检索技术、视频信息检索技术和基于内容的音频检索等。

MPEG-7 是"多媒体内容描述接口"（Multimedia Content Description Interface）的简称，它产生一种描述多媒体内容数据的标准，满足实时、非实时以及推—拉应用的需求。MPEG-7 可以迅速、便捷地在大量多媒体信息中定位有用信息，通过对各种不同类型的多媒体信息进行标准化的描述，实现快速有效的搜索。MPEG-7 标准重点在于影音内容的描述，以明确的资料结构和语法来定义影音资料的内容。

图像信息检索技术包含不同的方法，包括基于关键字的图像检索、基于内容的图像检索及二者的结合。在基于关键字的图像检索中，需要先对所有的图像进行关键字标注，由于不同的人对同一图像的理解不同，因此图像的标注没有统一的标准，故而检索结果很难令人满意。基于内容的检索则利用图像自身的特征，如颜色、形状等进行检索，这些特征并不代表图像真正的语义信息，检索结果同样很难令人满意。因此，可以将以上两种方法相结合来达到优化检索结果的目的。

视频信息检索是通过对海量的视频数据进行分析，提取视频内容的特征，在此基础上实现视频信息的检索。视频信息检索的关键问题是提取视频的特征并加以表示，以便在可视化检索的过程中加以利用。

基于内容的音频检索，是指通过音频特征分析，对不同音频数据赋予不同的语义，使具有相同语义的音频在听觉上保持相似。简单地说它是一种相似查询，是检索出与用户指定的要求非常相似的所有声音。

12.3 网络旅游

随着网络的发展，人们的旅游行为出现了网络化的新特点。关于网络旅游，目前还没有一个统一的定义，目前已有的概念主要是从两个方面分析网络旅游，一方面倾向于旅游电子商务，旅游网站在旅游者和旅游经营者之间搭建起一个双方供需沟通的直接交易场所，为需要出游者提供旅游产品与服务的全面有效信息，建立在线预订的通道，这极大地推动了旅游业的发展；另一方面倾向于虚拟旅游，网络为旅游者开辟了另一维超现实的空间——虚拟现实空间，越来越多的网站开始推出虚拟旅游服务，如"城市吧"现在已在全国 24 个城市开通了旅游全景网。本节将从在线旅游和虚拟旅游两个方面介绍网络旅游的相关知识。

12.3.1 在线旅游

2003 年携程上市，我国的"在线旅游"成为一个新的服务业态。作为当时旅游市场的主要商业模式，携程成为中国在线旅游产业的旗帜，以呼叫中心为主的在线旅行社（Online Travel Agency，OTA）成为中国在线旅游产业的研究方向。

1. 在线旅游的含义

在线旅游是指旅游服务提供者依托互联网，提供旅游信息查询、产品预订及服务评价等旅游服务，包括航空公司、铁路服务部门、酒店、景区、海内外旅游局等旅游服务供应商及搜索引擎、OTA、电信运营商、旅游资讯及社区网站等在线旅游平台。作为一种新的产业，在线旅游正处于快速上升期。

2. 在线旅游服务

现阶段网站提供的在线旅游服务大致可以分为四类：提供酒店、机票、度假等预订服务；提供酒店、餐饮等点评和推介服务；提供旅游搜索服务；提供旅游管理服务。

3. 在线旅游的运营模式

目前我国在线旅游的运营模式大致有以下四种：

（1）旅游站点平台模式

旅游站点平台模式有 B2B、B2C 以及基于 B2B 与 B2C 的 B2B2C 等多种模式。B2B 模式可以为各旅游企业间搭建交流交易平台，帮助企业建立战略合作关系。B2C 模式主要是指大众旅游平台，可以为广大出游者提供酒店、机票、车票等预订服务，景区门票预订与折扣，各旅游公司旅游线路搜索、比价等全方位旅游服务。而基于 B2B 与 B2C 形成的 B2B2C 模式，就像一个大的旅游服务产品超市，如拥有多家旅行社资源的同程网，其业务还涉及酒店、机票、景区和演唱会门票及租车等项目。

（2）机票与酒店预订为服务内容的分销模式

这种模式主要通过代理旅游服务企业的产品，获取代理佣金。这种运作模式的在线旅游的核心服务内容是机票预订、酒店预订等服务。例如，携程网依靠其先进的服务平台、高效运作的呼叫中心、长久以来累积的商业信用以及周到的售后服务，在业界拥有明显的竞争优势。

（3）垂直引擎搜索模式

垂直引擎搜索模式网站不涉及在线旅游预订的交易环节，以提供搜索信息为主要服务内容，整合互联网上的机票、酒店、度假和签证等信息，为用户提供及时的旅游产品价格查询、比较服务和用户点评从而收取代理分成。垂直引擎搜索模式的代表网站有去哪儿、到到、酷讯等。

（4）直销预定模式

直销预定模式剔除了中间环节，旅客直接通过网站平台实现与酒店、景区、航空公司的询价议价、预定以及评论等直接实时互动。这种模式可以降低营销成本，改善经营和服务能力，为消费者提供更有保障的服务。直销预定模式以淘宝网为代表，2010年 5 月，淘宝旅行频道成立，整合了数千家旅游相关机构，目前，淘宝旅行机票、酒店等产品拥有相当大的价格优势，也是目前规模最大、产品种类最全的互联网旅行相关产品服务平台，包含机票、酒店、旅游、保险栏目。

12.3.2 虚拟旅游

1. 虚拟旅游的含义

虚拟旅游是建立在现实旅游景观基础上，通过模拟现实场景，构建一个虚拟的三维立体旅游环境，网民能足不出户遍览风光美景。狭义的虚拟旅游是指通过互联网或其他设备在虚拟三维景观中漫游和浏览虚拟的景观；广义的虚拟旅游是从与现实旅游相对的角度，不仅指在三维虚拟景观中漫游、与旅游景观要素交互，还包括通过虚拟社区平台与其他参与者交互，借助旅游电子商务购买旅游纪念品等，在虚拟世界中获取现实世界旅游体验。

2. 虚拟旅游的特点

交互性。在虚拟旅游过程中旅游者不再被动地、静态地观摩欣赏景观，还可以通过网络参与到虚拟旅游的过程中，从而获得身临其境的感觉；虚拟旅游者还可以借助网络上的各种沟通工具，甚至是即时通讯软件同其他虚拟游客进行旅游经历及感受的交流。

体验性。虚拟旅游的体验是在虚拟现实系统中进行旅游体验的一种新的体验模式。虚拟旅游环境建立在现实旅游景观的基础上，通过现实景观在网络上的模拟，构建虚拟的旅游环境，使旅游者能如身临其境般地进行虚拟旅游活动。

自主性。虚拟旅游与现实旅游相比，旅游者拥有更多的自主性，在虚拟旅游中，每一个虚拟旅游者都能任意选择"旅游线路"，也可以随时改变"旅程行程"。

虚拟性。表现在以下方面：其一，在虚拟旅游中，人们之间的交往以间接形式为主，以符号化、数字化为手段，以信息交往为主要内容。其二，虚拟旅游者彼此独立分离，甚至在永不谋面的社会成员之间自由组合成网络群体，以享受各种虚拟生活。其三，虚拟旅游者可以隐匿自己的身份、年龄、性别，以一个他愿意的身份在虚拟世界中旅行。

3. 虚拟旅游的主要类型

（1）虚拟旅游景区

虚拟旅游景区平台把现实中的旅游景点风貌通过 3D 技术，在电脑上虚拟表现出来，方便用户通过阅读和互动体验的虚拟旅游方式实现线上旅游，并为用户线下旅行提供指导。用户可根据自己的意愿选择游览路线、旅游速度，足不出户游览全世界的风光美景。

（2）虚拟旅游酒店

虚拟旅游酒店平台可以通过 3D 技术将酒店的外部环境及内部设施逼真地展现给旅客，让旅客可以对酒店环境进行全面的了解，也可以通过该平台与酒店方管理者进行互动。虚拟旅游酒店平台可以作为酒店的市场推广渠道提升酒店的品牌价值，也可以让顾客放心地预订客房。

（3）虚拟旅游商城

在网络上的虚拟旅游商城，商家可以立体化、全方位地展示自己的产品，消费者通过观看商品的 3D 全景图进行商品的选择及购买。在虚拟旅游商城，消费者可以了解并购买各个旅游景区当地的特色商品。虚拟旅游商城是未来扩大旅游产品销售的有效手段。

12.4 网络医疗

12.4.1 网络医疗概述

1. 网络医疗的概念

网络医疗是指医疗技术与网络技术、计算机技术和多媒体技术相结合，利用互联网进行数字、图像、语音的综合传输，实现患者与医疗机构或医生的沟通与交流，旨在提高诊断与医疗水平、降低医疗开支，是满足广大人民群众保健需求的一项全新的医疗服务，包括健康教育、医疗信息查询、电子健康档案、疾病风险评估、在线疾病咨询、电子处方、远程会诊及远程治疗和康复等多种形式的健康管家服务。

2. 网络医疗的优点

（1）合理地配置医疗资源

我国的医疗资源高度集中在大城市，而在大城市中又高度集中在三甲类大医院。这些医院不仅会聚了名专家、名教授和名医生，而且设备先进。网络医疗模式的出现跨越了时间和空间的限制，使更多的患者能享有稀缺的医疗资源，从而实现医疗资源的合理配置。

（2）降低医疗的成本

医疗成本包含时间成本、精力成本、体力成本和金钱成本等。通过医疗网站，可将患者的资料以及基本情况及时传输给医生。经过分析后，患者可继续通过网络预约门诊，甚至可以直接通过视频与医生进行充分的沟通。在充分了解患者情况的前提下，医生可提出治疗建议，避免患者去大城市看病的盲目性，大大节约了患者的成本。

12.4.2 网络医疗服务

1. 医疗信息服务

医疗网站可为医疗机构发布及患者查询医疗相关信息提供平台。医院及其他医疗机构可以通过网站发布医疗信息，用户也可通过互联网访问网上医疗系统的站点，查询相关的医疗信息并享受网上医疗所提供的其他服务。同时，患者还可以通过网络对所患病症进行咨询，了解更多的医生、病情、药品等治疗相关信息。

2. 网络诊断

患者可通过网络与医生进行沟通。网络能将图像、影像、声音、波形、文本和生理参数等相关资料实时传递给医生，医生可以在网上进行诊断，患者不用出门就能诊断病情，然后在网上配药，将药快递到患者的家中。

3. 网上医药

医疗网络可给患者提供符合其查询条件的所有药品的信息，如药品的名称、剂型、规格、数量、用药方法、价格、主治功能、销售药店、厂家信息等，患者可通过这些药品信息来查找自己所需要的药品，医疗服务部门可按患者需要配药并递送给患者。

4. 预约服务

医疗网站可以完成门诊预约和住院预约等预约服务。用户通过浏览网上医疗站点，获得各家医院的专科和专家门诊的计划安排，可以直接在网上选择专家和门诊时间，实现在家挂号，节约患者前往医院提前排队挂号的时间。用户也可以通过浏览网上医疗站点，获得各家医院的病床信息，办理住院预约，避免患者在办理住院手续时的往返奔波。

5. 家庭护理

用户可以直接在网上选择自己所需要医院的家庭护理系统，通过该医院的家庭护理系统向医院提供病人的资料，医院家庭护理系统根据病人资料信息，对病人和相关事务做出护理诊断，制定护理计划，病人可以在家接受护理计划的指导下实现家庭护理。

6. 个人电子病历

用户可以在网络上建立一份自己的电子病历，以后在任何一家入网医院就诊，其病历资料及各种检查结果均可以自动归纳到他的电子病历中，随时可以查阅，便于医生的诊断。

7. 网络会诊

网络会诊是指通过互联网，利用视频会议系统，提供医院之间的多媒体实时交互会诊服务。参与会诊的医生通过网络对病人的心电图、X 线、CT、核磁、超声及病历资料进行交流，并对病人的病情进行分析和诊断。

 本章习题

一、单选题

1.（　　　）是银行通过互联网提供的最基本业务。

    A. 交易服务   B. 存贷款服务

    C. 客户交流服务   D. 信息服务

2. 分支型网络银行也被称为（　　　）。

A. 纯网络银行   B. 只有一个站点的银行

C. 互联网业务为主的银行   D. "水泥加鼠标"型网络银行

3. 下面不属于网络证券交易的优点是（   ）。

A. 打破时空限制   B. 丰富信息资源

C. 提高股票收益   D. 安全性比较高

4. （   ）主要通过代理旅游服务企业的产品，获取代理佣金。

A. 机票与酒店预订为服务内容的分销模式

B. 旅游站点平台模式

C. 垂直引擎搜索模式

D. 直销预定模式

5. （   ）是最初级的网络保险模式。

A. 产品网站模式   B. 公司网页模式

C. 综合网站模式   D. 信息平台模式

二、多选题

1. 1993 年底，我国正式启动"三金工程"，即（   ）。

A. 金桥工程   B. 金卡工程

C. 金网工程   D. 金关工程

E. 金盾工程

2. 网络银行的业务主要包括（   ）。

A. 信息服务   B. 客户交流服务

C. 银行交易服务   D. 保险理赔服务

E. 众筹服务

3. 美国网上证券交易模式包括三种主要的交易模式，即（   ）。

A. 嘉信模式   B. 固定佣金模式

C. 美林模式   D. E-Trade模式

E. 券商与 IT 技术商合作发展模式

4. 网络保险的功能主要有（   ）。

A. 在线宣传   B. 在线销售

C. 在线客户服务   D. 在线理赔

E. 在线理财

5. 网络教育资源按照技术格式可以分为（   ）等。

A. 文本类资源   B. 图形图像类资源

C. 音频类资源   D. 基础教育资源

E. 视频类资源

三、名词解释

1. 网络银行　　　　　　2. 网络保险

3. 网络教育　　　　　　4. 虚拟旅游

5. 网络医疗

四、简答及论述题

1. 网络银行的特点主要有哪些？

2. 网络证券交易的优势有哪些？

3. 网络教育的特点有哪些？

4. 试论述虚拟旅游的特点。

5. 试论述网络医疗的优点。

案例讨论

VR+文化旅游让景区游玩变得更丰富

传统的文旅体验模式已不能满足人们宅在家的精神需求，VR+文化旅游能让游玩变得更有趣，其优势如下：

① 不受时间、空间限制。很多游客由于时间紧，只能选择部分景点观看，或者因为景色季节性，导致景区损失部分流量。而 VR 可以记录下景区四季景色，打破时间和空间限制，让游客随时随地置身在场景中，坐享震撼视听盛宴。

② 大数据化。VR 技术可实时线上信息传播，可植入信息元素，比如图文介绍、视频讲解、在线购买，等等，让游客在享受美景的同时了解更多信息。

③ 线上营销。VR+文化旅游，让景区游玩变得更丰富，因其 VR 具有的创新性、多样性、趣味性等特点，备受人们欢迎。VR+文化旅游既可以结合 VR 技术、视觉交互体系，让游客享受到全方位的沉浸式体验，还可以推动在消费能力较强的城市建设虚拟景区，吸引用户到景区所在地进行实地体验，实现线上营销。

资料来源：千家网。

⑦ 思考讨论题

请结合案例，谈谈 VR 在文化旅游业的应用前景。

第 13 章　网店经营实务

本章导读

与传统开店模式相比，网上开店具有进入门槛低、资金投入少及经营方式灵活等优点，因而备受创业者尤其是首次创业者的青睐。本章详细介绍网上开店的选择和具体流程，并对网上店铺的经营与售后服务进行了较为深入的阐述。通过对本章的学习，读者可以对网店的开设与运营实务有一个较为全面的了解。

问题导引

网上开店之前要做好哪些准备工作？

网上开店要遵循哪些流程？

如何拍摄精美的商品照片和视频？

如何合理设置商品价格？

怎样才能写好商品的标题和商品描述？

如何开展有效的促销活动？

如何做好网店的售后服务？

知识结构图

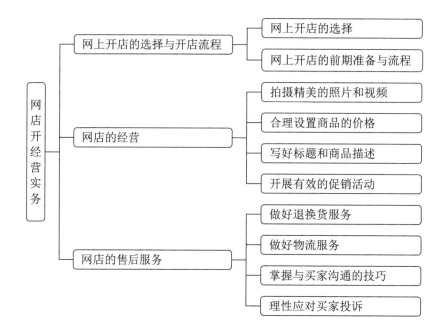

开篇引例

海伶山珍：舌尖上的土特产

早在 2009 年，农产品电商意识还未兴起的时候，海伶山珍店铺就走上了土特产的细分道路：食品中的土特产，特产中的青川野生土特产。把"山里人的货"搬到线上，目前已经做到了 3 皇冠，2012 年的年销售额达到 350 万元。销售额增长也许并不算特别快，但店铺目前已经拥有 23 万的老客户，店铺的热卖产品农家土蜂蜜已经累计售出上万斤。

在人们越来越重视食品安全和品质的今天，土生土长的特产美食，确实很能够打动人心。但是，蜂蜜、竹荪、花菇、木耳这些看天生长的特产，要把控好它们的产量、采集成本、物流成本，可不是那么容易的事。

海伶山珍能够走到今天，很大一部分原因来自口碑的传播。店主赵海伶专门开通了博客，她把每次进山取货的照片一一拍下来，把进山取货的经历和图片放到博客中，同时也放在店铺的首页和宝贝详情页，所有照片都让客户感受到现场的真实感。博客开通没多久，点击率就超过了 30 万，客户对这些信息的敏感度可想而知。此后，海伶山珍的官方微博、赵海伶的个人微博也常常都会出现进山取货的照片和内容。

另一方面，赵海伶也较早给店铺注册了商标，对店铺产品进行统一包装，并在店铺中放上食品流通许可证、产品生产许可证等，无形中让客户感受到店铺产品品质的保障。这在一定程度上拉高了竞争门槛，避免店铺陷入同质化、价格战的混战中。

13.1 网上开店的选择与开店流程

如今，网上购物已经成为我国很多消费者的首要选择。巨大的网购市场吸引了无数尝试网上开店的创业者，据亿邦动力 2020 年 5 月发布的资讯，2019 年淘宝每天约新开设 4 万家店铺。2020 年线下店铺网上开店转型加速，网上店铺正以前所未有的速度高速发展。

13.1.1 网上开店的选择

对于创业者来说，网上开店主要有两种选择：一是自建网站开店，二是借助第三方平台开店。到底选择哪一种方式，需要视具体情况而定。下面就分别对这两种开店方式进行介绍。

1. 自建网站开店

自建网站开店是指卖家不依托第三方平台，而是独立建设网站销售商品。卖家自建网站开店在前期需做大量的准备工作，主要有域名注册、空间租用、网页设计、程序开发和网站推广等。

自建网站开店的主要优势是拥有独立的经营自主权，能够独享流量，并且推广方式也不受第三方平台的限制。同时，也不需要与第三方平台分享利润。自建网站开店的缺点也很明显，如前期需要投入大量的资金，无法分享第三方平台的巨大流量，网店维护及运营成本较高等。所以自建网站开店一般适用于资金充裕、实力较强的卖家。

2. 借助第三方平台开店

除了自建网站开店外，卖家还可以借助第三方平台来开店。第三方平台主要包括天猫、京东商城等传统的 B2C 平台和淘宝等 C2C 平台。近年来微信兴起，带动了微商的发展，因而微信也成为非常重要的第三方平台。微信平台既可作为 B2C 平台，也可作为 C2C 平台，前者如京东微店，直接通过卖家对接消费者，后者是众多个人对个人的微店。在上述平台上开店，卖家只需少量投入即可拥有自己的店铺，并借助网站的人气来带动商品的销售。例如，淘宝的卖家不仅可以在淘宝平台上开店卖货，或通过淘宝直播卖货，而且还可以借助抖音、今日头条、快手、微博、UC 等多个平台引流，从而提高销量。

在第三方平台上开店的优势主要有技术门槛低、初期投入少；可以分享平台的巨大流量，节省大量宣传推广费用；也可借助平台的信用提高消费者的信任度等。缺点主要是店铺的同质化程度高，价格竞争较为激烈，同时还要受平台的诸多限制，经营方式不如自建网站灵活等。

卖家在 B2C 与 C2C 平台上开店的主要区别在于 B2C 平台对卖家的资质要求较高，一般需要为知名品牌企业，或是获得该类企业授权的代理商、零售商及服务提供商，同时还要具有良好的商誉、较强的实力和一定的影响力等。

因此，对于个人创业者或是实力不足的中小企业来说，借助第三方平台，采用 C2C 模式是最佳的开店选择。

13.1.2 网上开店的前期准备与流程

网上开店与开实体店类似，卖家首先要想好经营什么商品，然后选择合适的第三方平台开店或者是选择自己设立销售网站。在开设店铺后，卖家通过进货—营销推广—发货—售后服务等一系列的流程，最终实现网上店铺的正常运转。

1. 网上开店的前期准备

在开设网店之前，卖家必须进行全方位的自我评估。以个人开店为例，卖家应该综合考虑个人的兴趣、事业目标、资金投入能力和个人精力等诸多因素。

具体而言，网上开店的准备工作主要包括以下内容。

（1）了解网上开店的优势与风险。与开设实体店相比，网上开店虽然具有资金投入少、经营方式灵活、受传统因素限制较少等优点，但这些并不能保证卖家只赚不赔，卖家必须对网上开店所蕴藏的风险有一个清醒的认识。正是因为网上开店门槛低，所以卖家众多，加上网上价格透明，往往会导致卖家之间的激烈竞争。因此，如果没有自己独特的竞争优势，网店很难在竞争中生存。

（2）掌握网上开店软件的使用技能。网上开店要求卖家对计算机和网络知识有一定的了解，同时要具备必要的软件应用技能。这些技能主要包括掌握网上搜寻信息和收发邮件的技能；熟练使用各种即时通信软件，如 QQ、微信、阿里旺旺等；会使用修图软件，具备一定的图片修饰能力；而且还要会使用快剪辑、超级转换秀、会声会影、爱剪辑等视频剪辑软件，能够对视频进行后期处理。

（3）具备网上开店的硬件资源。网上开店也需要一些基本的硬件资源。这些硬件资源主要包括基本的办公场地、能够上网的计算机、便于与客户联系的电话或手机、高像素的数码相机、扫描仪以及传真机或打印机等。如果通过直播方式卖货，还需有相应的直播设备。

2. 网店的开设与运营流程

（1）考察市场，确定在网上销售的商品。考察市场的目的在于确定适合在网店上销售的商品。因此，卖家要充分了解网络消费者行为方式和网络市场的特点，同时还要考虑货源情况、自身的兴趣和能力等，切不可盲目选择。

（2）选择网上开店的形式。根据前文介绍，我们知道，卖家既可以选择自建网站开店，也可以选择借助第三方平台开店。究竟选择哪一种方式开店，卖家需要视具体情况而定。有实力的企业可以选择自建网站或在 B2C 平台上开设网店，而中小企业、个人创业者则适合在 C2C 平台上开设网店。

（3）申请开设网店。不同的网上开店形式以及不同的网络平台对卖家开店的要求有所不同，受篇幅所限，本书无法一一介绍。这些具体的申请要求与流程在互联网上均有详细的介绍，感兴趣的读者可以进一步阅读。

（4）寻找货源。除非卖家销售自己生产的商品，否则开店都会遇到寻找货源的问题。寻找货源有两种途径，一是线上，二是线下。下面将分别进行介绍。

① 线上寻找资源。卖家可以利用搜索引擎在线寻找货源信息，另外也可登录国内知名贸易网站，如阿里巴巴、慧聪网等。只要在网站上发布求购信息，卖家很快就可以收到很多反馈和报价。线上寻找货源时，卖家要特别注意辨明真伪，以免上当受骗。

② 线下寻找资源。线下寻找货源的途径很多，卖家既可从厂家直接进货，也可选择在批发市场上购进商品。值得注意的是，线上和线下寻找货源并非截然不同的两种途径，在线上线下不断融合的环境下，我们已经很难将这两种途径完全分开。

（5）在网店上展示商品。卖家有了货源之后，就可以在网店展示商品了。卖家在发布商品信息时要注意在标题中突出卖点。标题要写得尽可能全，以增加被搜索到的概率。好的标题关键词应该涵盖"品牌""型号""吸引人的价格信号""店铺信用等级或好评率""高成交记录"等内容。同时，上传商品图片时也要下一番功夫。商品的照片对商品的销售影响巨大，一张精心修饰、清晰、漂亮的照片可以吸引众多消费者，反之，则商品可能无人问津。

此外，在描述商品时需要尽可能地将商品的优势和特色体现出来，可采取"文字+图像+数据"的组合方式，全方位地进行展示。

（6）选择合适的物流商。网店所销售的商品除了无形商品外，必然会涉及物流的问题。因为只有通过物流这一环节，实体商品才能被送达消费者的手中。目前卖家可选择的物流商分为快递公司、邮政、物流托运三大类，其中以快递公司最为常见。市场上主要的快递公司有顺丰、韵达、圆通、申通、中通等，卖家要多尝试与不同的物流商合作，以选择最为合适的一家。

此外，对网店来说，选择合适的包装也非常重要。因为一旦包装出了问题，商品就很容易损坏，并会由此造成与消费者之间不必要的纠纷。

阅读资料　特殊商品的包装

1. 易变形、易碎的商品

这一类商品主要包括瓷器、玻璃制品、CD 光盘、字画等。对于这类商品，包装时要多用些报纸、泡沫塑料或者泡沫网。易碎怕压的商品四周都应用填充物充分填充以避免晃动，并在包装外注明"怕压""易碎"等字样。

2. 液体类商品

对于这类商品，应先用棉花裹好，再用胶带缠好封口，然后在外面包裹塑料袋，这样即使液体漏出也会被棉花吸收，并且有塑料袋保护，液体不会流到包装外面。

3. 衣服、床上用品等纺织品

这类商品可以用不同种类的纸张（牛皮纸、白纸）单独包好，以防止脏污。外包装可以使用纸箱或快递专用加厚塑料袋，也可以用自制布袋进行包装。

4. 电子产品、贵重精密仪器等

对于这类商品，可以用泡棉、气泡布、防静电袋等包装材料包装好，并用瓦楞纸在商品边角或者容易磨损的地方加强保护，再用填充物将纸箱空隙填满。

（7）做好售后服务工作。网店的商品卖出之后，卖家还应积极做好售后工作。优秀的售后服务会给顾客带来良好的购物体验，有助于培养顾客的忠诚度，也有助于提升网店的知名度与美誉度，这对于进一步提升网店的销量具有重要的意义。

13.2 网店的经营

开设网店的各项准备工作完成之后，卖家应该立即着手开展各项经营工作，主要包括拍摄精美的照片和视频，合理设置商品价格，写好标题和商品描述，开展有效的促销活动等。

13.2.1 拍摄精美的照片和视频

对于网上销售，商品的展示至关重要，精美的照片和视频能够全方位地展示商品的卖点，以此赢得消费者的青睐和信任。

1. 相关器材的选择和保养

俗话说："工欲善其事，必先利其器。"在网上开店，一些专业的摄影和摄像器材是必备的。一般来说，需要的设备包括数码相机、三脚架、专业的摄影灯、拍摄用的背景以及反光板等。这些器材中数码相机是精密的仪器，需要精心保养。最重要的是保持镜头的清洁，平常操作要严格按照说明书进行，不用时要注意防潮防尘，避免摔碰。

2. 拍摄商品照片和视频

考虑到成本因素，网店的卖家一般很少会去专业的摄影棚里拍摄商品，大多数卖家只能选择在家或办公场所内进行拍摄。但这些地方的拍摄条件往往较差，不仅背景杂乱而且缺少专用的工具台，这时卖家更要注意场景的布置和用光的技巧。

（1）常见的场景布置

① 使用反光板布置场景。反光板在外景中起辅助照明作用（作为副光），有时也作为主光。不同的反光表面可以产生软硬不同的光线。近年来，反光板在内景拍摄中也得到了普遍运用。常见的是金银双面可折叠的反光板，这种反光板的反光率比较高，光线强度大，光质适中，价格一般为几十元，携带也比较方便。

②　使用墙纸。生活中能够用于布置场景的材料很多，如美化家居用的花纹墙纸非常适合用来充当小型商品照片的背景。

③　使用背景。使用背景进行拍摄的优点是可以衬托实物的大小、颜色和形状，也更加生动，但缺点是有时会喧宾夺主，不利于突出商品。此外，选用的背景不同，商品给人的感觉也很不同，因此卖家应根据实际情况选择是否使用背景或者使用何种背景。图 13-1 和图 13-2 所示分别为同一商品使用背景的效果图和未使用背景的效果图。

图 13-1　使用背景的效果图　　　　　图 13-2　未使用背景的效果图

（2）用光技巧。光线的运用直接关系到拍摄的效果。光线的运用技巧主要包括顺光、逆光、侧光、顶光、反射光和底光等，下面分别进行介绍。

①　顺光。如果大部分光线都从正面照亮被摄物体，则为顺光。顺光的特性在于可以均匀地照亮被摄物体，物体的阴影被自身遮挡，影调比较柔和，能隐没被摄物体表面的凹凸及褶皱，但处理不当会难以突出被摄物体的质感和轮廓。

②　逆光。如果光线从被摄物体的后面照射过来，就是逆光。逆光通常会让背景相当明亮，但主体往往一片漆黑，只有轮廓没有层次，拍摄时应该避免使用逆光。逆光可以通过人工补光来弥补，补光能勾画出拍摄对象的轮廓，丰富和活跃画面。

③　侧光。侧光是指光线的照射角度和摄影者的拍摄方向基本呈 90°。侧光在摄影创作中主要应用于需要表现强烈的明暗反差或者展现物体轮廓造型的拍摄场景中。对于表面粗糙的商品，如棉麻制品、皮毛等，为了体现质感和层次感，建议采用侧光。

④　顶光。将光源置于商品顶端打光，称为顶光。这种光线布置可以起到淡化被摄物体阴影的效果，打顶光要注意光线柔和，否则被摄物体顶部将出现强烈的明暗反差效果，严重影响照片美感。

⑤　反射光。反射光是指光源所发出的光线不是直接照射被摄物体，而是先对着具有一定反光能力的物体照射，再由反光物体的反射光对被摄物体进行照明。在平常的摄影创作中，最常用的反光工具是反光板和反光伞。使用反射光可以使光线更加集中，便于增加亮度。

⑥　底光。拍摄透明的商品如玻璃器皿、水晶等时，为了表现商品清澈透明的质感，建议采用侧光或底光。底光从物体的下面往上打，能很好地表现商品的透亮质感。

3. 后期处理照片和视频

利用数码相机拍摄的照片和视频需要后期处理，有多种图片处理软件和视频编辑软件可供卖家使用。当然，软件只是一种工具，能否制作出精美的照片和视频还有赖制作者的水平。卖家应认真学习相关技术，努力成为这方面的高手。如果一开始不具备这种技能，卖家还可以将后期制作的工作外包，请专业人士帮助完成。

13.2.2 合理设置商品价格

商品定价看似简单，但实际操作起来并不容易。由于网络信息透明化，消费者可以很容易地获得同类商品的报价。定价过高会影响销量；但定价过低，虽然会增加销售量，但可能会使卖家丧失利润。

1. 定价时应考虑的因素

（1）市场竞争情况。如果商品供不应求，则卖家可以适当提高价格，以增加利润。如果服务到位，高价还可以塑造商品高质量、高品位的形象。若市场竞争激烈，这时稍低的价格可能会大大增加销量。因此，卖家在定价之前要首先了解商品所在市场的竞争情况。

（2）网店的形象。如果网店出售的商品没有独特的竞争力，卖家就要以低价取胜；如果网店拥有较高的知名度，信用等级较高，卖家就可以适当提高商品的售价。例如，淘宝上的皇冠店，如果商品定价偏低，反而会让买家质疑商品的质量。

2. 定价策略

定价策略一般分高价策略和低价策略两种，下面分别予以介绍。

（1）高价策略。高价会给人质量可靠、档次较高的感觉。当网店的目标顾客是高端人群时，卖家可以采取高价策略。

当商品质量较高时，卖家同样可以采用高价策略。俗话说，"一分钱，一分货""便宜无好货，好货不便宜"。如果商品质量较高，采用低价策略不但不会增加销售量，反而会使买家对商品的质量产生怀疑。

卖家可以提供更高水平的服务时，也可以采用高价策略。好的服务绝对是有"价值"的，所以也值得买家付出更高的价格。

（2）低价策略。现在许多网店都在采用"每日低价"的策略，力争让自己的商品在同类商品中是最低价。低价策略在通常情况下是有竞争力的，但是并非绝对有效，因为过于低廉的价格会造成买家对商品质量和性能的"不信任感"和"不安全感"。

要想用好低价策略，网店需要具备以下条件：

① 低成本。进货成本低、业务经营费用低是低价格的基础。

② 存货周转速度快。如果存货周转速度快，网店就可以节省大量的仓储成本和运输成本，从而降低商品价格。

③ 买家对商品的性能和质量很熟悉。这样买家不会对商品的质量产生怀疑，如日

常生活用品、图书音像等标准化商品。

④ 能够向买家充分说明价格便宜的理由。

⑤ 店铺的信誉度高，可以让买家相信商品的质量。

13.2.3 写好标题和商品描述

好的标题能够突出卖点并提高被买家搜索到的概率，而丰富的商品描述则可以帮助买家全面了解商品的信息，打消其购买的顾虑。

1. 在商品标题中突出卖点

买家通过输入关键词来搜索商品信息，但由于个体的差异，人们的输入偏好并不相同。为了提高被买家搜索到的概率，商品标题中应尽可能多地包含一些能够突出卖点的关键词。一般来说，商品标题应该涵盖以下信息：

（1）价格信号。价格信号是每个标题必不可少的内容，卖家可使用"特价""清仓特卖""仅售××元""包邮""买一赠一"等词汇吸引买家。

（2）进货渠道。如果网店的商品是厂家直供的，是从国外直接购进的或是外贸尾货的，卖家一定要在标题中表明商品的特殊性。

（3）网店高信誉度记录。如果网店的信誉度高，如钻石级、皇冠级等，卖家可以在标题中标明，以增强买家对商品的信心。

（4）品牌和型号。如果商品品牌度高或者型号比较特殊，卖家可以把这些特殊情况写进标题。

（5）超高的成交量。如果商品的成交量较高，卖家可以在标题中标明"已热销××件"。超高的成交量代表着口碑，会吸引更多的买家购买。

图 13-3 是一个好的商品标题的范例，该女装的标题包含了大量的卖点和关键词，虽然很长但并不冗余。"天天特价"体现了价格优势，"2017"表明商品为当时最新款，"韩版"是时尚的标志，"修身""春夏""伞裙""蓬蓬裙""欧根纱""半身裙""网纱裙"等从多个角度涵盖了买家可能使用的关键词，不仅突出了卖点，而且大大增加了商品被搜索到的可能性。

2. 丰富对商品的描述

商品描述的内容一定要丰富，所遵循的原则是"宁可多写，不要少写"。这是因为对商品的描述越详细、越丰富，买家所能了解到的商品信息就越全面，这有助于买家打消顾虑，促使买家采取购买行动。同时，详细的商品描述也有助于减少售后买卖双方可能产生的纠纷。

网店对商品的描述应该采用"文字+图片+数据"的形式，以全方位、立体地展现商品的全貌。

（1）要以文字的形式描述商品的品牌、型号、原料、产地、售后服务、生产厂家、性能、使用注意事项等，文字描述切忌简单、生硬，要口语化、通俗化，尽量明确买卖双方的责任，给买家提供一个明确的预期。

图 13-3　商品标题的"卖点"

（2）图片是展示商品的关键。图片一定要清晰明了、精美大方，而且要从多个角度进行展示。为了防止被竞争对手盗用图片，卖家还可以在照片上加水印。

（3）用数据说话，体现商品优势。以参数形式表现商品相对于同类商品的优势，可以让人信服、眼前一亮。

（4）卖家可以经常到其他网店逛逛，学习写商品描述的技巧。

13.2.4　开展有效的促销活动

促销活动在网店的经营过程中起着至关重要的作用。下面以淘宝平台上的网店为例，简要介绍常见的网店促销活动和手段。

1. 在淘宝社区中推广

淘宝社区是淘宝网为卖家提供的一个相互交流的平台。卖家可以通过看帖和发帖，在淘宝社区中交换经验和信息。卖家发帖也可以积攒人气，如果发的帖子质量很高，很有可能被版主加精，加精的帖子可以吸引大家阅读，从而增加网店的点击率，达到宣传网店的目的。

2. 参加秒杀活动

秒杀活动是淘宝网上常见的促销活动。秒杀活动可以在短期内大大增加销售量，如果卖家亟须消化库存或者想打响某品牌，秒杀活动是一种非常有效的推广手段。但是，秒杀活动可能会造成"赔本赚吆喝"的情况，所以使用不能过于频繁。

3. 加入天猫

天猫是阿里巴巴集团打造的 B2C 网站,是由从淘宝网中独立出来的淘宝商城改名而来的。天猫整合了大量的品牌商、生产商,为买家和卖家提供一站式解决方案,提供100%品质保证的商品,以及 7 天无理由退货、购物积分返现等优质服务。在天猫购物要比在淘宝网上购物更加放心,服务也更加贴心,所以卖家要努力成为天猫的一员。

4. 开通淘宝直播

淘宝直播是阿里巴巴推出的直播平台,定位于"消费类直播"。淘宝直播有很多种类型,分为店铺直播(卖家号)、达人直播(买家号)、天猫店直播(卖家号)、全球购直播(卖家号)、阿里巴巴直播(卖家号)等。直播的商品几乎涵盖所有商品品类,但需注意,网店开通淘宝直播是需要满足一定的条件的,如要求微淘层级 L1 以上,网店一钻及一钻以上级别,具有一定的老客户运营能力,具有一定主营类目所对应的商品等。另外,卖家还可以和淘宝个人主播合作开通淘宝直播。淘宝对个人主播有较高的要求,如微博粉丝要多于 5 万人,最近 7 天内至少有一条微博的点赞数和评论数过百,粉丝的互动率要高等。个人主播拥有庞大的粉丝群,所以往往会取得较好的销量。

5. 通过抖音、火山等短视频平台引流

短视频与电商的结合被视为新时代的"屏幕即渠道,内容即网店"。对于以淘宝为代表的电商平台而言,发力短视频是一次寻找新的流量来源,构建新的购物消费场景的尝试。2018 年 3 月,抖音上线直接通往淘宝的外链,但首批名额仅向百万粉丝级别的红人开放。2018 年 5 月,抖音正式上线网店系统,用户可以进入达人个人主页的商品橱窗,点击商品就可以跳转淘宝购买,如图 13-4 所示。现在抖音等短视频平台炙手可热,流量惊人,淘宝网店选择与这类平台合作,是其促进销售的又一重要途径。

6. 折价促销

折价促销是网店较为常见的一种促销方式。折价促销一般选择在重大节日期间进行,因为这时消费者往往都有购物的冲动和购物的时间。卖家一般采用 5—9 折的折扣率来吸引消费者购买,用于增加网店的人气,提高销量或处理库存。但是折价促销要避免"先提价后折价"的不诚信行为,因为这种欺骗行为会严重影响网店的信誉。

7. 拍卖式促销

拍卖也是常见的网店促销方式之一,它的一般流程是卖家先为商品设定一个起拍价,有兴趣的消费者在规定时间内出价,拍卖结束后,出价最高的人就可以得到商品。到拍卖结束时,如果没有人出价,该商品就会流拍(没有人竞拍)。如果卖家想要增加网店的人气,可以给商品设定一个较低的起拍价,同时辅以相应的广告宣传活动。

8. 免费包邮

免费包邮是网店吸引消费者购买的一种常见促销手段。但为了促使消费者更多购买以及考虑到网店成本因素,网店通常会对交易金额有一定的要求,只有超过某一标准之后才提供免费包邮服务。

图 13-4　抖音短视频跳转淘宝网店

9. 赠品促销

消费者在购物时往往希望能获得一定的赠品，所以赠品促销也是网店可以选择的一种重要促销方式。但必须注意的是，送出去的赠品千万不能是伪劣商品，这样不仅会招致消费者的不满和反感，而且还容易遭到相关部门的处罚。

10. 提供 VIP 会员服务

针对优质消费者提供 VIP 服务，不仅能够满足消费者的心理需求，而且还可以提升消费者的忠诚度，促使其重复消费，最终帮助网店提高销量。

此外，淘宝上的网店还可以使用橱窗推荐位和直通车，以及利用"双 11""6·18"等购物节来开展促销活动，限于篇幅，本书不再逐一展开介绍。

13.3　网店的售后服务

与实体店不同，网店的交易是在虚拟的网络平台上完成的。消费者无法亲眼看到商品，加之买卖双方又无法面对面地沟通与交流，所以买卖双方很容易在交易后产生纠

纷，因此做好网店的售后服务工作尤为重要。

13.3.1 做好退换货服务

退换货服务一旦处理不当，就会严重影响网店的声誉，进而带来极为不利的后果，因此卖家需要高度重视。为做好退换货服务工作，网店需要注意以下两点。

（1）事前对退换货条件进行详细的说明。事先获悉能否方便地退换货，是影响买家做出购买决策的重要因素之一。所以卖家应提前主动告知买家在何种情况下可以退货，退货后多久可以退款，退货运费由哪方来承担等。只有提前说明退换货的条件，才能最大限度地避免买卖双方产生纠纷。这里需要注意的是，退换货说明要尽可能详尽、全面、严谨，以免引起买家的误解。例如，在界定运费的承担方时，可以这样明确规定：由于商品的质量问题、运输磨损等问题引起的退换货运费由卖家来承担；而由于买家自身的原因造成的退换货费用，则应由买家来承担。

（2）积极应对买家的退换货要求。当买家提出退换货要求的时候，卖家必须积极应对。卖家应首先了解买家退换货的原因，并确定责任的归属问题。如果是卖家的责任，就要勇于承担，同时要尽快与买家达成退换货协议，争取让买家满意；如果是买家的责任，卖家也要耐心地解释不予退换货的原因，以求得买家的理解。在应对买家的退换货要求时，卖家一定要注意沟通技巧，以免激化矛盾。

13.3.2 做好物流服务

虽然网店销售的商品是通过第三方物流公司送达买家手中的，但是当物流出现问题时，买家依然会将责任归咎到卖家的身上，因此卖家必须重视物流问题，并制定好相应的对策。以下几个建议可供参考。

（1）联系多家物流公司，寻找最适合的一家。卖家要联系多家物流公司，通过比较，选择最适合的一家与之合作。同时，在物流配送的过程中，卖家还要积极与物流公司沟通，时刻关注商品的运送状态。

（2）售前充分说明物流情况。卖家在售前要与买家沟通，充分说明物流中可能遇到的不可控因素，希望出现问题时买家能够予以谅解。

（3）主动与买家联系，避免买家产生焦虑情绪。如果订单运输时间较长，卖家要主动联系买家并说明物流情况，同时告知买家查询物流的方法，以避免买家焦虑。

13.3.3 掌握与买家沟通的技巧

在网店运营的过程中，卖家与买家的沟通极为关键。一旦沟通不畅，轻则会失去一笔生意，重则会招致买家的差评甚至是投诉。因此，卖家应该积极掌握一些必要的沟通技巧，以避免引起买家的不满。

1. 基本的沟通技巧

（1）换位思考。换位思考就是凡事从对方的立场思考问题而非主观臆断。沟通能力强的卖家会将心比心、设身处地为买家着想，把买家的满意当作一切行为的准则。当买家对商品不满时，卖家要理解买家有权对商品有不同的认识和见解，允许买家发表不同的意见。如果刻意与买家争辩，卖家即使占据了上风，但极有可能会永远失去与之做生意的机会，可谓得不偿失。

（2）礼貌沟通，耐心热情。俗话说"礼多人不怪"，卖家在与买家沟通的过程中礼貌相待，"百益而无一害"。虽然网上交易的双方无法谋面，但通过即时通信工具卖家同样能表达对买家的尊敬。讲礼貌不仅能体现一个人的修养，也是赢得买家信任和好感的利器。卖家在与买家沟通时，要多用"您""请""谢谢"等礼貌用语，对于买家的留言要争取第一时间回复，如果回复晚了，要向对方表达歉意。

同时卖家在与买家沟通时还应做到耐心热情，对于买家的提问要耐心解答，细心回复，即使买家问了一大堆问题而最终未买任何商品，也不要抱怨或是流露出任何不满的情绪。卖家应珍惜每一次与买家沟通的机会，把沟通当成宣传网店、树立网店形象的良机。

（3）善于倾听。卖家与买家沟通时一定要善于倾听，当买家说话时不要轻易打断，对买家提出的疑问要及时准确地回答，这样才能形成良好的沟通氛围。当买家表现出犹豫不决或者表述不清时，卖家也应该先问清楚买家困惑的原因是什么，要了解买家真正的意图，而不是简单地打断或随意回复。

（4）说话留有余地。卖家与买家沟通时谈到自己的商品及店铺时，实事求是地介绍或是稍加赞美即可，万万不可忘乎所以、自吹自擂。在交流时不要使用"肯定""保证""绝对"等字样，这是为自己"留条后路"。这样的回答事实上也无损于商品的质量，反而显示了卖家的真诚。说话要留有余地，这样才能进退自如。

（5）避免消极情绪和冲突。在网店经营的过程中，卖家难免会遇到各种各样不易沟通的买家。有的过于挑剔，有的不懂礼貌，还有的疯狂砍价……遇到这种买家，的确会让人很生气，如果无法控制局面，卖家的情绪很容易爆发。这时，卖家一定要做好自我调节，避免消极情绪的产生，更要避免与买家产生冲突。

2. 应对不同类型买家的沟通策略

（1）"老手"买家。如果买家话不多，简单问一下商品质量就买了，可能就是"老手"买家。这类买家网购经验丰富，一般不会对商品过于苛求，只要其质量与网店描述的基本一致，就会给好评。这样的买家是比较好沟通的。

（2）新手买家。新手买家往往会反复询问，常常在买与不买之间犹豫不决。对于这样的买家，卖家需要耐心讲解，打消其网购的顾虑。如果沟通得当，做到让买家满意，以后他就可能成为网店的忠实客户。

（3）砍价型买家。有些买家对价格非常敏感，不断砍价，并且不达目的决不罢休。这时卖家可采取的沟通策略是，不与买家在价格上做过多的纠缠，而是通过其他方面的让步来达成交易，如包邮、赠送礼物等。如果实在不行，就礼貌地拒绝买家的砍价请求，但要注意千万不要与买家发生争执。

13.3.4　理性应对买家投诉

做生意不可能让所有的人都满意，收到买家投诉是常有的事，网店当然也会遇到。买家的投诉并不可怕，关键是看卖家如何应对。下面就阐述一下理性应对买家投诉的原则。

（1）及时应对，礼貌沟通。当接到买家投诉时，卖家必须在第一时间积极、礼貌地回应。这样做，一可以让买家感受到卖家对自己的重视，二可以表达卖家积极解决问题的诚意，三可以及时防止买家的投诉对网店造成更大的负面影响。

（2）耐心倾听买家的抱怨。在处理投诉的过程中，卖家要耐心地倾听买家的抱怨，不要轻易打断，更不要随意指责，而是鼓励买家倾诉，让他们尽情发泄心中的不满。在买家充分发泄之后，再向买家进行解释和道歉。

（3）为买家着想。卖家应设身处地地替买家考虑，对买家的感受要表示理解，并用适当的语言给予安慰，如"谢谢您告诉我这件事""对于发生这类事件，我感到很遗憾""我完全理解您的心情"等。这样做可以安抚买家的情绪，为进一步解决问题奠定良好的基础。

（4）提出完整的解决方案。买家投诉、抱怨目的多是获得一定的补偿。这种补偿可以是物质上的，如给予经济补偿或是退换货等；也可以是精神上的，如获得卖家的道歉等。如果卖家在解决买家投诉问题时，能同时从物质和精神这两个层面上着手为买家提供完整的解决方案，显然能更有效地解决问题。

本章习题

一、单选题

1. 下列适合初次创业者选择开店的平台是（　　　）。

    A. 阿里巴巴　　　　　　　　　　B. 慧聪网

    C. 淘宝网　　　　　　　　　　　D. 京东

2. 我国最大的 C2C 电商平台是（　　　）。

    A. 爱乐活网　　　　　　　　　　B. 淘宝网

    C. 易趣网　　　　　　　　　　　D. 拍拍网

3. C2C（Consumer to Consumer）是指（　　　）的一种电子商务模式。

    A. 商家对商家　　　　　　　　　B. 商家对个人

C. 个人对商家   D. 个人对个人

4. 光线从被摄物体的后面照射过来，称为（   ）。

    A. 正光   B. 侧光

    C. 逆光   D. 底光

5. 下列网站中（   ）是从淘宝网分离出来的。

    A. 1 号店   B. 天猫

    C. 库巴网   D. 京东商城

二、多选题

1. 相比实体店，网上开店的优势包括（   ）。

    A. 进入门槛低   B. 经营方式灵活

    C. 销售量大   D. 资金投入少

    E. 无推广费用

2. 借助第三方平台开店的优势包括（   ）。

    A. 拥有独立的经营自主权

    B. 借助平台的信用提高客户的信任度

    C. 可以分享平台的巨大流量，节省宣传推广费用

    D. 技术门槛低、初期投入少

    E. 能够独享流量

3. 为做好退换货服务工作，网店需要注意（   ）。

    A. 据理力争，坚决不退、不换   B. 事前对退换货条件进行详细的说明

    C. 承担所有退货运费   D. 息事宁人，一律答应退货

    E. 积极应对买家的退换货要求

4. 下列说法不正确的是（   ）。

    A. 与开设实体店相比，开网店具有资金投入少、经营方式灵活、受传统因素限
       制较少等优点，因此能保证卖家只赚不赔

    B. 淘宝网开店主体必须是具有法人资格的企业

    C. 天猫是从 1 号店分立出来的网上 B2C 商城

    D. 网上开店要求经营者对计算机和网络知识有一定的了解，同时要具备必要的
       软件应用技能

    E. 对于个人创业者或是实力不足的中小企业来说，C2C 平台是最佳的开店选择

5. 光线的运用直接关系到拍摄的效果。光线的运用技巧主要包括（   ）。

    A. 顺光   B. 逆光

    C. 侧光   D. 顶光

    E. 反射光

三、名词解释

1. 自建网站开店　　　　　2. 淘宝直播

3. 淘宝社区　　　　　　　4. 天猫

5. 砍价型买家

四、简答及论述题

1. 个人网上开店的前期准备工作主要有哪些？

2. 使用低价策略，网店需要具备哪些条件？

3. 商品标题中应该涵盖哪些内容？

4. 试论述网店商品的描述技巧。

5. 试论述理性应对买家投诉的原则。

案例讨论

张女士的网店创业之路

30 岁的张女士拥有一家自己的网店，还给小店起了一个好听的名字"最浪漫的事"。开店之后，小店不仅是她赚钱的工具，同时还成了她快乐的源泉以及情感的寄托。

张女士是湖南某家杂志社的编辑，工作时间自由，属于网络一族，月收入可观，房子也是公婆赠送的，没有月供压力，小日子过得又舒服又滋润。空闲时间多了，张女士便有些"不安分"，总是琢磨着要做点什么。

在同事的启发之下张女士想开自己的网店，正好自己也有点闲钱，开一个网店既不费劲，投资也不大，看上去还挺有意思的，经营得好说不定还能赚上一笔。

但是卖什么呢？张女士一方面向自己在网店方面比较精通的同事取经，一方面自己还去关注了各大理财论坛和网店联盟，向各路高手虚心求教，一番"折腾"之后总结出一个结论：一定要把握住时尚，卖自己最熟悉、最容易找到进货渠道的商品。其实对于小本经营来说，一个好的进货渠道也就是绝佳的资源。张女士年轻漂亮，生平最爱除了老公就是逛街，她发现如今的年轻女性绝对是消费的主力军，整个消费经济的很大一部分事实上就是靠女性来拉动的。所以她把目标锁定在了她最熟悉的女装和女士内衣上面，同时发动各路"神仙"帮助她找到了好的进货渠道。

有第一笔生意，自然就会有第二笔生意。张女士开始慢慢地增加商品的种类和数量，因为进货渠道好，她经常能够以最低的价格拿到质量上乘的商品，所以她给自己的每一件商品的定价永远都低于市场价。这种超低的价格以及优良的质地，让她的小店的点击率越来越高。不仅如此，张女士还紧追时尚潮流，精心地挑选每一件衣物的款式和颜色。她觉得自己的品味还不算太差，自己的选择也一定能够符合大多数女顾客挑剔的胃口，让她们眼前一亮。张女士是文科出身，所以还是很有一些文采的，她通常会为自己店里的衣物写上一段感性的文字描述，或者配一首小诗、故事，这些细节使得她的小店吸引了更多的人。信誉和质量是开网店最讲究的。有一次，一位顾客拍了她的一件商品，但是第二天又对她说："真是对不起，我昨天逛街的时候买了，这次就不买了，下次再光顾您的店可以吗？"张女士还是第一次遇到这种情况，心想还是算了吧，希望自己的好态度能让这位顾客再次光临。

在日后的经营当中这种事情屡次发生，张女士有些急了。毕竟是小本经营，所以不得不"锱铢必较"，做生意和买东西都要讲一个诚信。就这样，张女士只好对那些拍了不买的人实行严厉警告，但同时又对每一个真心交易的顾客真诚相待。她对自己的老顾客的合理要求会尽量满足，对于新顾客，如果她们衣物尺码不合适可以马上退换。张女士认为，做网店最讲究的就是信誉和质量方面的问题，只有网店的信誉和质量以及售后服务都做到位了，生意才会越做越大，越来越好。张女士的小店已经开了两年多，售卖的商品也变得越来越多，也有了一部分固定的顾客，每月除去交给网站的费用基本能够保证 6 000 元左右的纯利，同时张女士的本职工作也完成得非常出色。只要能够把握住窍门，合理地安排时间，谁说鱼和熊掌不能兼得？如今，张女士早已月入过万元，让收入不如她的老公徒呼奈何。她计划以后进购一些小饰品进行尝试，让自己的小店往多样化、特色化的方向发展，发展到一定的规模就建立一个私人的交易平台。

张女士的网店创业经历其实对于广大的上班族而言，是有很大的借鉴意义的。不管从个人审美、经营能力还有拥有的时间等方面来考虑，其实都体现了由小变大的发展过程。事实上，大多数网店能够用这样的方法来经营。

资料来源：爱货网。

❓ 思考讨论题

结合案例谈谈网店创业与经营需注意的问题。